聚焦三农：农业与农村经济发展系列研究（典藏版）

# 中国粮食生产、流通与储备协调机制研究

## ——基于粮食安全

王雅鹏　王薇薇　吴　娟　著

科　学　出　版　社

北　京

# 内 容 简 介

　　本书在对我国粮食安全水平进行客观评价和科学判断的基础上，分别探讨了粮食安全与粮食生产、粮食安全与粮食流通、粮食安全与粮食储备之间的关系；然后将粮食生产、流通、储备视为一个完整的系统，分析了系统内三者之间不协调的表现及原因，并结合我国国情和粮情，构建了一个符合实际、切实可行的三者协调机制；同时，还建立了实现该协调机制的政策支撑体系和社会保障措施，为提高我国粮食综合生产能力及安全水平，提高政府粮食安全调控能力和管理水平，促进农业和农村经济发展提供了参考。此外，本书还在实地调查的基础上，分别对湖北、湖南、江西、四川、河南、河北等地的粮食生产、流通与储备问题进行了典型研究。

　　本书可供各级政府农业主管部门、粮食主管部门工作人员，农业经济管理相关领域的科研院所及高等院校师生参考。

**图书在版编目（CIP）数据**

中国粮食生产、流通与储备协调机制研究：基于粮食安全／王雅鹏，王薇薇，吴娟著．—北京：科学出版社，2012（2017.3 重印）

（聚焦三农：农业与农村经济发展系列研究：典藏版）

ISBN　978-7-03-034336-9

Ⅰ.①中…　Ⅱ.①王…　②王…　③吴…　Ⅲ.①粮食问题–研究–中国　Ⅳ.①F326.11

中国版本图书馆 CIP 数据核字（2012）第 096336 号

责任编辑：林　剑／责任校对：朱光兰

责任印制：钱玉芬／封面设计：耕者工作室

**斜 学 出 版 社** 出版

北京东黄城根北街 16 号
邮政编码：100717
http://www.sciencep.com

**北京京华虎彩印刷有限公司** 印刷
科学出版社发行　各地新华书店经销

\*

2012 年 5 月第 一 版　开本：B5（720×1000）
2012 年 5 月第一次印刷　印张：17
2017 年 3 月印　　刷　字数：328 000

**定价：108.00 元**
（如有印装质量问题，我社负责调换）

# 总　　序

　　农业是国民经济中最重要的产业部门，其经济管理问题错综复杂。农业经济管理学科肩负着研究农业经济管理发展规律并寻求解决方略的责任和使命，在众多的学科中具有相对独立而特殊的作用和地位。

　　华中农业大学农业经济管理学科是国家重点学科，挂靠在华中农业大学经济管理学院和土地管理学院。长期以来，学科点坚持以学科建设为龙头，以人才培养为根本，以科学研究和服务于农业经济发展为己任，紧紧围绕农民、农业和农村发展中出现的重点、热点和难点问题开展理论与实践研究，21世纪以来，先后承担完成国家自然科学基金项目23项，国家哲学社会科学基金项目23项，产出了一大批优秀的研究成果，获得省部级以上优秀科研成果奖励35项，丰富了我国农业经济理论，并为农业和农村经济发展作出了贡献。

　　近年来，学科点加大了资源整合力度，进一步凝练了学科方向，集中围绕"农业经济理论与政策"、"农产品贸易与营销"、"土地资源与经济"和"农业产业与农村发展"等研究领域开展了系统和深入的研究，尤其是将农业经济理论与农民、农业和农村实际紧密联系，开展跨学科交叉研究。依托挂靠在经济管理学院和土地管理学院的国家现代农业柑橘产业技术体系产业经济功能研究室、国家现代农业油菜产业技术体系产业经济功能研究室、国家现代农业大宗蔬菜产业技术体系产业经济功能研究室和国家现代农业食用菌产业技术体系产业经济功能研究室四个国家现代农业产业技术体系产业经济功能研究室，形成了较为稳定的产业经济研究团队和研究特色。

　　为了更好地总结和展示我们在农业经济管理领域的研究成果，出版了这套农业经济管理国家重点学科《农业与农村经济发展系列研究》丛书。丛书当中既包含宏观经济政策分析的研究，也包含产业、企业、市场和区域等微观层面的研究。其中，一部分是国家自然科学基金和国家哲学社会科学基金项目的结题成果，一部分是区域经济或产业经济发展的研究报告，还有一部分是青年学者的理论探索，每一本著作都倾注了作者的心血。

　　本丛书的出版，一是希望能为本学科的发展奉献一份绵薄之力；二是希望求教于农业经济管理学科同行，以使本学科的研究更加规范；三是对作者辛勤工作的肯定，同时也是对关心和支持本学科发展的各级领导和同行的感谢。

李崇光

2010 年 4 月

# 序

秋风秋雨秋菊黄，

柿红枫红橘飘香。

千山万山层林染，

物阜民丰呈瑞祥。

在这秋色渐深、万物阜熟的时节，我所主持的国家自然科学基金项目"粮食安全目标下我国粮食生产、流通与储备协调机制研究"（项目编号：70673027）课题终于结题了。为了对几年来的研究有一个总结，对国家自然科学基金委员会有一个交代，对社会各界的关注有一个结论，我决意把课题结题报告修改成本，公开出版。

我国粮食安全问题是一个常议常新的课题，保证和实现全国人民的粮食安全有效供给，不仅是农业发展的根本任务，也是党和政府以及一切农业科技和农业经济研究人员为之奋斗的重要目标。新中国成立以来，面对全国性的粮食匮乏和供给不足，政府从粮食生产、流通、分配各个方面采取了一系列措施：为了提高粮食生产能力，不断加强以农业田水利建设为中心的农业基础设施建设；为了防止流通环节中的不法商贩囤积居奇，在全国建立了国有粮食储备流通体系，对粮食实行了统购统销；为了保证有限的粮食能够合理分配和实现效应最大化，对全国城市居民的粮食消费实行了凭粮票定量供应。但是，由于总量的短缺和不足，加上"大跃进"、人民公社化、"文化大革命"等一系列政治运动的冲击，直至20世纪80年代初期，我国的粮食安全问题始终没有得到有效解决，贫困和饥饿始终是困扰和阻挠我国社会主义建设和经济社会发展不可轻视的重大问题。

改革开放政策的实施，家庭联产承包经营责任制的实现，粮食生产有了突破性的发展。1984 年，我国首次出现了新中国成立以来的大丰收和卖粮难。其后，随着粮食流通体制的改革，粮食政策的调整，粮食生产科技水平的提高，我国粮食步入了供需平衡、个别品种供大于求的新阶段。进入 21 世纪以后，政府明确地指出，我国已经进入了工业反哺农业、城市支持农村、以工促农、以城带乡的经济发展新阶段。政府先后采取了全面减免农业税、给种粮农民直接补贴等一系列惠农、支农的政策措施，使我国粮食生产有了新的大发展。从 2004～2011 年，我国粮食产量第一次实现了 8 年连续增产。打破了粮食产量波动的周期性规律，中国人终于可以骄傲地告诉全世界的人们，我们用占世界 9% 的耕地养活了占世界 19% 的人口，基本实现了安全有效供给，实现了供求平衡和略有结余。但是，我们也应该看到，我国粮食安全中存在的隐患。一是粮食生产发展的资源约束日益增强，随着工业化、城市化的快速推进，耕地资源日趋减少；二是经济的发展对水资源的需求日益增加，粮食生产中的水资源供给及农田水利化建设的难度日益增大；三是随着农业劳动力向城市和工业的转移，从事粮食生产的劳动力相对不足和结构日趋不合理，有文化、有知识、有体力、会经营的劳动力日益减少，从事粮食生产主要依靠留守在农村的老弱妇孺劳动力；四是粮食生产的科技进步缓慢，缺乏有力的科技支撑；五是粮食生产经营利润在生产、流通、储备、加工、消费各个环节的分配不均，导致生产、流通、储备之间的不协调，影响和阻碍了粮食安全水平的提高；六是粮食消费结构发生了变化，口粮消费日益减少，饲料用粮、工业用粮日益增加，以致粮食生产供给与经济社会发展对粮食需求之间的平衡度较差。为此，认真研究我国粮食生产、流通与储备的协调问题，对于保证我国粮食安全和促进经济平衡持续发展具有十分重要的理论与现实意义。

本书首先从评价我国粮食安全的现实水平入手，分别审视了我国粮食安全与粮食生产、粮食安全与粮食流通、粮食安全与粮食储备三个重点方面存在的问题。其次，从系统论的角度出发，把粮食生产、流通、储备视为一个完整的有机结合的大系统，分析了粮食安全目标下粮食生产、流通与储备三个子系统的不协调性表现及原因，并提出了构建协调机制的基本构思以及实现协调发展的对策建议。最后，就粮食安全目标下的粮食生产、流通与储备机制的建立和完善问题，对我国粮食主产区的河北、湖北、湖南、四川、江西、湖南、河南等省份进行了典型调查和分析。本书的特点是：第一，突破了局部分析——就粮食生产论生产、就粮食流通论流通、就粮食储备论储备的狭隘思路，以系统论的视角把粮食生产、流通与储备视为一个完整的体系和大系统来分析问题。第二，针对我国粮食生产、流通与储备的不协调性，从以趋利性为特征的粮食产业各微观主体行为、粮食产业供求弹性的非均衡性和市场区域分割与保护、粮食调控目标多元化下的政府政策调控三个层面分析其原因，由此对粮食体系不协调的深层原因进行了挖掘，为有效率的粮食调控机制构建提供了坚实的理论基础。第三，采取规范分析与实证分析相结合的方法，对我国粮食安全目标下的粮食生产、流通与储备的协调状态进行蓝景勾勒，并构建了一个符合实际、切实可行的三者协调机制，同时建立了实现该协调机制的政策支撑体系，从而为提高政府粮食政策调整效率，实现粮食安全目标，促进整个国家农业和农村经济协调有效运行，以及社会主义新农村建设和和谐社会的构建提供了保障。

本书是国家自然科学基金课题"粮食安全目标下我国粮食生产、流通、储备协调机制研究"（项目编号：70673027）课题成果的结晶，在课题执行过程中，我指导的博士研究生丁文斌、汪厚安、翁贞林、龚琦、吴娟、王薇薇、魏丹、曾靖、梁世夫、何蒲明、杜江、方玲俐，硕士研究生秦莉、唐小惠、郑晓燕、张亚杰等参加了课题调研并撰写了专题报告，为课题任务的完成不同程度地做了许多有效的工作，本书也参考和吸收了他们的研究成果，引用了他们的有关调查资料，它是一个集体耕耘的收获。在此谨对各位表示衷心的感谢！

人们天天要吃饭，哪里有农业哪里就会有粮食生产，可以说人们对粮食问题最熟悉又最难吃透和把握。我从1991年开始研究粮食问题，至今已有20年，深感粮食问题的重要和复杂。尽管当前我的科研任务有所变化，需要把主要精力投向于国家水禽产业技术体系产业经济方面的研究，去尽一个水禽产业经济岗位科学家的职责。但是，我对粮食问题的研究和关注仍然不会放弃，这里边有很深的难以言表的情节。第一，我是一个农民的儿子，自幼生活在我国粮食主产区八百里秦川，但是，就是这样一个美丽富饶的关中平原地区，在

20 世纪 60 年代仍然出现了缺粮的饥荒局面。当时,我正处于少年成长时期,我的养父母怕粮食短缺影响我的身体发育成长,总是把家里仅有的一点细粮省下来给我吃,每到吃饭的时候,总是先让我吃饱,然后他(她)们再吃,很长时间他们都过着忍饥受饿、吃糠咽菜的生活。这在我幼小的心灵里打下了很深的烙印,从小立志长大了要研究粮食问题,为了让我的父老乡亲能吃饱饭而奋斗。第二,我的养父生于 1922 年的农历四月初八,1929 年的大饥荒使他在 7 岁时背井离乡,随着我的婆婆逃荒讨饭从陕西省乾县大王镇北索村迁徙到陕西户县祖庵镇城道宫村,也是因为粮食问题使他饱尝了人间的辛酸。第三,我的养父一生勤劳,克勤克俭,为人耿直,含辛茹苦靠务农种粮把我养大成人,靠省吃俭用、节衣缩食供我上学读书。在新中国成立他靠给人家打长工养家糊口,新中国成立的合作化、公社化时期,他多年担任生产队长,为了解决我们生产队几十户人的吃饭问题,他带领乡亲们平地积肥、打井修渠,为了粮食生产能有一个好收成,他和乡亲们不知洒了多少汗水,即使到了农村实行家庭承包经营责任制,分田到户以后,他还在为有限的耕地能多产粮而从施肥、灌溉、良种、合理轮作倒茬等方面想办法,直到 2009 年农历九月初四 88 岁去世之前,都在辛苦劳作。可以说,他的一生都在为了解决吃粮问题而拼搏。我立意继续坚持研究粮食问题,从某种意义上讲,也算是对他的事业的一种继承。

秋风扫落叶,寒冬孕春蕾,季节更替,星换斗移;科学发展,与自然变化同理,在某种程度上也表现为后者对前者的继承和发展。本书在许多方面吸收了粮食研究领域的已有研究成果,可以说没有对众多同行的研究成果的吸收和借鉴,就不会有这一成果的出版和问世。今天,我们把此书呈现于读者和公之于世,并不是想表功请奖,也不是为了谋职谋利,只希望能以此书答谢曾经给予我帮助和支持的人们,答谢其研究成果和学术观点被我们引用和吸收了的人们,答谢国家自然基金委员会,答谢华中农业大学及有关部门和华中农大经济管理学院,也希望此书能对我国粮食安全作出有益的贡献。

王雅鹏

2011 年 11 月 24 日(感恩节)

# 目　　录

# 导　言

## 0.1　研究背景及意义

21 世纪，中国迈进了工业反哺农业、城市支持农村、全面建设小康社会的崭新时期，解决三农问题也迎来了一个重要的战略机遇期。而粮食安全作为国家战略安全的重要组成部分及建设社会主义新农村、构建和谐社会的基础，一直是政府和学术界关注的焦点问题。从目前来看，中国基本上实现了粮食自给，供求大体平衡，但是从今后发展趋势看，一方面我国农业基础条件差，耕地在逐年减少，水土流失、沙化、碱化、退化现象严重，土壤肥力减弱，水资源短缺，粮食生产条件恶化，增加粮食供给存在许多困难；另一方面虽然口粮消费增长趋缓，但饲料用粮和工业加工用粮正处于增长期，粮食消费总体上呈稳步增长态势。增加粮食供给存在困难，而粮食需求刚性增长，因此从中长期来看，我国粮食安全存在隐患。

中央政府一直高度重视粮食安全问题，进行了一系列粮食政策改革，也取得了重大成就，但不容否认，目前的粮食安全仍然存在着许多问题。关键问题之一就是粮食生产、流通与储备三个体系不协调。生产、流通、储备是粮食安全体系中相互作用、彼此影响的三个子系统，三者协调好、配合程度高，才能促进粮食经济的健康运行和发展，否则，就会引发粮食安全问题。因此，本书的研究就被赋予了理论及现实的意义。具体表现在：

第一，目前，国内外对于粮食生产、流通、储备各子系统的独立研究或其中两个子系统的协调性研究较多，鲜有研究将三者结合。本书突破局部分析的狭隘思路，以系统论的视角来分析粮食安全体系，将粮食生产、流通与储备视为一个完整的系统，研究各个子系统之间的协调性及其原因，并提出协调机制的构思，利用系统论的思想及其他学科理论与农业经济学的学科交叉，为粮食经济研究展开了一个全新的视角，为粮食经济协调健康发展提供了有益的理论参考。

第二，针对我国粮食生产、流通与储备的不协调性，从以趋利性为特征的粮食产业各微观主体行为、粮食产业供求弹性的非均衡特性和市场区域分割与保护、粮食调控目标多元化下的政府政策调控三个层面分析其原因，由此对粮食体系不协调的深层原因进行挖掘，为有效率的粮食调控机制构建提供了坚实的理论基础。

第三，本书对我国粮食安全目标下粮食生产、流通与储备的协调状态进行蓝景勾勒，并构建了一个符合实际、切实可行的三者协调机制，同时建立了实现该协调机制的政策支撑体系，从而为提高政府粮食政策调控效率，实现粮食安全目标，促进整个国家农业和农村经济协调有效运行，为建设社会主义新农村、构建和谐社会提供了最基本的保障。

## 0.2　国内外相关研究动态

在全球粮价上涨的大背景下，粮食问题成为众多学者、专家密切关注的问题。基于粮食安全目标下的粮食生产、流通与储备等单个环节的研究，学术界讨论激烈；关于粮食生产、流通与储备之间的协调问题，也逐渐引起重视，并有少量研究成果发表。

### 0.2.1　粮食生产环节研究

国内粮食生产机遇与挑战并存，粮食生产的影响因素、粮食生产函数模型仍然是众多学者研究的主要内容，其研究方法更加多样化、科学化。无论是利用 GIS 空间分析技术（石淑芹等，2008）、因子分析方法（仇方道等，2007）、灰色关联方法（郭海洋等，2007），逐步回归、加权最小二乘回归等经典单方程计量经济学方法（谢杰，2007），还是构建多元回归模型（刘红梅等，2007）、基于非参数方法双产出模型（庞英，2007）、CD 生产函数模型（马文杰等，2008；宋伟等，2007；王桂芝，2007）和 CES（固定替代弹性系数）生产函数模型（赵靖，2007）等，无论是定性研究还是定量研究，得出的结论大体一致：随着耕地数量的日趋减少，水资源的缺乏，农业科研投入的不足，生态目标与粮食产量目标间的矛盾等因素都将成为影响粮食生产的不利因素；而技术进步、灌溉面积的扩大、化肥的施用、价格支持及市场化改革等因素将会是粮食生产的有利条件（Li and Wang，2002）。同时小农户的规模、落后的生产技术、生产成本相对较高导致低质粮食剩余和高质量粮食不足之间存在着严重的矛盾（Qiao and Leif，2005），他们分析认为，从长远看，为确保粮食安全，必须从根本上保护整体的粮食生产能力，其中包括加强耕地保护、水资源的节约高效利用等。

　　基于粮食安全的目标，粮食产量的波动是不容忽视的问题。马红波和褚庆全（2007）分析了新中国成立以来我国粮食生产波动的特点，比较了世界粮食主产国的粮食波动情况，分析了国家政策、农业投入和自然灾害对我国粮食生产波动的影响，并据此提出了平抑粮食生产波动要对农业结构调整进行宏观调控，加大粮食主产区补贴、合理利用国际粮食市场，加强农业基础设施建设和科研投入力度等建议。林燕（2006）、王玉斌和蒋俊朋（2007）将波动理论和变异系数法应用于粮食产量变化的分析，前者将粮食产量的波动周期与国家粮食政策和自然灾害结合起来，定性分析了国家政策和自然灾害对粮食产量的影响；后者则对我国粮食产量波动的时间特征和省际粮食产量地区差异变化的空间特征进行了立体的实证系统分析，这对于有效利用区际、省际粮食相对丰缺的特点实现粮食区域平衡、减少区域内粮食产量过度波动造成损失和冲击、制定有效的粮食生产和市场调节政策有重要的意义。

　　从粮食种植的空间角度看，粮食生产的空间分布对于粮食储备、流通以及产储销之间的协调具有深远影响。研究发现，粮食生产区域格局发生了很大变化，全国主要的粮食调出区已由 20 世纪 70 年代初的松辽河区、长江区、珠江区和东南诸河区转移，集中到 21 世纪初的松辽河区和淮河区（刘玉杰等，

2007）。除此之外，我国粮食单产、人均粮食产量和粮食贡献度等方面均存在着明显的空间差异（马永欢等，2008）。

## 0.2.2 粮食储备环节研究

我国的粮食储备主要由政府、商业部门和农户家庭完成（Fred，2002）。根据 FAO（Food and Agriculture Organization）的标准，粮食储备量应维持在粮食消费量的 17% ~ 18%。中国的粮食储备在粮食总供给中占有很大份额，但通常只有一小部分有可能进入市场以平抑价格波动，余下的大量粮食储备则作为抵御作物歉收或粮食供给受到严重影响而不得不依赖进口粮食时的保障（Fred，2002）。目前，我国的粮食储备管理体系是由国家粮食储备局、中央储备粮管理公司和承储单位组成的垂直管理体系，总公司—分公司—直属库（代储粮库）"三级架构、两级法人"的组织形式，缩短了中央储备粮管理链条，管理效能显著提高（宋维佳，2006）。与此同时，也有学者对现行的中央储备粮垂直管理体系提出了质疑，认为储备粮管理涉及的部门较多，运转程序复杂，很难根据市场信号做出灵敏反应（周福生，2007），中央储备粮体系与地方粮食部门之间存在着利益协调问题，粮食储备的区域布局、品种结构布局等不合理（李福君，2005）等。大量储备粮食不仅增加政府的财政负担，而且极有可能扭曲粮食市场。同时，国有库存管理存在太多行政制约，以致不能有效地抑制价格波动（Lohmar，2002）。此外，维护粮食库存的费用也是非常昂贵的。因此，Qiao 和 Leif 指出要准确定义中央粮食储备的功能和规模。

在众多学者密切关注中央储备粮的同时，也有一小部分学者对农户储粮行为进行了深入研究，发现粮食主产区、主销区、产销平衡区绝大部分农户都有储粮行为，储粮数量与粮食产量高度相关，农户粮食消费基本上可以自给（武翔宇，2007）。邹彩芬（2006）等从定量角度，测算了农户储备对农户的经济效益，分析了年末粮食结转储备对市场供求的影响，认为有效的市场流通、良好的信息渠道条件下，农户的粮食储备不具备影响整个市场的能力，但农户的科学储粮对降低中国粮食储备成本、减轻国库粮食释放带来的市场振荡、保障中国粮食安全具有深远的意义。

## 0.2.3　粮食流通环节研究

粮食流通是连接粮食生产与消费的桥梁，粮食流通量大、点多、面广、生化特性强，决定了粮食流通强调生产上的合理布局、科学的规划和合理地制定粮食流向，具有较强的专业性（程黔，2006）。目前，我国粮食流通不畅、市场分割严重，这将在长期内影响粮食经济安全（朱泽，2004）。

国外有关粮食流通的研究重点主要集中在物流供应链理论、加工增值、信息平台建设以及物流技术开发及应用等方面（赵福成，2010）。Yossi Sheffi（2005）研究指出通过区域预测、风险集中、缩短预测时间跨度、测试产品、合作、风险共担六个步骤建立敏捷供应链最终实现粮食流通的高效化发展。也有研究提出通过组建管理团队、建立有效的互信机制和信息利用手段能更好地对粮食供应链进行管理并维护粮食供应链的高效运作（大卫·伯特等，2003）。国外有关粮食流通的研究中，粮食集装箱运输理论是另一特色。Barry Prentice 通过对比分析粮食流通相关技术指标，提出粮食集装箱运输是有比较优势的，并有其适用的特定范围，在此基础之上还构建了涵盖包粮运输、散粮运输和集装箱粮食运输共存互补的物流系统。澳大利亚学者 Champ 研究指出，各国国有粮食企业逐步公司化，粮食物流对运输设备专业性的要求更高了，集装箱粮食运输将进入快速发展期。近年来，随着物流理论在我国的迅速发展，越来越多的学者将其引入粮食流通研究中，并认为粮食物流是粮食商品流通不可缺少的重要组成部分，构建现代粮食物流对传统的粮食流通将是一场新的革命（胡非凡和吴松娟，2007）。丁根安（2006）提出把供应链思想应用到粮食物流领域，认为构建粮食物流供应链上海市具有优势，应该率先做起。与此同时，有研究指出我国粮食物流和供应链建设存在基础设施建设不足、法规不完善、粮食供应链节点分散等问题，政府应在政策、规划和投资方面发挥主导作用，在资源配置、资金投入和人才建设等方面积极实行市场化政策，同时要注意防止粮食流通中政府和市场双失灵（杜文龙，2006）。

## 0.2.4 粮食生产、流通与储备协调研究

粮食生产、流通与储备之间的协调问题，已经引起专家学者的重视，现已有少量研究成果发表。我国粮食产销利益失衡问题严重影响了粮食主产区和粮食生产者的生产积极性，从而使得长期粮食安全供给保障问题难以得到根本解决。因此构建一个全新的粮食产销利益协调机制，提高粮食主产区和生产者的生产积极性具有重要意义（高瑛，2007）。

通过剖析粮食"紧缺、过剩"循环怪圈，刘立仁（2005）揭示了粮食调控机制的内在缺陷：价格机制调节粮食产量易失调，增加了粮食市场的波动性；增产不增收挫伤农民种粮积极性；粮食购销市场"紧时收，松时放"，市场体系不健全，生产与销售不衔接；粮食生产、储备和进口没有成为一个有机整体，调控措施不同步，有时甚至存在逆向调节。因此，为促进粮食生产、流通与储备形成协调配套的有机整体，"配额生产、定额补贴"可能是有效的发展之路。长期的价格扭曲，使得市场机制在粮食供需调节中的主导作用未能充分发挥。国家行政力量的过度干预，导致粮食产销各利益主体间利益关系严重失衡，粮食主产区和粮食生产者的利益大量转移给粮食主销区和粮食经营者。因此，协调粮食产销利益关系，解决粮食产销利益失衡问题对保护粮食生产者积极性、保障国家粮食安全具有极其重要的意义（高瑛等，2006）。匡远配和曾福生（2005）认为，粮食安全是一个全国性的准公共产品，粮食生产区和主销区对保障粮食安全都有相应责任。建立粮食安全主产区与主销区之间协调机制有利于各地责任的实现和比较优势的发挥，并提出通过政府策动、市场拉动、企业运作的形式来建立主产区和主销区的协调关系。刘小春等（2006）从博弈的角度，以粮食主产区和主销区产销不协调的主要表现为切入点，得出影响粮食主产区与主销区不协调的主要因素有政府因素和市场因素。熊本国（2005）认为，要充分发挥市场机制在配置粮食资源中的基础性作用，促进粮食生产和流通协调发展，加快建立统一、开放、竞争、有序的粮食市场体系，提升市场服务功能。对于不协调的原因，龙方和曾福生（2007）指出粮食产

区与销区责、权、利不协调的原因在于政府调控不合理和市场机制的不完善，所以必须完善政府的宏观调控，健全市场机制，明确主销区的责任，提高农民的市场竞争地位；周晓红（2006）则认为，中国粮食主产区与主销区产销不协调主要表现为供求矛盾突出，其主要原因是生产与市场脱节、重视产区轻视销区、缺乏完善的购销合作机制等，因此，应采取对产销区粮食协作的指导、完善粮食合同订购制度、调整粮食风险基金补助比例、完善价格形成机制、创造良好的外部环境等措施，建立起粮食主产区与主销区产销协调机制，确保粮食供需平衡和国家粮食安全。

## 0.2.5　文献分析

国内外现有文献主要集中于两方面的研究：一是从提高粮食生产能力与购买力的途径通过定量分析研究如何提高粮食安全；二是基于粮食安全目标下的粮食生产、流通与储备单环节的研究。关于粮食生产、流通与储备之间的协调机制，尤其是发展中国家经济转型期基于粮食安全目标下粮食生产、流通与储备间的协调机制，目前已引起部分专家学者的重视，已有少量研究成果。因此，本书的研究具有问题切入角度的新颖性和一定的学术理论价值。同时现有文献对政策在生产、流通和储备三方面的效用，不同方面政策间的协调性、执行效果研究少，本书则偏重于此，注重政策的整体效用。因此，本书具有现实意义。另外，基于粮食安全目标下，对粮食生产、流通与储备的独立研究较多，彼此之间的协调研究也有一些，而三者之间的协调很少。这一方面反映了该项目研究的必要性，另一方面也为本书的展开提供了较丰富的学术理论铺垫，并为本书圆满完成研究目标奠定了基础。

# 第1章 我国粮食安全水平评价

粮食安全是关系到国民经济持续发展和社会安定的重大问题，也是各国政府和国际社会所追求的核心政策目标。对于拥有近 14 亿人口的中国，粮食安全问题不仅仅是一个资源配置利用的经济问题，还要放到国家稳定、人民富裕的政治层面上来看待。

## 1.1 粮食安全保护的意义

纵观我国社会主义建设的历史，新中国成立以来，国民经济几次大的起伏，都是由农业首先是粮食的大波动引起的，什么时候粮食丰收了，经济建设和各项事业就向前发展，反之就停止和倒退。大家可能对 20 世纪 60 年代中国严重缺粮引起的社会经济问题还记忆犹新，也可能没有忘记改革开放之初我们为了解决全国人民吃粮问题而做出的种种牺牲和努力。我们应该时刻记住粮食安全是我国经济建设和社会发展的基本条件，是改革不断推进的重要保证。

### 1.1.1 粮食安全与社会稳定

粮食供求矛盾的缓解，使我国步入了农业发展的新阶段。农业生产经营从原来的单一产品产量目标向保证农产品有效供给和力争农民收入增长的产量、收入双重目标转变；人们对农产品的消费从温饱型向质量型、安全健康型、选择型转变；农产品市场从卖方市场向买方市场，竞争从国内市场向国际、国内两个市场转变。正因为粮食的低价充足供给，才保证了农村社会的安定团结。据统计，在 1997 年至 2003 年期间，我国农民收入增长速度持续下滑，有的省份还出现了负增长，但是农民的负担及其各项生活消费支出及文化教育支出并没有减少，有的甚至还是增加的。可是由于粮食连年丰收，农民生活有保证，因而在收入下降、负担加重、支出增长的情况下，农村依然安定。也正是由于粮食的充足供给和低价，在我国进行工业结构调整和转型的过程中，虽有大批职工下岗、转岗，但他们不必担心吃饭问题，生活有保证，最终促进了城市及工业改革的持续推进。

### 1.1.2　粮食安全与国家经济发展战略

由于有足够的粮食作后盾，我国迅速地实现了经济战略的大调整和开发重心的大转移，把西部大开发提上了议事日程。西部大开发中有几个比较现实的战略措施：一是进行全国农业布局大调整，建立东部创汇农业区、中部粮棉集约经营主产区、西部高效生态农业区；二是在西部的江河源头及生态环境脆弱区，实现退耕还林还草、以粮代赈、以粮换林草；三是重点建设交通、能源等基础设施。这些措施实施的背后，充足的粮食供给是一个最基本的保证条件。中国农村改革 30 年最显著的成效是粮食生产的大发展、粮食供给从短缺转向相对充裕。

## 1.2　粮食安全评价指标

### 1.2.1　粮食安全目标解读

粮食安全目标是一个动态目标，随着国家农业的发展会不断呈现出新的隐患和问题，这就要求研究工作的不断深入。21 世纪以来，我国农业进入了新阶段，从 2004～2010 年，粮食产量连续七年增产，国内粮食自给率达到96%，但是，粮食安全的潜在性危机不可忽视。近几年来，随着农业产业结构的战略性调整，我国的粮食生产、供给、库存和需求与消费都发生了深刻的变化。因此，对于粮食安全的目标我们要赋予新的理解和含义。

　　关注粮食安全首先应弄清以下几方面的问题：

　　第一，粮食安全的目标主要是解决远期粮食供给问题，而不是短期问题。而我国的现状是"短期无虑，长期堪忧"。也就是说，从长远来看我国粮食安全目标的实现有难度。一方面，我国存在耕地减少、生产条件退化的实际情况，粮食产量提高压力巨大；另一方面，人口增长，工业化和城市化进程加快，人民生活水平提高，国内粮食需求将显现刚性增长的态势，粮食数量需求、质量需求均不断增长。因此，面对目前良好的粮食供需状况，我们不能麻痹大意，要注意到长期内我国经济社会各个方面的变化，未雨绸缪，集中力量保障我国实现长期的粮食安全目标。

　　第二，粮食安全的目标主要是解决食物问题，而不仅仅是谷物问题。谷物安全是食物安全的基础，粮食安全中的"粮食"是大粮食的概念，而不仅仅是指谷物。

　　第三，粮食安全的目标主要是数量问题，而不仅仅是价格问题。制止粮价上涨，并不能消除短缺，只能引起更大的短缺；相反，解决了短缺，价格自然会跌落。保障国家粮食安全，应着眼于供给数量而不是供给价格。

　　第四，粮食安全的目标是全局问题，而不是局部问题。所谓全局，一是强调区域平衡的全局，二是强调时间分布平衡的全局。当前，我国粮食主产区粮食供给充足，但是主销区粮食却存在重大安全隐患。从全国粮食安全目标来看，需要做好协调和宏观调控，从大局上和整体上实现粮食安全目标。

　　第五，粮食安全的目标主要是政府目标，而不是农民的目标。在市场经济条件下，受价值规律的影响，农民喜欢种什么就种什么，不承担保障粮食安全的责任。而国家作为宏观管理的主体，承担的是国家安全和发展的责任，就必须采取措施确保粮食安全目标的实现。

　　因此，对粮食安全目标的解读要明白以下五点：一是粮食是人类自下而上生命与健康的基本需要，随着人民生活水平的提高，消费结构和食物需求结构有了很大的变化，国民膳食结构更加多样化、营养化、科学化，居民对直接粮食的消费量逐年减少，但对间接粮食，如肉、禽、蛋、奶等动物性食品的消费量成倍增长，目前粮食虽然总量供给有余，但却存在结构性短缺。粮食安全目标不仅仅是"粮食安全"而应该扩大到"食物安全"。二是粮食安全目标的实现要致力于保持粮食总产量和流通渠道的通畅，让所有的人都能买得到粮食。三是粮食安全目标要保持粮食价格合理，符合缺粮者的购买水平和政府支付能力，让所有的人都能买得起粮食。有粮食买不起，对消费者来说同样是不安全的。四是寻求粮食安全在时间和空间上的绝对性，建立储备机制，保证均衡供应，不论丰年歉年都要保证所有的人在任何时候都能买得到、买得起食物。五是粮食安全目标不仅要致力于确保有充足的粮食数量，还强调了可靠的食物质量，以期满足不同层次人群对食物的"喜好"。认识上述问题，不仅有助于从理性上全面认识"粮食安全"问题，而且对在实践上确保粮食安全也有重要意义。

## 1.2.2　粮食安全评价指标

粮食安全状况可以通过一定的指标加以衡量，这些衡量粮食安全状况的指标即为粮食安全预警指标。

### 1.2.2.1　有关粮食安全衡量指标的研究

国际社会提出的粮食安全评价方法主要有：一是 FAO 对世界粮食安全状况的评价方法。FAO 对世界粮食不安全状况的评估标准主要是每个国家（或地区）总人口中营养不良人口所占的比重。按照 FAO 的标准，所谓营养不良是指人均每日摄入的热量少于 2100 卡的状况。如果一个国家（或地区）营养不良人口的比重达到或超过 15%，则该国属于粮食不安全国（或地区）。FAO 就是按照这个标准对各国（或地区）的粮食安全状况进行评估的。从理论上说，FAO 的这种度量方法比较科学，因为一个国家的粮食安全与否，归根到底是要看该国人民的营养状况。这种评估方法实际上是把一个国家或地区消费的粮食和其他食物总量，按照一定的营养标准进行总热量折算，再根据人口的构成和各类人群对营养的不同需要进行计算，最后进行平均，得出人均热量的摄入水平。二是世界粮食安全委员会采用 7 个指标衡量粮食安全状况。该委员会秘书处（2000）提出了 7 个衡量粮食安全的指标：①营养不足的人口发生率；②人均膳食热能供应；③谷物和根茎类食物热量占人均膳食热能供应的比例；④出生时预期寿命；⑤5 岁以下儿童死亡率；⑥5 岁以下体重不足儿童所占比例；⑦体重指数 <18.5 的成人所占比例。该指标体系在 2000 年 9 月的第二十六届世界粮食安全委员会上得到批准。除此之外，还有美国农业部经济研究局对粮食安全的评估方法等。

国内学者提出的评估方法主要有：朱泽（1998）提出了四项指标简单平均法，即用粮食产量波动率、粮食储备率、粮食自给率、人均粮食占有量这四项指标进行综合评价。徐逢贤等（1999）提出了五项指标简单平均法。具体计算与朱泽的方法基本相同，只是在四项指标的基础上又加入了"低收入阶层的粮食保障水平"这一项指标。马九杰等（2001）提出了五项指标加权平均法。按照该方法，粮食安全综合指数是用食物及膳食能量供求平衡指数、粮食生产波动指数、粮食储备—需求比率、粮食国际贸易依存度系数、粮食及食物市场价格稳定性各指标得分值（各指标对应的警级数值）的加权平均值来衡量。刘晓梅（2004）在借鉴朱泽和马九杰等人研究成果的基础上，提出了四项指标加权平均安全系数法。该方法提出用人均占有粮食量、粮食总产量波动系数、粮食储备率、粮食进口率（或粮食自给率）四个指标来衡量粮食安全状况，并参照朱泽的取值标准和马九杰等的加权平均法，以及各项指标对粮食安全状况的重要性赋予不同的权重。刘景辉等（2004）将众多的粮食安全评价指标归纳为数量安全、质量安全、空间安全、时间安全和市场安全五类，还提出各类粮食安全的评价指标及各指标达到安全的最低限，分别是：粮食自给率警戒线为 90%，人均粮食量为 350 千克，人均日摄取食物热值水平为 2400 千卡，人均细粮占有量为 160 千克，恩格尔系数为 60%，生活无保障人口比例 <10%。鲜祖德等（2005）提出了标准比值法。这种方法是，首先建立一个粮食安全评价指标体系，然后对每个指标规定一个标准，再用指标值除以标准值乘以 100%，即可得到该项指标的标准比值，最后对这些标准比值进行加权平均，得到综合安全程度。

## 1.2.2.2　粮食安全的评价指标

上述关于粮食安全指标的文献，将我国粮食安全的评价指标分为粮食自给率（或粮食贸易依存度）、粮食产量波动系数、粮食储备水平、人均粮食占有量、粮食市场价格稳定性四个指标。

（1）粮食自给率（或粮食贸易依存度）

一般而言，一个农业人口众多的国家，其粮食外贸依存系数要低于一个农业人口较少的国家。农业资源短缺的国家追求过低的粮食外贸依存系数，会付出高额成本作为代价，经济上是不合理的。粮食自给率是最重要的指标，国际上把一国粮食自给率≥90%（粮食贸易依存度≤10%）定为可以接受的粮食安全水平；一国粮食自给率≥95%定为基本自给。一般认为中国的粮食自给率应达到95%以上。

（2）粮食产量波动系数

粮食生产受自然、经济双重因素影响，年度间会出现波动，波动幅度大小在一定程度上反映了粮食的安全程度。粮食产量年度间的波动幅度可用粮食产量波动系数来表示，当波动系数较大时，说明粮食生产不稳定，粮食安全水平降低，应采取相应的防范措施，一般认为将波动系数控制在2%左右是比较理想的。

（3）粮食储备水平

粮食储备是调控粮食供给以及防止战争、自然灾害等特殊情况，保障粮食安全的重要手段。在正常情况下，粮食储备的功能表现为：当市场上的粮食供大于求、粮食价格大幅下跌时，就要购进粮食，增加储备；当市场上出现供不应求、粮食价格大幅上涨时，就要向市场抛售粮食，减少储备。通过增加或减少粮食储备来调节市场的粮食供给量，平衡粮食市场的供求关系，达到粮食价格的相对稳定。FAO把年末粮食储备和商业库存占年度总消费量的17%～18%定为粮食安全储备。

（4）人均粮食占有量

一个国家或地区所生产的粮食或者储备的粮食，人均粮食占有量越大，表示粮食安全水平越高。

（5）粮食市场价格稳定性

粮食价格是百价之基，其波动事关改革发展稳定大局，始终是党和政府密切关注、人民群众十分关心的热点问题。改革开放以来，随着计划经济体制逐渐向市场经济体制转轨，粮食价格形成的市场化程度不断提高，影响粮食价格的因素日益增多并复杂化。在市场经济条件下，粮食价格是供给和需求双方共同作用的结果，供给量偏离需求量是经常发生的，因此，价格总会发生一定程度的波动。价格在一定范围内的波动是正常的，市场经济就是依靠价格这只"看不见的手"，调节供给量和需求量，使供给和需求不断实现新的平衡。

粮食价格波动的幅度与粮食供求变化的幅度有很大差异。粮食供求关系较小的变化往往会引起粮食价格较大的波动。比如粮食供求有 5% 的变动就可能引起粮食价格上涨或下跌 50%。这是由于粮食需求弹性大大低于粮食供给弹性，粮食需求较少受价格的影响，粮食供给则较多受价格的影响，而粮食价格的大起大落，反过来又会引起粮食供给的不稳定。

# 1.3 我国粮食安全水平评价

结合上节分析与我国粮食安全面临的人口众多、粮食需求量大等粮食发展的现实情况，对我国粮食安全水平进行辨识与分析。

## 1.3.1 粮食自给率

1949 年以来，中国粮食生产始终坚持自力更生的方针，粮食基本自给，粮食外贸依存系数较低，最高年度也在 4% 以内。根据中国加入 WTO 后的承诺，今后几年粮食（谷物）外贸依存系数年均在 5% 左右。改革开放以来的前 8 年，中国粮食自给率一直保持在 96%～98%。1985 年增加到 101%，1986 年为 100%，1987～1991 年连续 5 年保持为 98%～99%，1992 年上升为 100%，1993～1994 年保持为 101%，1995 年下降到 96%，1996 年为 98%，1997～2003 年保持为 100%，2004 年为 95%，2005 年为 96%（柯炳生，2006）。2004～2010 年，我国粮食生产实现连续 7 年增产，粮食自给率长期保持高位运行。从以上可以看出：中国粮食自给率一直保持在 95% 以上。1996 年提出的保持粮食基本自给的目标得到了很好的实现。

## 1.3.2  粮食产量波动系数

### 1.3.2.1  粮食产量波动情况

在全面落实了家庭联产承包经营责任制以后,1982~1984 年我国粮食产量持续增长,这三年的年均增长率为 7.83%,连跨 3500 亿千克、4000 亿千克两个台阶。1985~1988 年出现了产量下滑,这四年的粮食增长率一直在 -6.9%~3.3% 徘徊,年均增长率为 -0.29%。1989~1990 年粮食生产出现恢复性增长,粮食产量年均增长率为 6.45%,总产量接近 4500 亿千克的台阶。1991~1994 年再次出现产量下滑,1991 年比 1990 年减产 110 亿千克,减产 2.5%,这四年的粮食增长率一直在 -2.5%~3.12% 徘徊,年均增长率为 0.4%。1995~1996 年再次大幅度增产,年均增长率为 8.13%,1996 年后首次跨上 5000 亿千克台阶。之后,1997 年减产 2.05%,产量回落到 4941.7 亿千克,1998~1999 年再次增产,总产量再次跨上 5000 亿千克的台阶。进入 21 世纪以后,2000~2003 年产量一直下滑,2000 年产量比 1999 年减产 462 亿千克,减幅高达 9.1%;2001 年比 2000 年再减 95.5 亿千克,减幅为 2.1%;2002 年小幅度增产,增产 44 亿千克,增长 1%;2003 年产量再次下降,比 2002 年减产 263.6 亿千克,减幅为 5.8%(王雅鹏,2005),总产量倒退到 20 世纪 90 年代初期的水平,人均产量倒退到 20 世纪 80 年代初期的水平。2004 年国家开始调整各项粮食安全保护政策,减免农业税,对种粮农民进行直接补贴,对农民采用良种、购买农机具进行补贴,执行最低收购价政策,使粮食生产出现恢复性增长,产量再次走出低谷,到 2010 年已经实现粮食产量连续 7 年增产。2004~2006 年三年累计增产粮食 667.5 亿千克。2007 年全国粮食产量达到 5014.83 亿千克,比 2005 年增长 174.6 亿千克,增幅为 3.6%。2008 年比 2007 年增加 5.4%,2009 年对 2008 年增幅达到 0.4%。2010 年全国粮食产量增至 5464.1 亿千克,比 2009 年增加 155.9 亿千克,增幅为 2.94%(图 1-1)。

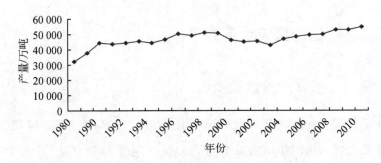

图 1-1 粮食产量波动曲线图（1980～2010 年）

资料来源：历年《中国农业发展报告》

### 1.3.2.2 粮食产量波动系数与 ±2% 的波动幅度比较

（1）粮食产量波动系数安全范围

粮食产量波动系数可用来反映粮食生产的稳定程度，是衡量粮食安全的一个重要指标。如前所述，国内很多学者认为，中国的粮食产量波动系数维持在 2% 左右是比较理想的。本书亦以 2% 左右的粮食产量波动系数作为衡量粮食产量波动是否正常的标准之一。

（2）粮食产量波动系数的单样本 t 检验

根据图 1-1 的有关数据，计算得到粮食产量波动系数表（表 1-1）。

表 1-1 粮食产量波动系数（1983～2007 年） 单位：%

| 年份 | 波动系数 | 年份 | 波动系数 | 年份 | 波动系数 |
|------|---------|------|---------|------|---------|
| 1983 | − 2. 270 38 | 1992 | 1. 488 104 | 2001 | − 4. 919 89 |
| 1984 | 1. 647 211 | 1993 | 3. 606 015 | 2002 | − 4. 877 1 |
| 1985 | − 6. 425 39 | 1994 | 0. 014 759 | 2003 | − 11. 182 4 |
| 1986 | − 4. 410 54 | 1995 | 3. 816 344 | 2004 | − 4. 064 33 |
| 1987 | − 2. 663 46 | 1996 | 11. 156 82 | 2005 | − 1. 978 9 |
| 1988 | − 5. 821 49 | 1997 | 7. 819 277 | 2006 | − 0. 149 36 |
| 1989 | − 3. 623 29 | 1998 | 10. 704 32 | 2007 | − 0. 230 1 |
| 1990 | 4. 431 413 | 1999 | 8. 817 112 | | |
| 1991 | 0. 822 987 | 2000 | − 2. 003 53 | | |

根据表 1-1 的有关数据，将粮食产量波动系数与 ±2% 的波动幅度进行比较（图 1-2）。

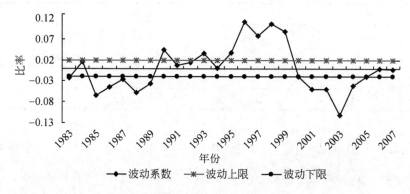

图 1-2　粮食产量波动系数变化曲线图（1983~2007 年）

从图 1-2 中可以看出，大多数年份的粮食产量波动系数超过了 2%，这说明中国粮食产量波动幅度超过一般认为的合理范围，粮食生产具有不稳定性。

为了进一步检验粮食产量波动系数与 ±2% 的理想状态是否存在差异，下面应用 SPSS 的单样本 t 检验进行分析。SPSS 的单样本 t 检验，是在"$H_0: \mu =$ 检验值"的假设下，按样本均值与检验值之差进行的。由于此处检验涉及与 ±2% 进行比较，所以要进行两次检验，即粮食产量波动系数分别与 2% 和 −2% 进行比较。

在进行比较之前，要对粮食产量波动系数进行正态性检验。用 SPSS13.0 进行检验，结果如表 1-2 所示。

表 1-2　粮食产量波动系数正态性检验

| | Kolmogorov-Smirnov（a） | | | Shapiro-Wilk | | |
| --- | --- | --- | --- | --- | --- | --- |
| | Statistic | df | Sig. | Statistic | df | Sig. |
| 变异率 | 0.136 | 24 | 0.200（＊） | 0.960 | 24 | 0.430 |

由于 Shapiro-Wilk = 0.96，$P = 0.43 > 0.05$，所以，粮食产量波动系数服从正态分布。

首先进行粮食产量波动系数与 2% 的比较。

假设：$H_0: \mu = 2\%$，$H_1: \mu \neq 2\%$。检验结果如表 1-3 所示。

表 1-3　粮食产量波动系数单样本 t 检验

| | t | df | Sig. (2-tailed) | Mean Difference | 95% Confidence Interval of the Difference | |
| --- | --- | --- | --- | --- | --- | --- |
| | | | | | Lower | Upper |
| 变异率 | -1.719 | 23 | 0.099 0 | -0.020 014 8 | -0.044 1 | 0.004 070 6 |

从表 1-3 中可以看出，双侧 $P = 0.099\ 0 < 0.1$，以 $\alpha = 10\%$ 为水准的双侧检验拒绝了 $H_0$，接受了 $H_1$，总体均值与 2% 的差异有统计学意义。

然后进行粮食产量波动系数与 -2% 的比较。

假设：$H_0: \mu = -2\%$，$H_1: \mu \neq -2\%$。检验结果如表 1-4 所示。

表 1-4　粮食产量波动系数单样本 t 检验

| | t | df | Sig. (2-tailed) | Mean Difference | 95% Confidence Interval of the Difference | |
| --- | --- | --- | --- | --- | --- | --- |
| | | | | | Lower | Upper |
| 变异率 | 1.716 | 23 | 0.099 5 | 0.019 985 2 | -0.004 100 3 | 0.044 07 |

从表 1-4 中可以看出，双侧 $P = 0.099\ 5 < 0.1$，以 $\alpha = 10\%$ 为水准的双侧检验拒绝 $H_0$，接受 $H_1$，总体均值与 2% 的差异有统计学意义。

1983 年以来，中国粮食产量的波动系数有以下几个特征：第一，虽然粮食实际产量波动较大，但总体呈上升趋势，年均增长率为 11.91%；第二，粮食产量波动系数在 2003 年及以前波动较大，除少数年份外，波动系数都超过了 3%，基本上没有什么规律，从 2004 年起，粮食产量波动系数呈下降趋势，粮食生产的安全水平得到一定程度的提高；第三，粮食产量年际间波动抵消明显。粮食产量波动系数的平均值不能反映粮食的安全程度，虽然 1983~2007 年粮食产量波动系数的平均值为 -0.0175%，但多数年份的系数超过了 2%。

从上面粮食产量波动系数与 ±2% 的波动幅度趋势图和粮食产量波动系数

的单样本 t 检验中可以看出，我国粮食产量的波动与理想的 2% 的波幅存在较大差异，即从统计学的角度来看，我国粮食产量的波幅大于 2%，年际粮食产量不稳定，存在不安全因素。

### 1.3.2.3 市场化改革前后我国粮食产量波动差异

1993 年 2 月，国务院发出《关于加快粮食流通体制改革的通知》，提出粮食流通体制改革要把握时机，在国家宏观调控下放开价格，放开经营，增强粮食企业活力，减轻国家财政负担，进一步向粮食商品化、经营市场化方向推进。这意味着我国粮食市场化改革正式开始。所有这一切是否昭示着改革前后的中国粮食生产波动存在着明显的差异呢？如果生产波动存在着明显的差异，是否可以说明改革前后哪段时期的粮食生产波动强度大？

（1）市场化改革前后粮食产量波动差异分析

为了回答这一问题，利用 Chow 检验法，检验市场化改革前后两个时期的粮食生产波动是否存在结构变化，是否存在着显著的差异。

1992 年，中共十四大提出了建设社会主义市场经济体制的目标，但十四大是在 1992 年 10 月召开的，其对粮食生产和流通的影响最快也要到 1993 年才会产生，所以在对比市场化改革前后中国粮食生产波动强度时，转折点应选在 1993 年，即分为 1983 ～ 1992 年和 1993 ～ 2007 年两个时期。在这里分别进行粮食产量的 Chow 检验（表 1-5）和粮食产量波动系数的 Chow 检验（表 1-6）。

**表 1-5 粮食总产量的 Chow 检验**

| Chow Breakpoint Test：1993 | | | |
| --- | --- | --- | --- |
| F-statistic | 5. 215 388 | Probability | 0. 015 037 |
| Log likelihood ratio | 10. 073 33 | Probability | 0. 006 495 |

**表 1-6 粮食产量波动系数的 Chow 检验**

| Chow Breakpoint Test：1993 | | | |
| --- | --- | --- | --- |
| F-statistic | 5. 357 422 | Probability | 0. 013 703 |
| Log likelihood ratio | 10. 296 33 | Probability | 0. 005 810 |

根据 $F$ 分布表可得，在 5% 的显著性水平下，$F$ 临界值为 3.49，因此，得到粮食总产量的 Chow 检验 $F$ 值 ≥ 5.215 388 的概率小于 5%。

根据 $F$ 分布表可得，在 5% 的显著性水平下，$F$ 临界值为 3.49，因此，得到粮食产量波动系数的 Chow 检验 $F$ 值 ≥ 5.357 422 的概率小于 5%。

因此，粮食产量和及其波动系数的时间趋势回归方程在两个不同时期是不同的，即粮食产量及其波动系数经历了一个结构性变化。

（2）市场化改革前后粮食产量波动强度分析

既然粮食产量及其波动系数经历了一个结构性变化，那么是市场化改革前后哪一个时段波动的强度大些呢？市场化改革对粮食稳定生产有什么影响？为了比较市场化改革前后粮食生产波动强度，将使用两个指标进行衡量：一是变异系数，二是离散系数。变异系数（coefficient of variation）是衡量中长期波动的一个重要指标，通常指变量离差与均值的比率，本书建立在剔除变量长期趋势的基础上，故变异系数变为剔除趋势回归方程的标准误差与变量的均值，用公式表示为

$$CV = \sqrt{\sum (X_t - \hat{X}_t)^2 \div (N - 1)} \Big/ \overline{X}$$

式中，$X_t$ 为实际产量；$\hat{X}_t$ 为趋势产量；$\overline{X}$ 为平均产量；$N$ 为年数。CV 的计算建立在剔除变量长期趋势的基础上，可以对整个时间序列中的不同组成部分进行纵向比较。离散系数是用来衡量变量离散程度的指标，其计算公式为变量的标准差与其平均值之比。

两个指标的计算结果如表 1-7 所示。

表 1-7  市场化改革前后粮食产量变异系数和离散系数

| 时期 | 变异系数 | 平均值 | 标准差 | 离散系数 |
| --- | --- | --- | --- | --- |
| 市场化改革前 | 0.000 667 9 | 40 940.12 | 2 390.781 | 0.584 2 |
| 市场化改革后 | 0.000 338 4 | 47 436.86 | 2 574.057 | 0.054 3 |

表 1-7 显示改革后粮食生产波动强度低于改革前的波动水平，说明随着粮食市场化改革的推进，市场对粮食生产进行调控的成分增强，从而促进了粮食生产稳定发展，减小了粮食产量的波动情况，有利于我国的粮食安全。

### 1.3.3　粮食储备水平

1949～1952 年，国家为了保证大城市粮食供应，平抑粮食价格和打击不法商贩，提出了建立国家储备粮的设想，并在重点城市建立粮库储备粮食；1954 年根据应付灾害和各种意外的局势，建立了粮权属于国务院的为"甲字粮"的储备粮；1962 年中央军委和粮食部又共同建立了称为"506 粮"的战备粮，1962 年又在农村集体建立了备荒储备粮制度；1990 年建立了国家专项粮食储备制度，专门进行粮食储备，用以调节市场供求和平抑粮食年际间的波动；2000 年正式成立了中国储备粮管理总公司，建立了中央储备粮垂直管理体系，对粮食储备和宏观调控进行了统一管理。2000 年粮食年度结束时，国家粮食部门库存总量达到 2 亿吨。据估算，到 2002 年年底，全国粮食库存在连续三年挖库存而补充需求供给的基础上还有 1.8 亿吨，其中中央储备粮 0.625 亿吨，仍然偏多。按照联合国粮农组织所确定的安全储备粮为消费量的 17%～18% 的水平计算，目前我国每年粮食消费需求为 5 亿吨，储备量有 0.9 亿吨即可。长期以来，我国的粮食储备呈现一种国家储备和农民自家储备并存的特征，农村居民的粮食年际间丰歉余缺调剂都由农民自家储备解决。2000 年以来，全国农民人均储备粮食 493 千克。国家统计局农村社会经济调查总队对全国 31 个省（自治区、直辖市）的 6.8 万户农户抽样调查，农户人均储粮 528 千克，其中主产区人均存粮 728 千克，西部省区人均存粮 500 千克，京、津、沪、浙、闽等地人均存粮 300 千克，592 个国家扶贫开发重点县人均存粮 330 千克，普遍可以满足半年到一年的自家消费需求。从城市居民的粮食供求情况来看，假定城市居民粮食供应的一小部分从自由市场贸易解决，大部分由国家储备和商业周转储备解决，则 2000 年全国城市居民的口粮消费为 4524 万吨，加上城市流动人口为 5000 万吨。依据我国粮食年度结束到新粮收获的间隔时间平均为 5 个月、安全储备需要的粮食为 2 个月的消费量计算，城市居民的粮食储备安全系数应为 0.58（5 个月/12＋2 个月/12），安全周转和消费的储备粮应约为 3000 万吨（5000 万吨×0.58），仍低于我国的实际国家粮食储备量。根据 2008 年 4 月 5 ~ 6 日温家宝总理在河北考察农业和春耕生产时透露的数据，国家现有 1.5 亿 ~ 2 亿吨的储备粮，库存水平比世界平均水平多 1 倍，因此，粮食安全水平较高。

### 1.3.4　人均粮食占有量

1983 年以来，中国人均粮食占有量存在着较大的波动（图 1-3）。人均粮食占有量在 1996 年、1998 年、1999 年的高产年增加，2000 ~ 2003 年逐年减少，近年来处于逐步提高的恢复阶段。最低年份为 2003 年，人均粮食占有量仅为 334 千克，最高年份为 1996 年，为 419 千克。从整个波动区间来看，中国人均粮食占有量基本上在 350 ~ 420 千克浮动，远远超过国际公认的 248 千克的最低安全标准。但是进入 21 世纪后的头几年，人均粮食占有量低于 370 千克，即使从 2004 年以后，粮食持续增产，但人均占有量仍然在 370 千克的世界粮食危机线附近徘徊，情况不容乐观。今后随着人口增加，对粮食的需求将呈刚性增长，我们应该继续加以正确引导，稳定耕地面积和粮食产量。

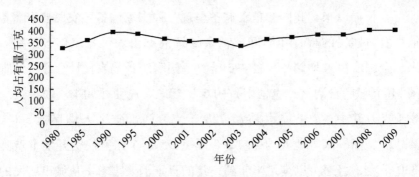

图 1-3　中国人均粮食占有量变化曲线图（1983 ~ 2009 年）

### 1.3.5　粮食市场价格稳定性

#### 1.3.5.1　我国粮食价格波动历史回顾

中国的粮食政策经历了从集中式计划管理到计划调节与市场调节相结合直

至目前的粮食购销市场化的渐进过程。1952～1978 年为完全集中式计划管理时期，实行粮食统购统销政策，国家通过指令性计划用行政手段低价向农民收购粮食，这一阶段计划收购几乎占据了整个粮食商品交易的全部，非计划收购的市场交易比重除了在极个别的年份外几乎为零，与此同时，粮食的生产同样受到了计划经济的严格控制。因此，在这种生产和购销都呈现刚性的情况下，探讨粮食生产对价格的反应是毫无意义的。

1978 年以后，随着家庭联产承包制的广泛推行，中国开始对长期实行的粮食统购统销制度进行改革，农民在完成了国家的收购任务以后可以将剩余的粮食拿到集贸市场上交换。与此同时，由于农业生产从集中决策到分散决策的制度性变革的影响，农民在种植结构、投入规模等生产决策上拥有了相对较大的自主权，而且这种自主权随着 20 世纪 80 年代初城市经济体制改革的实行和劳动力流动合法化的确立得到了进一步的加强和扩大。这就意味着，从 80 年代初期起，价格杠杆开始对粮食生产行为产生外显作用，探讨粮食价格对生产的影响不仅是非常必要的，在理论上也是可行的。

纵观中国粮食价格的变化，其波动的频率和强度都是比较大的。而粮食是关系国计民生的重要农产品，所以粮价一直受到国家的严格管控。在计划经济时期，粮价变化相当平缓，这基本可以从政策层面找到解释。1953 年开始，中国在全国范围内对粮食实行计划收购和计划销售政策，即统购统销。统购统销政策 1979 年后才逐步松动，到了 1985 得以正式取消，从此，中国粮食改革逐步走上市场化道路，价格波动也开始出现。1985 年以后的 20 多年时间里，伴随着政策的逐步放开、收紧，以至完全放开，粮价经历了几次剧烈波动。根据粮食价格指数以及粮食价格政策变化的实际情况，可将粮食价格的波动大致分为四个阶段。

（1）价格上涨阶段（1983～1989 年）

1983 年和 1984 年，全国粮食商品总量中有相当大部分的收购数量、收购方式和收购价格均由政府确定，但粮食统购价格与改革前相比有大幅度提高。与此同时，粮食市场开始萌动，粮食议购议销初步实行。虽然统销统购仍然沿用，但广大农村地区正在进行经营体制的改革，粮食集贸市场开始逐步放开，农民生产粮食的积极性得到发挥，使 1983 年、1984 年粮食产量连续两年大幅度增加，虽然出现了一定程度的"卖粮难"，但由于改革开放不久，粮食供求一直处于紧张状况，加之市场化刚刚开始放开，所以 1983 年和 1984 年的粮食价格仍表现为上升。1984 年的"卖粮难"影响了 1985 年的粮食价格，致使 1985 年粮食收购价格涨幅较低，仅为 1.8%。1985 年 1 月，中共中央、国务院发布《关于进一步活跃农村经济的十项政策》，废除粮食统购制，改为合同定购，同时减少定购数量，扩大议购议销。除定购粮外，粮食价格由市场供求决定。由于 1985 年全国农业受灾，加之粮食种植面积减少 403.9 万公顷，使粮食产量比上年减少 2820 万吨，接着连续四年徘徊，直到 1989 年粮食总产才恢复到 1984 年的水平，但同期全国人口增加 8347 万人，人均粮食占有量也从 1984 年的 390 千克下降到 1989 年的 361 千克。所以，粮食价格在 1985~1989 年连年上升，尤其是 1988 年和 1989 年更是以超过 10% 的速度上升。

（2）粮食价格大幅度波动（1990~1996 年）

在 1989 年粮食增产的基础上，1990 年又获大丰收，当年粮食总产达 44 624 万吨，人均占有粮食达 393.1 千克，再度出现农民"卖粮难"和国家收储调销难的问题，导致 1990 年与 1991 年粮食收购价格分别比上年下降了 6.8% 和 6.2%。在粮食生产连续几年丰收的情况下，1991 年年底国务院作出了粮食购销体制改革可采取"分区决策、分省推进"的决定，但价格的下跌严重影响了农民种粮的积极性，1992 年播种面积减少了 175.4 万公顷。1992~1993 年国家试图将改革扩大到定购方面，通过省区分散决策最终取消国家定价收购。出乎意料的是，这次以"保量放价"为核心的购销体制改革使得粮食市场价格从 1993 年年底开始大幅度上扬，从而迫使国家大幅度地提高了 1994 年和 1995 年的粮食收购价格，并由此引发了 1994~1995 年改革以来最大的通货膨胀。虽然 1996 年粮食增产 3792 万吨，但由于通货膨胀的影响和价格的惯性，1996 年粮食价格仍然上涨了 5.8%。

（3）粮食价格平稳阶段（1997~2003 年上半年）

1996 年，中国经济成功实现"软着陆"后，粮食连续三年大丰收，并在 1998 年达到历史最高产量 51 230 万吨，人均粮食占有量在这三年均超过

400 千克，中国粮食第一次由紧平衡转向结构性过剩，市场价格从 1997 年下半年开始持续走低。为了理顺粮食价格和保护农民收入，从 1998 年开始，国家出台了粮食保护价收购政策，但同时又要求粮食企业顺价销售，所以保护价收购政策在执行过程中大打折扣。因此，从 1999 年开始粮食产量连续下降，但因为通货紧缩和农村经济结构变化，农户存粮量有较大幅度的减少，同时国家粮库改革，有促销压库动作。多种因素共同作用，使粮价保持基本平稳。

（4）粮食价格由大幅上涨到高位平稳阶段（2003 年下半年至今）

从 2000 年开始，中国粮食总产量连续三年在 4500 亿千克左右徘徊。2003 年，旱灾和水灾尤为严重，总受灾面积占播种面积 35.7%，成灾面积占 21.3%，在近 20 年灾害严重程度里排第二位，致使 2003 年夏粮出现连续第四年减产，产量同比减少 2.4%。同时由于之前的粮价低迷，粮农种粮积极性不高，种粮相对收益到达一个底部状态。两个因素合力作用，使得 2003 年的粮食产量为 1989 年以来 15 年中的最低。2003 年 7 月非典疫情结束，价格管制松动，加之夏粮减产，从 2003 年 10 月开始，粮食价格突发性强劲攀升，是近 6 年的首次全面上扬。2003 年粮食价格指数受前一年的影响，仅上升 2.3%，2004 年则上升了 28.1%。2005 年粮价下跌了 0.8%，2006 年上涨了 2.1%，2007 年上涨了 6.5%，2008 年上涨了 7.0%，2009 年上涨了 5.7%。粮食价格的上涨引起相关商品的全面上涨，严重地影响了人们的日常生活，对国民经济的平衡高速发展带来了很大的影响，粮食安全问题也再次受到人们的高度关注。

### 1.3.5.2　我国粮食价格的稳定性

（1）粮食价格波动情况

为了较为直观地观察粮食价格变化的基本特点和趋势，先以 1982 年的粮食价格为基期，将 1983 ~ 2006 年的粮食价格指数的环比值换算成定比值（表 1-8），再将环比值和定比值的变化趋势反映在图形上（图 1-4）。

表1-8　中国粮食价格指数（定比）（1983～2007年）　　　单位:%

| 年份 | 粮价指数 | 名义增长率 | 实际增长率 | 年份 | 粮价指数 | 名义增长率 | 实际增长率 |
|---|---|---|---|---|---|---|---|
| 1983 | 110.3 | 10.3 | 8.669 9 | 1995 | 441.012 3 | 29 | 12.369 3 |
| 1984 | 123.536 | 12 | 8.949 4 | 1996 | 466.591 | 5.8 | -0.563 9 |
| 1985 | 125.759 6 | 1.8 | -6.433 8 | 1997 | 420.865 1 | -9.8 | -10.515 9 |
| 1986 | 138.209 9 | 9.9 | 3.679 2 | 1998 | 406.976 5 | -3.3 | -0.718 7 |
| 1987 | 149.266 5 | 8 | 0.652 4 | 1999 | 354.476 5 | -12.9 | -10.206 2 |
| 1988 | 171.059 6 | 14.6 | -3.291 1 | 2000 | 319.737 8 | -9.8 | -8.426 4 |
| 1989 | 217.074 6 | 26.9 | 7.725 | 2001 | 329.649 7 | 3.1 | 3.931 5 |
| 1990 | 202.313 5 | -6.8 | -8.716 9 | 2002 | 315.804 4 | -4.2 | -2.938 2 |
| 1991 | 189.770 1 | -6.2 | -8.843 5 | 2003 | 323.067 9 | 2.3 | 2.402 4 |
| 1992 | 199.827 9 | 5.3 | -0.094 9 | 2004 | 413.85 | 28.1 | 24.610 9 |
| 1993 | 233.199 2 | 16.7 | 3.091 9 | 2005 | 410.539 2 | -0.8 | -1.587 3 |
| 1994 | 341.87 | 46.6 | 20.460 2 | 2006 | 419.160 5 | 2.1 | 1.089 1 |

注：2000年（含）以前为粮食收购价格指数，2001年（含）之后为粮食生产价格指数。由于统计年鉴中没有2001年粮食生产价格指数，所以2001年粮食生产价格指数用2001年的农产品生产价格指数103.1代替

资料来源：根据《中国农业发展报告》（2008年）环比指数计算

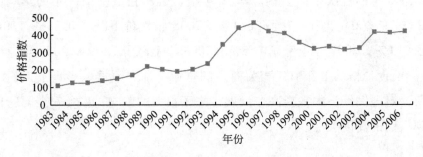

图1-4　粮食价格指数（定比）波动曲线图（1983～2006年）

从图1-4可以看出，1983～2006年共24年间，中国粮食价格总体呈上升趋势。在此期间，除了改革开放初期的1983年和1984年，中国粮食经历了三次比较明显的涨价（粮食价格同比增长高于10%），分别出现在1988～1989年、1993～1995年和2004年。1988年和1989年的粮价分别比上年增长了14.6%和26.9%，1993～1995年的粮价分别比上年增长了16.7%、46.6%和

29%，2004年的粮价比上年增长了28.1%。

利用表1-8的粮食价格指数数据，并结合图1-4，对市场化改革前后中国粮食价格波动的差异进行纵向比较发现：1983～1992年，粮食价格名义增长率最高为26.9%，最低为－6.8%，波幅为33.7%，实际增长率最高为20.46%，最低为－8.71694%，波幅为29.18%；1993～2006年，粮食价格名义增长率最高为46.6%，最低为－12.9%，波幅为59.5%，实际增长率最高为24.61089%，最低为－10.2062%，波幅为34.82%。所以无论是从名义值还是实际值看，市场化改革后粮食价格的波动幅度都要大于市场化改革前。这也基本上可以从政策层面找到解释。从对1983年以来中国粮食价格波动的历史回顾中可以看出，中国对粮食价格的放开是一个渐进的过程，在市场化改革前，国家对粮食价格调节的计划色彩比较浓厚，粮食价格被国家控制在一个较小的范围，而市场化改革后，对粮食价格的调节逐步转向依靠市场，虽然国家仍然对粮价进行宏观调控，但市场的成分逐渐加大，计划的成分逐渐减少，逐步由市场的供求关系来形成价格，所以，粮价开始出现较大幅度的波动。

（2）粮价指数波动幅度大于其他相关价格指数

为了对粮食价格的波动幅度进行横向比较，本文将粮食价格的波动与生产资料价格、商品零售价格和居民消费价格的波动程度进行对比分析（表1-9）。

表1-9　四类价格指数（环比）（1983～2008年）　　　　单位:%

| 年份 | 粮价指数 | 生产资料价格指数 | 商品零售价格指数 | 居民消费价格指数 | 年份 | 粮价指数 | 生产资料价格指数 | 商品零售价格指数 | 居民消费价格指数 |
|---|---|---|---|---|---|---|---|---|---|
| 1983 | 110.3 | 103 | 101.5 | — | 1992 | 105.3 | 103.7 | 105.4 | 106.4 |
| 1984 | 112 | 108.9 | 102.8 | — | 1993 | 116.7 | 114.1 | 113.2 | 114.7 |
| 1985 | 101.8 | 104.8 | 108.8 | 109.3 | 1994 | 146.6 | 121.6 | 121.7 | 124.1 |
| 1986 | 109.9 | 101.1 | 106 | 106.5 | 1995 | 129 | 127.4 | 114.8 | 117.1 |
| 1987 | 108 | 107 | 107.3 | 107.3 | 1996 | 105.8 | 108 | 106.4 | 107.9 |
| 1988 | 114.6 | 116.2 | 118.5 | 118.8 | 1997 | 90.2 | 99.5 | 100.8 | 102.8 |
| 1989 | 126.9 | 118.9 | 117.8 | 118 | 1998 | 96.7 | 94.5 | 97.4 | 99.2 |
| 1990 | 93.2 | 105.5 | 102.1 | 103.1 | 1999 | 87.1 | 95.8 | 97 | 98.6 |
| 1991 | 93.8 | 102.9 | 102.9 | 103.4 | 2000 | 90.2 | 99.1 | 98.5 | 100.4 |

续表

| 年份 | 粮价指数 | 生产资料价格指数 | 商品零售价格指数 | 居民消费价格指数 | 年份 | 粮价指数 | 生产资料价格指数 | 商品零售价格指数 | 居民消费价格指数 |
|---|---|---|---|---|---|---|---|---|---|
| 2001 | 103.1 | 99.1 | 99.2 | 100.7 | 2005 | 99.2 | 108.3 | 100.8 | 101.8 |
| 2002 | 95.8 | 100.5 | 98.7 | 99.2 | 2006 | 102.1 | 101.5 | 101 | 101.5 |
| 2003 | 102.3 | 101.4 | 99.9 | 101.2 | 2007 | 109 | 107.7 | 103.8 | 104.8 |
| 2004 | 128.1 | 110.6 | 102.8 | 103.9 | 2008 | 107.1 | 120.3 | 105.9 | 105.9 |

注: 2000 年（含）以前为粮食收购价格指数, 2001 年（含）之后为粮食生产价格指数（谷物生产价格指数）。由于统计年鉴中没有 2001 年粮食生产价格指数, 所以 2001 年粮食生产价格指数用 2001 年的农产品生产价格指数 103.1 代替

资料来源: 四个环比指数来源于《中国农业发展报告》（2009 年）

从对比情况来看（图 1-5）, 粮食价格的波动比生产资料价格、商品零售价格和居民消费价格的波动程度都要大。对于农村居民来讲, 粮食价格波动大, 首先会影响到他们的收益和种粮积极性, 而且波动的价格也不利于他们进行合理的生产决策, 进而会引起产量的波动; 对于城镇居民来讲, 虽然目前粮食消费在居民的消费支出中所占比重不大, 就中国目前城镇居民的经济水平来看, 对于一定幅度的粮食价格波动或上涨还有经济承受能力, 但会造成人们心理上的紧张, 误以为粮食供给出现了问题, 不利于市场的稳定和社会的稳定。

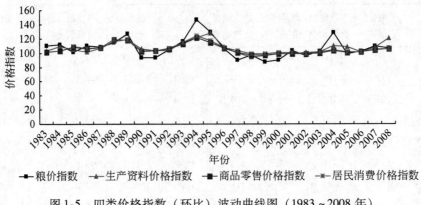

图 1-5 四类价格指数（环比）波动曲线图（1983~2008 年）

# 第 2 章　粮食安全与粮食生产

## 2.1　粮食生产概述

### 2.1.1　粮食生产的特点

马克思在《资本论》和其他著作中曾多次论及农业生产与再生产最基本的两大特点：一是经济再生产和自然再生产相交织，二是农业生产时间和劳动时间不一致。粮食生产作为农业生产的主体和核心，这两大特点体现得非常充分，呈现出特有的自然风险。

粮食生产的生物特性和对自然界密切的依存关系，决定了粮食的生产劳动投入和生产效果不尽完全一致，粮食的劳动生产率不仅取决于劳动者在生产劳动过程中的态度、与生产资料结合的方式、生产经验、科学技术、生产手段等主观能动因素，而且还取决于土壤、地形、气候、雨量等客观自然因素。这种情况是常有的：人们在粮食生产过程中投入的劳动数量和质量都有所增加，但劳动生产率和生产效果反而有所降低，即社会生产率的增长甚至补偿不了自然生产率的降低，粮食生产要冒很大的自然风险。

粮食生产不仅包括劳动持续时间，还包括劳动时间以外的自然生产力独立发生作用的时间，由于无须人类支付分文的无偿的自然力在粮食生产中发生作用，粮食的物质生产率理应要比非农业产业和其他农产品高得多，但是，价值生产并不取决于生产阶段的持续时间，而是取决于生产阶段所耗费的劳动时间，只有劳动时间才能形成价值。粮食生产由于自然力作用的参与，使人类劳动对它的作用时间有限，有时甚至是简单的操心与照顾而已。与此相联系，固定资产、科学技术、流动资金对其的投入也很有限，利用率也很低，其价值生产率比非农产品的价值生产率低很多，在社会经济系统中不具备竞争能力。

粮食生产从种到收，都是在一个人类难以控制的自然环境中进行，对自然条件的依赖程度很高，特别是气候对粮食的影响始终贯穿于粮食生产的全过程，尽管科学技术不断进步，人类抵御自然灾害的能力有了很大程度的提高，但是靠天吃饭的局面依然没有改变。同时，粮食生产最基本的生产资料是土地，而土地具有面积有限性、地理位置固定性等特征，这就使得一方面粮食生产所需要的日照、雨量这些自然条件也基本不变，另一方面生产要素间的相互替代和交换也受到限制，土地对其他要素的吸纳程度和范围也基本不变或很难改变，在其他产业得益于生产要素投入和科技进步而快速发展的情况下，农业及粮食生产往往因此而很难与其他产业平等竞争。

## 2.1.2　粮食安全与粮食生产的关系

### 2.1.2.1　粮食生产是粮食安全的基础

2008 年上半年的世界粮食危机，是第二次世界大战结束 60 多年来最严重的一次。据不完全统计，2008 年的粮食危机涉及世界 66 亿人口的一半以上，有 20 多个粮食主产国和 30 多个缺粮国均受到不同程度的影响，有 21 个粮食出口国采取限制粮食出口的措施，有 12 个严重缺粮国发生了社会骚乱。海地饥民靠一种"泥饼"充饥，其总理被迫下台；墨西哥引发了"玉米饼骚乱"；菲律宾派出了"大米警察"维持米市秩序；连号称"世界粮仓"的美国，也有两大超市对居民买粮采取了限购措施。凡此种种，表明这场世界粮食危机给人类造成的危害和影响，丝毫不亚于一场大的海啸和地震。这次粮食危机的发生主要是因为世界能源燃料产业快速发展、畜禽产品消费增加、某些地区粮食自给率下降进口量增加，扩大了对粮食的需求，造成粮食供需失衡，导致粮食价格飞涨。其发生的根源在于粮食生产的数量难以满足世界人口增长和经济发展对粮食的需求。在我国，正是因为政府一直以来重视粮食生产，特别是近年来，出台了一系列促进粮食生产的政策，不断提高粮食的产量，保持粮食自给率，努力调整粮食生产的品种结构，满足国内市场需求，才使得这次世界性粮食危机对我国的影响较小，粮食安全得以保障。据此说明，粮食生产作为获取粮食的基本途径，是保证粮食安全的基础。

### 2.1.2.2　粮食安全要求粮食综合生产能力提高

据国家统计局统计，1999～2001 年，我国粮食连续 3 年减产，2002 年仍是产不足需，2003 年全国夏粮总产量为 9622 万吨，比上年减产 240 万吨，减幅达到 2.4%。近年来，我国的粮食产量持续增长，粮食供需总缺口不大，基本能达到供需平衡，但这并不意味着我国的粮食安全可以高枕无忧。应该看到，我国的经济发展和人口增加使粮食需求持续增长，而随着我国工业化、城市化的发展和自然灾害的发生，使粮食生产可利用的自然资源数量逐渐减少，给粮食生产带来的不利影响越来越大，粮食安全存在很大隐患。为保证粮食安全，必须要在保护粮食生产资源的条件下，通过提高粮食生产技术、物资投入、政策支持等措施提升粮食生产的产出效率，不断提高粮食综合生产能力，增加粮食产量，才能满足社会经济发展对粮食的需求，促进国民经济的发展和社会稳定。

# 2.2　我国粮食生产发展概况

## 2.2.1　我国粮食生产条件

### 2.2.1.1　耕地资源条件

（1）耕地数量

中国耕地资源数量呈现波动性的变化，1979 年之前总体上是增加的，20世纪 80 年代开始持续减少，后由于国家实施生态退耕，1999 年后耕地面积数量减少幅度加大，耕地资源数量进入快速减少期。如图 2-1 所示，1998 年全国耕地总面积为 12 964.21 万公顷，到 2007 年减少到 12 173.52 万公顷，减少幅度为 6.1%，其中 2002 年减幅达到 1.3%，2003 年减幅达到惊人的 2%。"十五"时期全国生态退耕累计约 537.68 万公顷，占耕地减少总数的 87%。其中，2002 年和 2003 年中国生态退耕面积达到了 142.55 万公顷和 223.73 万公顷，分别占耕地减少总数的 84% 和 88%。如表 2-1 所示，除去生态退耕对耕地面积减少的影响以外，尽管国务院采取了很严格的耕地转移使用审批制度，但是，由于国家工业化、城镇化的发展要求，每年仍有 400 万亩①左右的耕地不可阻挡地转移为非农建设用地（张宪法和高旺盛，2007）。同时，受自然灾害的危害，耕地资源的生态条件不断恶化。目前，全国水土流失总面积已达 356 万平方千米，占国土总面积的 37.1%；全国 40% 的耕地退化，30% 左右的耕地不同程度地受水土流失危害；约有 5900 万亩农田受到沙漠化威胁；每年都有 4 亿亩左右的农作物受灾减产（瞿虎渠，2004）。虽然，每年通过开垦荒地，使耕地面积有所增加，但是，新增耕地面积有限，并不能阻挡耕地面积持续减少的态势。随着耕地面积的持续减少和人口数量的不断增加，人均耕地面积持续下降，目前，我国人均耕地不足 1.4 亩，为世界平均水平的 40%。全国 2300 多个县中，已经有 666 个县人均耕地低于联合国粮农组织确定的 0.75 亩的警戒线，其中 463 个县不足 0.45 亩，而且还在继续减少。

表 2-1 中国耕地面积增减情况 单位：千公顷

| 年份 | 年末实有耕地面积 | 年内新增耕地面积 | 年内减少耕地面积 | | | | | 年内净减耕地面积 |
| --- | --- | --- | --- | --- | --- | --- | --- | --- |
| | | | 合计 | 建设占用 | 灾毁耕地 | 生态退耕 | 农业结构调整 | |
| 1998 | 129 642.1 | 309.4 | 570.4 | 176.2 | 159.5 | 164.6 | 70.1 | 261 |
| 1999 | 129 205.5 | 405.1 | 841.7 | 205.3 | 134.7 | 394.6 | 107.1 | 436.6 |
| 2000 | 128 243.1 | 603.7 | 1 566 | 163.3 | 61.7 | 762.8 | 578.2 | 962.4 |
| 2001 | 127 615.8 | 265.9 | 893.3 | 163.7 | 30.6 | 590.7 | 108.3 | 627.3 |
| 2002 | 125 929.6 | 341.2 | 2 027.4 | 196.5 | 56.4 | 1 425.5 | 349 | 1 686.2 |
| 2003 | 123 392.2 | 343.5 | 2 880.9 | 229.1 | 50.4 | 2 237.5 | 364.1 | 2 537.4 |
| 2004 | 122 444.3 | 345.6 | 1 146 | 145.1 | 63.3 | 732.9 | 204.7 | 800.3 |

---

① 1 亩 ≈ 666.7 平方米

续表

| 年份 | 年末实有耕地面积 | 年内新增耕地面积 | 年内减少耕地面积 | | | | | 年内净减耕地面积 |
| --- | --- | --- | --- | --- | --- | --- | --- | --- |
| | | | 合计 | 建设占用 | 灾毁耕地 | 生态退耕 | 农业结构调整 | |
| 2005 | 122 066.7 | 306.7 | 594.9 | 138.7 | 53.5 | 390.4 | 12.3 | 377.6 |
| 2006 | 121 775.9 | 367.2 | 582.8 | 167.3 | 35.9 | 339.4 | 40.2 | 290.8 |
| 2007 | 121 735.2 | 195.8 | 236.5 | 188.3 | 17.9 | 25.4 | 4.9 | 40.7 |
| 2008 | 121 716 | 229.6 | 248.9 | 191.6 | 24.8 | 7.6 | 24.9 | 19.2 |

资料来源：《中国农业发展报告》（2009 年）

（2）耕地质量

耕地质量决定着粮食作物的单产水平。按《中国耕地》中计算的养分平衡指数 $K$（即耕地养分投入量与农作物吸收养分量之比），将我国耕地养分平衡状况分为 5 级：1 级 $K<0.8$，养分明显亏缺的有 14 个省（自治区），占全国省（自治区）总数的 46.7%，主要分布在我国温带半干旱、半湿润气候区的西北干旱区和华北、东北地区；2 级 $K=0.8\sim1.0$，耕地养分亏缺的有 9 个省（自治区、直辖市），占全国省（自治区、直辖市）总数的 30%，主要分布在我国南温带半干旱、半湿润气候区的陕西、山西以及中、北亚热带湿润气候区的长江中下游各省市；3 级 $K=1.0\sim1.2$，耕地养分达到平衡的有 5 个省（自治区、直辖市），占全国省（自治区、直辖市）总数的 16.7%，主要分布在我国南亚热带的广东、广西、福建；4 级 $K=1.2\sim1.4$，养分略有盈亏；5 级 $K>1.4$，养分盈亏而充足的只有海南。以上是以省（自治区、直辖市）为单位分析耕地养分状况的，而同一省（自治区、直辖市）中的耕地质量仍有较大差异，各省（自治区、直辖市）中都由质量相对较好或者较差的耕地。如果按耕地的产出能力来衡量耕地的质量，全国仍有 2/3 的中低产田。如果按氮、磷、钾三大主要土壤营养元素供给情况来衡量耕地的质量，全国氮元素亏缺的省份为 30%，磷元素亏缺的省份为 63.3%，钾元素亏缺的省份为 76.7%。

（3）耕地基础设施改造

针对城市化、工业发展和自然灾害等所造成的耕地数量日益减少的情况，国家立足于保证粮食安全、促进农业可持续发展和提高农业抗灾防灾能力，增加农田基础设施建设的投入，加强耕地资源的修复、深度开发利用与保护的力度。1995～2000 年，农田基础设施改造速度逐年增加，年改造中低产农田面积由 1995 年的 2023 万亩增加到 2000 年的 3747 万亩；年新增和改善灌溉面积由 1995 年的 1733 万亩增加到 2000 年的 3461 万亩；年除涝面积由 1995 年的 1025 万亩增加到 2000 年的 1398 万亩。2001～2004 年农田基础设施改造的速度有所放缓，这段时间国家对农田基本建设的投入相对滞后，全国耕地中有灌溉设施的水田和水浇地仅为 5300 万公顷，仅占耕地面积的 39%，主灌区骨干建筑物的完好率不足 40%，难以发挥支撑粮食生产的作用（农业部课题组，2005）。2004 年之后农田基础设施改造的力度重新加强，如表 2-2 所示。

表 2-2　农田基础设施改造情况　　　　　　　　单位：万亩

| 年份 | 改造中低产田 | 新增和改善灌溉面积 | 除涝面积 |
|------|------------|----------------|---------|
| 1990 | 3 168 | 2 636 | 1 611 |
| 1995 | 2 023 | 1 733 | 1 025 |
| 1998 | 3 040 | 3 019 | 1 299 |
| 1999 | 3 647 | 3 378 | 1 364 |
| 2000 | 3 747 | 3 461 | 1 398 |
| 2001 | 3 059 | 2 786 | 1 069 |
| 2002 | 2 818 | 2 655 | 867 |
| 2003 | 1 711 | 2 145 | 737 |
| 2004 | 2 415 | 2 083 | 718 |
| 2005 | 3 062 | 2 906 | 1 007 |
| 2006 | 2 981 | 2 776 | 987 |

注：表中改造中低产田、新增和改善灌溉面积、除涝面积数据为由地方组织实施的农业综合开发土地治理项目、产业化经营项目、科技示范项目、外资项目，以及中央组织实施的农业综合开发项目统计数据的合计数

资料来源：《中国财政统计年鉴》（2007 年）和《中国农业发展报告》（2008 年）

## 2.2.1.2　水资源条件

（1）水资源量

水资源是粮食生产的重要条件之一，中国水资源总量为 2.81 万亿立方米，

居世界第一位。多年平均年降水总量为 6.2 万亿立方米，折合水深 648 毫米，低于全球陆地平均值约 20%。人均占有水资源量为 2200 立方米左右，只有世界人均水平的 1/4，被列为 13 个贫水国家之一，在全球 153 个国家中排第 121 位。

（2）水资源分布

根据中国工程院刘昌明（2001）和陈志恺（2001）所作出的分析，全国各流域水资源状况南方和北方差异巨大，北方耕地面积占全国的 59.6%，人口占 44.3%，而水资源量仅占 14.5%。而在人口占 53.6%、耕地占 34.7% 的南方地区集中了 84% 的水资源量。其中，人口和耕地分别占了 34.7% 和 39.4% 的黄淮海地区水资源量仅占 7.6%；耕地占 20.2% 的东北诸河地区，水资源量仅占 6.9%；而南方地区耕地面积仅占 6.7% 和 1.8% 的珠江华南诸河地区和西南诸河地区，水资源量却占到了 16.7% 和 20.8%。由此来看，我国水资源地区分布不平衡、地区性匮乏，是造成水资源对粮食生产的约束日益加重的原因之一。

（3）水资源开发利用

全国水资源开发利用程度为 20%，但北方多数区域已经超过 50%，远远超过了国际上公认的 40% 的警戒线。其中，海河流域接近 90%，黄河流域为 67%，淮河流域为 59%，内陆河流域超过 40%。全国平均每年遭受旱灾的耕地面积超过 4 亿亩，约占农作物总播种面积的 1/5。正常年份全国灌区每年缺水约 300 亿立方米（马晓河和方松海，2006）。我国农业灌溉以传统的沟溉、畦灌为主，水资源的利用效率很低，灌溉用水的利用系数只有 0.3～0.4，与发达国家的 0.7～0.9 相比，相差 0.4～0.5。由于缺乏管理激励，先进的用水设施以及节水灌溉技术推广乏力，输水、配水和农田用水利用效率低下，造成了农业水资源利用中的浪费。加之灌溉工程老化、农业用水管理体制不健全等，造成用水量过高、利用效率低（夏铭君和姜文来，2007）。另外，我国水资源利用的"农转非"趋势非常明显。所谓水资源"农转非"是指在比较效益的作用下，农业水资源通过不同的途径改作他用，导致单位水资源所产生的效益高于原有水资源的利用模式。形成水资源利用中"农转非"的原因，一方面，单位水资源用于农业所产生的效益远远低于用于工业所产生的效益，促使水资源从农用转为工业等非农利用日渐增加。另一方面，由于人口向发达地区的聚集忽略了水资源的瓶颈作用，而更多的城市生活用水和非农业生产用水也促使了水资源的"农转非"，最终造成了农业严重缺水。我国水资源"农转非"现象非常普遍，而且这一趋势还在发展。1949 年我国农业用水量约为1001 亿立方米，占全国总用水量的 97.1%，到 1997 年这一比例下降到75.5%，与此同时，工业和城市用水比例由 2.9% 上升到 24.6%。据有关专家预测，到 2050 年，农业用水占全国总用水量的 54%。如果以 1980 年为基准，1997 年大约有 710 亿立方米水资源总量被转移利用（姜文来和杨瑞珍，2003）。

（4）水资源质量

我国正处于工业化和城市化快速发展的阶段，工业和城市生活污水产生量增长速度非常快，1993 年中国废水排放总量为 355.6 亿吨，其中工业废水为219.5 亿吨，占 60% 以上，生活废水为 136.1 亿吨，约有 80% 的废水未经处理直接排入江河湖海中，造成水体污染，在 1200 条受监测的河流中，有 71% 受到不同程度的污染。沿长江的城镇有 10 万多个工矿企业每年向长江排放的污水有 130 多亿吨。虽然我国水污染处理的工程设施建设不断完善，对于废水处理的能力持续提高，但是，水体污染的形势仍然不容乐观。根据 1998 年的水质监测结果，在我国 10.97 万千米的评价河流中，污染河长占 37.2%。从水质情况看，海河流域片的污染比重达 65.2%，黄河流域片为 29.7%，淮河流域片为 61%（吴新博，2002）。在北部的粮食生产区皆存在污水灌溉的情况。

## 2.2.1.3 粮食生产政策条件

国家农业政策尤其是粮食政策对粮食生产有着显著的影响，粮食生产的发展变化反过来又引发粮食政策的调整。

（1）2004 年前的粮食政策

1979 年，国务院根据党的十一届二中全会的精神，决定从 1979 年夏粮上市起，粮食统购价格提高 20%，超购加价的幅度由原来按统购价加 30%，提高到按新统购价加 50%。这样，全国 6 种粮食统购价格平均每 50 千克增加 10.64 元，增幅为 20.86%，结束了自 1966 年调价后粮食统购价格 12 年未变的局面。1987~1989 年又连续三年有计划地调高了粮食收购价格（鲁礼新，2007）。1992 年以后，国家对粮食等农产品实行较大力度的价格和流通干预政策。1993 年以法律形式确立最低保护价收购政策，1993 年财政部等六部委联合制定的《粮食风险基金管理办法》，除了重申粮食价格保护原则，还对实施方式及资金来源作了规定。1994 年和 1996 年再次大幅度提高定购价水平，使其显著高于市场均衡价，1996 年政府明确要求国有粮食部门用定购价无限制收购农民余粮，直到 1998 年推行新一轮粮改，按保护价敞开收购农民余粮的政策才得以真正实施。

1993 年和 1994 年，国家对农产品与平价生产资料挂钩方式进行了改革，对合同定购部分的农产品实行价外补贴，即国家按定购合同收购农产品时，直接把平价农业生产资料的差价付给农民。1995 年，为了落实粮食收购计划，又恢复了挂钩少量平价化肥的做法。具体的办法，一是将中央调控的化肥（国产大化肥和中央进口化肥，总量约 2000 万吨，占全社会资源总量的 20%）以规定的低价格与粮棉收购挂钩供应给农民；二是对市场自由流通的化肥实行最高限价。政府对化肥零售价格实行统一经营差率控制，规定流通环节只能加 10% 的综合差率和合理的运杂费制定零售价格（鲁礼新，2007）。

20 世纪 90 年代，提高粮食收购价格和生产资料限价等政策，防止了粮农收入下滑，保护了粮农利益，并极大地提高了粮农的种粮积极性，粮食产量在此阶段得到了增长。

（2）2004 年后的粮食政策

因 1998 年粮食大丰收、以往库存粮食积压消化缓慢，1998~2003 年，粮食市场价格连年下降，农民收入减少，国家实行"四分开，一完善"和"三项政策，一项改革"措施，"四分开，一完善"即实行政企分开、粮食储备和经营分开、中央与地方的粮食责权分开、新老财务账目分开，完善粮食价格形成机制；"三项政策，一项改革"即按保护价敞开收购农民余粮、实行顺价销售和粮食收购资金封闭运行以及加快国有粮食企业改革。但是农民并未真正从这一系列的政策中得到实惠。这一时期粮食生产滑坡严重，粮食产量从1999年开始下滑，2003年粮食产量下滑至十年来最低。

针对这种新情况，2004年，国家出台了一系列促进粮食生产的新政策，包括对种粮农民的直接补贴、良种补贴、农机具购置补贴、确定最低收购价政策以及取消烟叶税以外的农林特产税和农业税。其中，粮食直接补贴是为了减轻农产品价格波动对农民收入的影响而出台的政策，目的是保障种粮农民的收入稳定，减小农村居民收入与城市居民收入以及农业收入与其他产业收入的差距；良种补贴和农机具购置补贴是为了提高粮食标准化生产程度、品质，提高粮食产业国际竞争力的生产专项补贴政策，目的是通过良种补贴实现农业高新的生物技术对提高粮食生产的质量、产量的作用，通过农机具购置补贴实现农民使用先进的农业机械，提高粮食生产的机械装备水平和利用机械化实现粮食的标准化生产能力；最低收购价政策是在保护农民种粮积极性、稳定粮食生产面积、保证粮食市场供给的基础上，实现政府调控的工具。

2004年3月，十届人大一次会议通过决议：2004年取消农业特产税，五年内逐步取消农业税，建立健全高效的基层行政管理体制和覆盖城乡的公共政策体制，实现统筹城乡协调发展。2004年部分地方取消农业特产税，同年进行减免农业税改革试点，到2005年全国全面取消农业税。2004年"一号文件"《中共中央国务院关于促进农民增加收入若干政策的意见》正式公布，这是时隔18年后中共中央再次把农业和农村问题作为中央一号文件下发。配套中央一号文出台了粮食直补、良种补贴、购置农机补贴等惠农补贴政策，当年中央财政支农资金1500亿元，达到了历史最高水平；国家从粮食风险基金中拿出100亿元，直接补贴给粮食主产区的种粮农民；中央财政安排数亿元，用于种粮农民的良种补贴。2004年全面放开粮食收购市场，积极稳妥推进粮食流通体制改革。国务院正式公布了《粮食流通管理条例》，标志着我国在建立统一、开放、竞争、有序的粮食市场体系方面迈出了坚实的一步。

2005年，《中共中央国务院关于进一步加强农村工作提高农业综合生产能力若干政策的意见》作为2005年中央"一号文件"正式下发，要求继续对种粮农民实行直接补贴，有条件的地方可进一步加大补贴力度；中央财政继续增加良种补贴和农机具购置补贴资金，地方财政也要根据当地财力和农业发展实际安排一定的良种补贴和农机具购置补贴资金；继续对短缺的重点粮食品种在主产区实行最低收购价政策，逐步建立和完善稳定粮食市场价格、保护种粮农民利益的制度和机制；搞好农业生产资料供应和市场管理，继续实行化肥出厂限价政策，通过税收等手段合理调节化肥进出口，控制农资价格过快上涨，严厉打击制造、销售假冒伪劣农业生产资料等各种坑农害农行为。2005 年，全国 30 个省份用于粮食直补的资金达到 132 亿元，比 2004 年增长了 13.8%；良种补贴资金达到 38.7 亿元，比 2004 年增加了 35.8%[①]。

2006 年，《中共中央国务院关于推进社会主义新农村建设的若干意见》作为 2006 年中央"一号文件"正式下发，要求继续稳定、完善和强化对农业和农民实行的"三减免、三补贴"和退耕还林补贴等政策，以及适应农业生产和市场变化的需要，建立和完善国家对农业和农民的支持保护体系。2006 年，粮食主产区将种粮直接补贴的资金规模提高到粮食风险基金的 50%以上，其他地区也根据实际情况加大了对种粮农民的补贴力度，增加良种补贴和农机具购置补贴，增加测土配方施肥补贴，继续实施保护性耕作示范工程和土壤有机质提升补贴试点等。2006 年，粮食直补资金达到 142 亿元，其中 13 个粮食主产省 126.8 亿元，均占本省粮食风险基金的 50%以上；良种补贴资金增加至 41.5 亿元[②]。

2007 年年初，根据财政部在全国人民代表大会上的报告，各项支农惠农财税政策进一步强化，继续增加了各项农业补贴。中央财政安排良种补贴 55.7 亿元、农机具补贴 12 亿元，分别比 2006 年增加 14.2 亿元和 6 亿元；科学改进补贴政策和方式，进一步完善粮食直补、农资综合直补办法，探索建立粮食综合补贴机制；落实完善粮食最低收购价格政策，稳定农民种粮收益；增

---

① 数据来源：财政部 2006 年 3 月 5 日在第十届全国人民代表大会第五次会议上关于 2005 年预算执行情况与 2006 年预算草案的报告。

② 数据来源：财政部 2007 年 3 月 5 日在第十届全国人民代表大会第五次会议上关于 2006 年预算执行情况与 2007 年预算草案的报告。

加政府一般服务的投入，中央财政安排经费，用于农业技术推广、完善民办公助机制，支持小型农田水利建设；推进农业结构调整，安排专项经费支持农村劳动力转移就业培训和新型农民科技技能培训，提高农业生产经营者的素质；创新财政扶贫机制，增加扶贫支出；深化农村金融改革，中央财政安排试点地区农村信用社保值贴息资金 19.56 亿元，支持深化农村信用社改革，安排农业保险费补贴资金 10 亿元，选择部分农业保险基础较好的农业大省，支持开展政策性农业保险试点。

2008 年，中央财政继续加大财政支农力度，"四补贴"（指种粮农民补贴、良种补贴、农机补贴、农业生产资料综合补贴）达到 1028 亿元，比上年翻一番，中央财政支农力度进一步加大，初步安排农作物良种补贴、农机具购置补贴、测土配方施肥补贴等专项资金 88.7 亿元，同比增加 29 亿元，增长了48.6%。全国水稻良种补贴范围由 2007 年的 7 个省份扩大到 2008 年的 10 个省份，农机具购置补贴在全国 2/3 以上的农业县实施，测土配方施肥项目由2007 年 600 个县增加到 2008 年的 1200 个。粮食直补和农资综合直补达到 427亿元，同比增长 63%。

2004 年以后，随着取消农业税、粮食最低收购价格和生产资料补贴等粮食生产政策的推行以及财政资金投入的增长，极大调动了粮农的种粮积极性，粮食生产在此阶段得到了恢复性增长。

### 2.2.1.4　劳动力资源条件

农业劳动力既是粮食生产的主体，也是粮食生产的人力投入要素。在我国劳动密集型为主要特征的农业生产中，劳动力的数量和质量是决定粮食生产能力的重要条件之一。从劳动力数量来看，随着我国人口的增长，农村劳动力数量增长趋势明显，由 1990 年的 42 010 万人增长到 2005 年的 50 387 万人，而农业劳动力则由 1990 年的 33 336 万人减少到 2005 年的 29 976 万人，比重由1990 年的 79.4% 降至 2005 年的 59.5%。农业劳动力的减少，一方面是粮食生产中农业机械、化肥等投入不断增加，使得粮食生产对劳动力需求量减少的结果；另一方面是粮食生产比较效益低下，且种粮机会成本不断增加，使得农村劳动力退出粮食生产，从事收益相对较高的非农产业的结果。表 2-3 中数据显示，农村劳动力外出务工人数逐渐增加，由 1990 年的 8673 万人增加到 2005 年 20 412 万人，占农村劳动力的比重由 1990 年的 20.6% 激增至 2005 年的 40.5%。从劳动力受教育程度来看，农村劳动力每百人中文盲、半文盲的数量由 1990 年的 20.7 人降至 2008 年的 6.1 人；小学文化程度的劳动力数量也呈现下降趋势；而初中文化程度的劳动力数量增加的趋势非常明显，由 1990 年的 32.8 人/百人升至 2008 年的 52.8 人/百人，农村劳动力的文化素质的总体水平得到了显著提高。然而，现实情况却是文化素质较高、年轻、懂技术的农村劳动力更倾向于外出务工或者在农村从事非农产业，而留守在家从事粮食生产的多是老年人或妇女等文化程度低的劳动力。总体上看，从事粮食生产的农业劳动力数量、体能、智能全面下降，既不能满足传统的精耕细作的生产要求，也没有能力接纳和应用以现代科技支撑的现代农业技术，影响了粮食生产的进一步发展。

表 2-3　中国农业劳动力资源条件

| 年份 | 乡村劳动力/万人 | 农业劳动力/万人 | 比重/% | 非农劳动力/万人 | 比重/% | 劳动力中文盲半文盲/（人/百人） | 劳动力中小学文化程度/（人/百人） | 劳动力中初中文化程度/（人/百人） |
|---|---|---|---|---|---|---|---|---|
| 1990 | 42 010 | 33 336 | 79.4 | 8 673 | 20.6 | 20.7 | 38.9 | 32.8 |
| 1991 | 43 093 | 34 186 | 79.3 | 8 906 | 20.7 | 16.9 | 39.5 | 35.2 |
| 1992 | 43 802 | 34 037 | 77.7 | 9 765 | 22.3 | 16.2 | 39.1 | 36.2 |
| 1993 | 44 256 | 33 258 | 75.2 | 10 998 | 24.8 | 15.3 | 38.2 | 37.4 |
| 1994 | 44 654 | 32 690 | 73.2 | 11 964 | 26.8 | 14.2 | 37.1 | 38.9 |
| 1995 | 45 042 | 32 335 | 71.8 | 12 707 | 28.2 | 13.5 | 36.6 | 40.1 |
| 1996 | 45 288 | 32 260 | 71.2 | 13 028 | 28.8 | 11.2 | 35.5 | 42.8 |
| 1997 | 45 962 | 32 435 | 70.6 | 13 527 | 29.4 | 10.1 | 35.1 | 44.3 |
| 1998 | 46 432 | 32 626 | 70.3 | 13 806 | 29.7 | 9.6 | 34.5 | 45 |
| 1999 | 46 897 | 32 912 | 70.2 | 13 985 | 29.8 | 9 | 33.7 | 46.1 |
| 2000 | 47 962 | 32 998 | 68.4 | 15 165 | 31.6 | 8.1 | 32.2 | 48.1 |

| 年份 | 乡村劳动力/万人 | 农业劳动力/万人 | 比重/% | 非农劳动力/万人 | 比重/% | 劳动力中文盲半文盲/（人/百人） | 劳动力中小学文化程度/（人/百人） | 劳动力中初中文化程度/（人/百人） |
|---|---|---|---|---|---|---|---|---|
| 2001 | 48 229 | 32 451 | 67.3 | 15 778 | 32.7 | 7.9 | 31.1 | 48.9 |
| 2002 | 48 527 | 31 991 | 65.9 | 16 536 | 34.1 | 7.6 | 30.6 | 49.3 |
| 2003 | 48 971 | 31 260 | 63.8 | 17 711 | 36.2 | 7.4 | 30 | 50.2 |
| 2004 | 49 695 | 30 596 | 61.6 | 19 099 | 38.4 | 7.5 | 29.2 | 50.4 |
| 2005 | 50 387 | 29 976 | 59.5 | 20 412 | 40.5 | 6.9 | 27.2 | 52.2 |
| 2006 | — | — | — | — | — | 6.6 | 26.4 | 52.8 |
| 2007 | — | — | — | — | — | 6.3 | 25.8 | 52.9 |
| 2008 | — | — | — | — | — | 6.1 | 25.3 | 52.8 |

资料来源:《中国农业发展报告》（2009 年）

## 2.2.1.5　农业物资投入条件

物资投入是粮食生产的基本条件，对粮食生产有着推动作用，主要包括农业机械总动力、化肥、农药、农用塑料薄膜等。1990～2007 年，我国农业机械总动力稳定增长，17 年间共增加农业机械总动力 47 881.9 万千瓦·时，年均增长 6%。从 1994 年开始，农业机械总动力增长速度加快，于 1997 年突破 40 000 万千瓦·时、2000 年突破 50 000 万千瓦·时、2003 年突破 60 000 万千瓦·时，2007 年达到 76 589.6 万千瓦·时，比 1990 年增长 2.67 倍。化肥是粮食生产中另一重要物资投入。1990～2007 年的 17 年间，我国化肥施用量持续增长，根据化肥施用量增长的特点可以将其划分为三个阶段。第一个阶段为 1990～1997 年，化肥施用量迅速增加，年均增长幅度达到 6.3%；第二个阶段为 1998～2003 年，化肥施用量增速趋缓，年均增幅为 1.56%；第三个阶段为 2004～2008 年，化肥施用量年均增长 3.3%。农用薄膜施用量和农药投入量也呈现总体上升趋势，2008 年农用薄膜施用量和农药投入量分别为 200.7 万吨和 167.2 万吨，如表 2-4 所示。

表 2-4  中国农业物资生产条件

| 年份 | 农业机械总动力 /万千瓦·时 | 化肥施折纯量 /万吨 | 农用塑料薄膜使用量 /万吨 | 农药使用量 /万吨 |
|---|---|---|---|---|
| 1990 | 28 707.7 | 2 590.3 | — | — |
| 1991 | 29 388.6 | 2 805.1 | 64.2 | 76.5 |
| 1992 | 30 308.4 | 2 930.2 | 78.1 | 79.9 |
| 1993 | 31 816.6 | 3 151.9 | 70.7 | 84.5 |
| 1994 | 33 802.5 | 3 317.9 | 88.7 | 97.9 |
| 1995 | 36 118.1 | 3 593.7 | 91.5 | 108.7 |
| 1996 | 38 546.9 | 3 827.9 | 105.6 | 114.1 |
| 1997 | 42 015.6 | 3 980.7 | 116.2 | 119.5 |
| 1998 | 45 207.7 | 4 083.7 | 120.7 | 123.2 |
| 1999 | 48 996.1 | 4 124.3 | 125.9 | 132.2 |
| 2000 | 52 573.6 | 4 146.4 | 133.5 | 128 |
| 2001 | 55 172.1 | 4 253.8 | 144.9 | 127.5 |
| 2002 | 57 929.9 | 4 339.4 | 153.9 | 131.2 |
| 2003 | 60 386.5 | 4 411.6 | 159.2 | 132.5 |
| 2004 | 64 027.9 | 4 636.6 | 168 | 138.6 |
| 2005 | 68 397.8 | 4 766.0 | 176.2 | 146 |
| 2006 | 72 522.1 | 4 927.7 | 184.5 | 153.7 |
| 2007 | 76 589.6 | 5 107.8 | 193.7 | 162.3 |
| 2008 | 82 190.4 | 5 239 | 200.7 | 167.2 |

资料来源:《中国农业发展报告》(2009 年)

## 2.2.2  粮食生产情况概述

### 2.2.2.1  粮食分品种产量构成

广义的粮食概念包括稻谷、小麦、玉米、大豆等,1983 年以来我国主要粮食作物产量如表 2-5 所示。长期来看,我国主要粮食品种产量逐步上升。稻谷和小麦产量的总体增长幅度不大,1983~2006 年年均增长率分别为 0.34%和 1.1%;玉米和大豆产量增长幅度相对较大,1983~2006 年年均增长率分别为 3.3% 和 2.2%。短期来看,各品种产量均存在一定波动。其中,稻谷和小麦产量在 1983~1997 年持续增长,1997 年分别达到最高的 20 073 万吨和 12 329 万吨,1997~2003 年产量有所下降,2004 年之后产量回升;玉米和大豆产量短期波动频繁,截至 2008 年,玉米的产量达到最高值,为 16 591 万吨,大豆的最高产量在 2004 年达到,为 1740 万吨,大豆产量近年来有所下降。

**表 2-5　主要粮食种类产量**　　　　　　　　单位:万吨

| 年份 | 稻谷 | 小麦 | 玉米 | 大豆 | 年份 | 稻谷 | 小麦 | 玉米 | 大豆 |
|---|---|---|---|---|---|---|---|---|---|
| 1983 | 16 887 | 8 139 | 6 821 | 976 | 1996 | 19 510 | 11 057 | 12 747 | 1 322 |
| 1984 | 17 826 | 8 782 | 7 341 | 970 | 1997 | 20 073 | 12 329 | 10 431 | 1 473 |
| 1985 | 16 857 | 8 581 | 6 383 | 1 050 | 1998 | 19 871 | 10 973 | 13 295 | 1 515 |
| 1986 | 17 222 | 9 004 | 7 086 | 1 161 | 1999 | 19 849 | 11 388 | 12 809 | 1 425 |
| 1987 | 17 426 | 8 590 | 7 924 | 1 247 | 2000 | 18 791 | 9 964 | 10 600 | 1 541 |
| 1988 | 16 911 | 8 543 | 7 735 | 1 165 | 2001 | 17 758 | 9 387 | 11 409 | 1 541 |
| 1989 | 18 013 | 9 081 | 7 893 | 1 023 | 2002 | 17 454 | 9 029 | 12 131 | 1 651 |
| 1990 | 18 933 | 9 823 | 9 682 | 1 100 | 2003 | 16 066 | 8 649 | 11 583 | 1 539 |
| 1991 | 18 381 | 9 595 | 9 877 | 971 | 2004 | 17 909 | 9 195 | 13 029 | 1 740 |
| 1992 | 18 622 | 10 159 | 9 538 | 1 030 | 2005 | 18 059 | 9 745 | 13 937 | 1 635 |
| 1993 | 17 770 | 10 639 | 10 270 | 1 531 | 2006 | 18 257 | 10 447 | 14 548 | 1 597 |
| 1994 | 17 593 | 9 930 | 9 928 | 1 600 | 2007 | 18 603 | 10 930 | 15 160 | 1 273 |
| 1995 | 18 523 | 10 221 | 11 199 | 1 350 | 2008 | 19 190 | 11 246 | 16 591 | 1 554 |

资料来源:《中国农业发展报告》(2009 年)

根据表 2-5 中数据计算得到四大粮食品种产量占四种粮食总产量的比重如图 2-1 所示。从图 2-1 中可以看到,中国四大粮食品种产量占总产量的比重总体来讲都比较稳定,稻谷在粮食总产量中所占比重虽然有下降趋势,但一直占有主要地位,最低比重为 39.50%,出现在 2008 年,平均比重为 45.63%。小麦产量占粮食总产量的比重相对最稳定,最高比重 27.83% 出现在 1997 年,最低比重为 21.96%,出现在 2004 年,平均比重为 24.54%。玉米产量占粮食总产量的比重呈稳定上升趋势，最高比重 34.15% 出现在 2008 年，最低比重为 19.42%，出现在 1985 年，平均比重为 26.47%。大豆产量占粮食总产量的比重呈小幅稳定上升趋势，最高比重 4.16% 出现在 2004 年，最低比重为 2.50%，出现在 1991 年，平均比重为 3.35%。

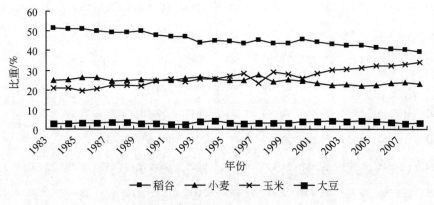

图 2-1　四大粮食品种产量占粮食产量比重

## 2.2.2.2　粮食播种面积

如表 2-6 所示，我国粮食总播种面积在 1983~1998 年总体保持稳定，处于 110 000 千公顷至 115 000 千公顷之间。1998 年之后由于经济作物播种面积急剧上升导致粮食播种面积急剧下降，2003 年降至最低点——99 410 千公顷；稻谷和小麦播种面积与粮食总播种面积变动趋势一致，分别在 2003 年和 2004 年达到最低点，分别为 26 508 千公顷和 21 626 千公顷；玉米播种面积增加趋势明显，由 1983 年的 18 824 千公顷上升至 2007 年的 28 463 千公顷，年均增长 1.8%；大豆播种面积波动幅度较大，总体呈上升趋势。

表 2-6　主要粮食种类播种面积　　　　　　单位：千公顷

| 年份 | 粮食总播种面积 | 稻谷 | 小麦 | 玉米 | 大豆 | 年份 | 粮食总播种面积 | 稻谷 | 小麦 | 玉米 | 大豆 |
|---|---|---|---|---|---|---|---|---|---|---|---|
| 1983 | 114 047 | 33 137 | 29 050 | 18 824 | — | 1985 | 108 845 | 33 070 | 29 218 | 17 694 | 7 718 |
| 1984 | 112 884 | 33 179 | 29 577 | 18 537 | — | 1986 | 110 933 | 32 266 | 29 616 | 19 124 | 8 295 |

续表

| 年份 | 粮食总播种面积 | 稻谷 | 小麦 | 玉米 | 大豆 | 年份 | 粮食总播种面积 | 稻谷 | 小麦 | 玉米 | 大豆 |
|------|------|------|------|------|------|------|------|------|------|------|------|
| 1987 | 111 268 | 32 193 | 28 798 | 20 212 | 8 445 | 1998 | 113 787 | 31 214 | 29 774 | 25 239 | 8 500 |
| 1988 | 110 123 | 31 987 | 28 785 | 19 692 | 8 120 | 1999 | 113 161 | 31 284 | 28 855 | 25 904 | 7 762 |
| 1989 | 112 205 | 32 700 | 29 841 | 20 353 | 8 057 | 2000 | 108 463 | 29 962 | 26 653 | 23 056 | 9 307 |
| 1990 | 113 466 | 33 064 | 30 753 | 21 401 | 7 560 | 2001 | 106 080 | 28 812 | 24 664 | 24 282 | 9 482 |
| 1991 | 112 314 | 32 590 | 30 948 | 21 574 | 7 041 | 2002 | 103 891 | 28 202 | 23 908 | 24 634 | 8 720 |
| 1992 | 110 560 | 32 090 | 30 496 | 21 044 | 7 221 | 2003 | 99 410 | 26 508 | 21 997 | 24 068 | 9 313 |
| 1993 | 110 509 | 30 355 | 30 235 | 20 694 | 9 454 | 2004 | 101 606 | 28 379 | 21 626 | 25 446 | 9 589 |
| 1994 | 109 544 | 30 171 | 28 981 | 21 152 | 9 222 | 2005 | 104 278 | 28 847 | 22 793 | 26 358 | 9 591 |
| 1995 | 110 060 | 30 744 | 28 860 | 22 776 | 8 127 | 2006 | 104 958 | 28 938 | 23 613 | 28 463 | 9 280 |
| 1996 | 112 548 | 31 406 | 29 611 | 24 498 | 7 471 | 2007 | 105 638 | 28 919 | 23 721 | 29 478 | 8 754 |
| 1997 | 112 912 | 31 765 | 30 057 | 23 775 | 8 346 | 2008 | 106 793 | 29 241 | 23 617 | 29 864 | 9 127 |

资料来源：《中国统计年鉴》（2009 年）

### 2.2.2.3 粮食单位面积产量

得益于现代农业科技的发展和物资投入的增加，我国主要粮食作物的单位面积产量增长的速度都非常迅猛。表 2-7 显示，稻谷单位面积产量由 20 世纪 80 年代的年均 5302 千克/公顷上升到 21 世纪的年均 6141 千克/公顷。同期，小麦单位面积产量由年均 2963 千克/公顷上升到年均 3850 千克/公顷，玉米单位面积产量由年均 3803 千克/公顷上升到年均 4909 千克/公顷，大豆单位面积产量由年均 1388 千克/公顷上升到年均 1666 千克/公顷。当前，我国主要粮食品种单位面积产量均高于世界平均水平，稻谷单产是世界平均水平的 160%，小麦单产接近世界平均水平的 140%，玉米单产略高于世界平均水平。但是我国小麦单产远低于欧盟国家，稻谷、玉米单产低于美国。

表 2-7 主要粮食种类单位播种面积产量 单位：千克/公顷

| 年份 | 稻谷 | 小麦 | 玉米 | 大豆 | 年份 | 稻谷 | 小麦 | 玉米 | 大豆 |
|------|------|------|------|------|------|------|------|------|------|
| 1983 | 5 096 | 2 802 | 3 624 | — | 1996 | 6 212 | 3 734 | 5 203 | 1 770 |
| 1984 | 5 373 | 2 969 | 3 960 | — | 1997 | 6 319 | 4 102 | 4 387 | 1 765 |
| 1985 | 5 097 | 2 937 | 3 607 | 1 360 | 1998 | 6 366 | 3 685 | 5 268 | 1 782 |
| 1986 | 5 338 | 3 040 | 3 705 | 1 400 | 1999 | 6 345 | 3 947 | 4 945 | 1 836 |
| 1987 | 5 413 | 2 983 | 3 920 | 1 477 | 2000 | 6 272 | 3 738 | 4 598 | 1 656 |
| 1988 | 5 287 | 2 968 | 3 928 | 1 435 | 2001 | 6 163 | 3 806 | 4 699 | 1 625 |
| 1989 | 5 509 | 3 043 | 3 878 | 1 270 | 2002 | 6 189 | 3 777 | 4 924 | 1 893 |
| 1990 | 5 726 | 3 194 | 4 524 | 1 455 | 2003 | 6 061 | 3 932 | 4 813 | 1 653 |
| 1991 | 5 640 | 3 100 | 4 578 | 1 379 | 2004 | 6 311 | 4 252 | 5 120 | 1 815 |
| 1992 | 5 803 | 3 331 | 4 532 | 1 426 | 2005 | 6 260 | 4 275 | 5 288 | 1 705 |
| 1993 | 5 854 | 3 519 | 4 963 | 1 619 | 2006 | 6 309 | 4 424 | 5 111 | 1 721 |
| 1994 | 5 831 | 3 426 | 4 694 | 1 735 | 2007 | 6 433 | 4 608 | 5 143 | 1 454 |
| 1995 | 6 025 | 3 542 | 4 917 | 1 661 | 2008 | 6 563 | 4 762 | 5 556 | 1 703 |

资料来源：根据各种粮食作物产量和播种面积计算得到

### 2.2.2.4 粮食生产区域变动

依南、北部划分区域来看，1990 年以前，我国南方的粮食生产强于北方，粮食流通区域结构的特征是"南粮北运"。由于工业化进程的加速，农业产业内部比较效益的变动和区域之间产业发展重点的变化，我国粮食生产的区域格局发生了较大的变化，粮食生产的重点由南方转向北方。1990 年北方的粮食产量占全国粮食总产量的 45%，之后，这一比重逐渐上升，到 1998 年达到 49.1%。自 1999 年开始，全国展开了新一轮的农业结构调整。全国农业结构战略性大调整，进行大布局，建立东部出口创汇农业区、中部粮棉集约农业区、西部高效生态农业区，在调整中各地普遍采取了缩减粮食面积、增加经济作物的做法，特别是在经济发达的沿海地区出现了不少无粮村，苏北平原某县 96 万人口，20 万农户，已有 8 万户不种粮。到 2003 年，北方粮食生产在全国比重占到一半。

依东、中、西部的划分来看，东部沿海发达地区的粮食生产能力明显下降，中部地区的粮食生产能力基本稳定，西部地区的粮食生产稳中有降。下面详细说明这种粮食生产区域格局的变动。

（1）东部粮食生产变动

东部沿海发达地区近年粮食产量逐年减少，2004 年粮食产量为 13 803 万吨，比 1998 年减少了 2564.8 万吨，下降幅度为 15.7%，年均减少 2.2%，粮食产量占全国比重由 1998 年的 31.95% 下降到 2004 年的 29.4%。其中，浙江省的粮食产量由 1998 年的 1435.2 万吨下降到 2004 年的 835 万吨，下降 41.8%；广东省的粮食产量由 1998 年的 1947.61 万吨下降到 2004 年的 1390 万吨，下降 28.6%；山东省的粮食产量由 1998 年的 4264.8 万吨下降到 2004 年的 3517 万吨，下降 17.5%；江苏省的粮食产量由 1998 年的 3415.1 万吨下降到 2004 年的 2829 万吨，降幅为 17.2%。粮食产量大幅下降的主要原因在于工业化的发展引起的城市化、交通道路、城市建筑用地的急增导致耕地减少、粮食播种面积下降所致，粮食播种面积由 1998 年的 34 002.78 千公顷下降到 2004 年的 26 160.3 千公顷，降幅为 23%，播种面积占全国比重由 1998 年的 29.9% 下降到 2004 年的 25.7%。

（2）中部粮食生产变动

2004 年，中部粮食主产区粮食播种面积和产量分别为 42 794.4 千公顷和 19 979 万吨，比 1998 年分别减少了 469.28 千公顷和 958.1 万吨，下降幅度不大。但是 7 年间的产量波动较大，特别是 2003 年粮食产量仅为 17 330 万吨，比 2002 年减产 1824.3 万吨，降幅达 9.5%。总体来看，中部粮食生产基本保持稳定，播种面积占全国比重由 1998 年的 38% 上升到 2004 年的 42.1%，粮食产量在全国粮食总产中的比重由 1998 年的 40.9% 上升到 2004 年的 42.56%，变化率不到 2 个百分点。其中，山西、黑龙江、湖南三省粮食产量基本持平。安徽、江西和河南三省除波动的影响外，粮食产量上升，由 1998 年的 8156.11 万吨上升到 2004 年的 8666 万吨。吉林、湖北和山东三省的粮食生产有一定程度的收缩，吉林省的粮食产量由 1998 年的 3567.3 万吨下降到 2004 年的 2510 万吨，降幅为 29.6%；湖北省的粮食产量由 1998 年的 2475.79 万吨下降到 2004 年的 2100 万吨，降幅为 15.2%；山东省的粮食产量由 1998 年的 4264.8 万吨下降到 2004 年的 3517 万吨，降幅为 17.5%。

（3）西部粮食生产变动

西部粮食生产受国家退耕还林、退耕还草等政策的影响，播种面积减幅较大。播种面积由 1998 年的 36 521.7 千公顷下降到 2004 年的 32 651.5 千公顷，下降幅度为 10.6%，播种面积占全国比重的变化不大。粮食产量占全国比重由 1998 年的 27.2% 上升到 2004 年的 28%，但是粮食绝对产量有一定程度的收缩，2004 年西部粮食产量为 13 165 万吨，比 1998 年减少了 759.38 万吨，下降幅度 5.45%。其中，最为显著的是广西的粮食产量由 1998 年的 1557.1 万吨下降到 2004 年的 1399 万吨，下降 10.2%；四川的粮食产量由 1998 年的 3519.7 万吨下降到 2004 年的 3147 万吨，下降 10.6%；陕西的粮食产量由 1998 年的 1303.1 万吨下降到 2004 年的 1040 万吨，下降 20.2%。

根据以上分析，1998～2004 年的 7 年时间里，中部粮食主产区粮食生产基本保持稳定，但是主产区域的粮食播种面积在收缩，东部主销区粮食生产的规模在不断减小，对应于中部主产区面积收缩，东部主销区的面积扩大的趋势明显。西部粮食生产呈收缩势，但是收缩幅度不大，可视为基本稳定。2004 年以后，由于国家鼓励粮食生产的一系列政策措施的实施，三大区域的粮食产量和播种面积都有一定程度的增加，但是区域粮食生产的总体格局并未改变，如表 2-8 和表 2-9 所示。

表 2-8　分区域粮食播种面积　　　　　　　单位：千公顷

| | 1998 年 | 1999 年 | 2000 年 | 2001 年 | 2002 年 | 2003 年 | 2004 年 | 2005 年 | 2006 年 | 2007 年 |
|---|---|---|---|---|---|---|---|---|---|---|
| 东部 | 34 003 | 33 527 | 30 798 | 29 376 | 27 959 | 25 981 | 26 160 | 27 298 | 27 507 | 27 007 |
| 中部 | 43 264 | 43 175 | 42 594 | 42 361 | 42 130 | 41 181 | 42 794 | 43 750 | 44 677 | 46 167 |
| 西部 | 36 522 | 36 459 | 35 071 | 34 343 | 33 802 | 32 248 | 32 652 | 33 230 | 33 305 | 32 464 |

表 2-9　分区域粮食产量　　　　　　　　单位：万吨

| | 1998 年 | 1999 年 | 2000 年 | 2001 年 | 2002 年 | 2003 年 | 2004 年 | 2005 年 | 2006 年 | 2007 年 |
|---|---|---|---|---|---|---|---|---|---|---|
| 东部 | 16 368 | 17 110 | 14 910 | 14 439 | 13 681 | 13 005 | 13 803 | 14 359 | 14 855 | 14 965 |
| 中部 | 20 937 | 20 136 | 18 212 | 18 356 | 19 154 | 17 330 | 19 979 | 20 452 | 21 781 | 21 852 |
| 西部 | 13 924 | 13 593 | 13 096 | 12 469 | 12 871 | 12 734 | 13 165 | 13 592 | 13 112 | 13 332 |

注：表中及上文中，东部指北京、天津、辽宁、河北、山东、江苏、上海、浙江、福建、广东、山东；中部指黑龙江、吉林、山西、河南、湖北、湖南、安徽、江西；其余省份为西部

资料来源：历年《中国农业年鉴》和《中国农村统计年鉴》

## 2.3　粮食安全目标下我国粮食生产存在的问题

### 2.3.1　粮食生产的数量问题

#### 2.3.1.1　资源约束降低粮食生产能力引致供需缺口扩大

工业化和城市化的快速推进占用了大量耕地，此外，退耕还林政策的实施和自然灾害频发，也在一定程度上加剧了耕地面积的减少。1998~2004年，我国耕地从19 446万亩减少到183 664万亩，减幅为5.6%。近几年，虽然耕地保护措施实施的力度加强、抗灾防灾能力的提高，耕地减少的速度放慢，但仍然在持续减少。1999年比1998年全国粮食播种面积减少1000万亩，产量下降0.8%，2000年比1999年又减少5000多万亩，产量下降9%，使粮食生产供给能力回落到1995年的水平。与1998年相比，2004年我国粮食播种面积减少了1030万公顷，减幅为9.1%。

除土地资源供给的不可持续性使粮食生产具有潜在危机以外，水资源供给的不可持续性也不可忽视。我国陆面降水量为6.188万亿立方米，其中约3.387万亿立方米消耗于陆地生物圈，2.81万亿立方米转化为径流和地下水等淡水资源。现阶段我国单位耕地面积的水资源量为世界平均水平的80%，单位灌溉面积的水资源量仅为世界平均水平的19%。而且由于气候和地形地貌等原因，水土资源之间的匹配不好，以秦岭、淮河为界，南部地区水资源充足而耕地资源少，北部地区耕地多而水少，加之全国多丘陵山地，水利灌溉不易发展，以致我国农田有效灌溉面积长期维持在0.48亿~0.487亿公顷的水平上，仅占耕地面积的40%左右，而且在有效灌溉面积中尚有666.67万公顷的耕地实际得不到灌溉。目前，随着工业化、城市化的快速推进，一方面工业、城市用水迅速增加，工农之间、城乡之间竞争性用水的矛盾日益显现；另一方面，工业、城市废水排放以及农业中的化肥、农药过量使用造成水源污染日益加剧，进一步削弱了农业用水的供给能力。水资源缺口已经由400亿立方米增加到 500 亿立方米，每年仅农业生产缺水高达 300 亿立方米，全国农田受旱面积每年达到 3300 万公顷以上，因灾损失的粮食近 300 亿千克（程国强，2006）。

在以上所述的资源约束影响下，1999 年之后的三年时间里，粮食产量连年下降，2000 年、2001 年和 2003 年较之上年产量分别下跌 9.1、2.1 和 5.8 个百分点，累计减产 821 亿千克。特别是 2003 年粮食总产降到 4306.9 亿千克，致使粮价大幅度上涨，2004 年粮价平均上涨 25%～30%，导致粮食供求进入高价位运行阶段。随着 2004 年减免农业税和粮食补贴等相关粮食政策的出台和实施，粮食播种面积有所增加，2004 年、2005 年、2006 年粮食产量连续三年以 4.97% 平均增长率增产，在 2006 年粮食总产已达到 4974.05 亿千克，比 2003 年增加 667 亿千克。粮食年度缺口由 2003 年的 600 亿千克下降到 100 亿千克左右，粮食数量供求矛盾得到一定程度的缓解。但是，与 2005 年相比，粮食产销缺口却在扩大。2000 年以前，我国粮食库存充裕，库存量占消费量的比例一直保持在 40% 以上，加上农户自存粮，即使在 2000～2003 年粮食产量持续减少的情况下，通过库存调节仍可以达到供需平衡。2004～2006 年粮食连续增产，但是粮食供需缺口却持续增大，这段时间的粮食供需平衡主要靠净进口来实现。据统计 2004 年我国粮食净进口量为 248.5 亿千克，2005 年为 222.5 亿千克，2006 年为 254 亿千克，三年累计净进口粮食 725 亿千克（王明华，2007）。

### 2.3.1.2　粮食消费结构变化引起粮食品种供求结构性矛盾凸显

长期以来，我国粮食生产的发展是伴随着经济发展和人民生活水平的提高而同趋向发展的。近年来，我国的经济增长很快，近 5 年一直保持了 10% 左右的增长速度，以致粮食的需求量逐年增加，每年约增加 25 亿千克以上。可是粮食产量一直是在波动中增长，直到 2006 年才再次突破 5000 亿千克大关，需求的快速增长与产量增长速度不协调。虽然随着人民生活水平的提高，肉类、奶制品、禽蛋、蔬菜、水果在日常食物中的消费比例扩大，而小麦与水稻消费总量变化不大，但是，随着粮食加工工业的发展，工业用粮快速增长，粮食品种性供求结构矛盾凸显。2005 年，小麦产销缺口和水稻产销缺口分别为 −32 亿千克和 −10 亿千克，缺口不大，基本上能够保持供需平衡；玉米的年市场供给量超过年消费量，为 75 亿千克；而受养殖业和加工业迅速发展等因素的影响，大豆产销缺口较大，高达 −2273 亿千克（表 2-10）。

表 2-10　2001～2005 年粮食分品种生产、消费平衡情况

| 项目 | 稻谷/亿千克 | 小麦/亿千克 | 玉米/亿千克 | 大豆/亿千克 | 粮食总产量/亿千克 |
|---|---|---|---|---|---|
| 2001 年 | 1 776.0 | 938.5 | 1 141.0 | 154.1 | 4 526.5 |
| 2002 年 | 1 745.5 | 903.0 | 1 213.0 | 165.1 | 4 570.5 |
| 2003 年 | 1 606.5 | 865.0 | 1 158.5 | 163.9 | 4 307.0 |
| 2004 年 | 1 791.0 | 919.5 | 1 303.0 | 174.1 | 4 694.5 |
| 2005 年 | 1 820.0 | 975.0 | 1 345.0 | 173.0 | 4 840.0 |
| 2005 年增产量 | 29.0 | 55.5 | 42.0 | −1.01 | 145.52 |
| 2005 年增产/% | 1.6 | 6.0 | 3.2 | −0.58 | 3.1 |
| 2005 年产消缺口 | −10.0 | −32.0 | 75.0 | −2 273.0 | — |

资料来源：《中国统计年鉴》（2006 年）

从粮食消费需求趋势来看，饲料和工业用粮量增长迅速。在口粮方面，根据城乡住户调查资料和流动人口调查数据推算，2005 年全国口粮消费量约为 2690 亿千克，2006 年约为 2675 亿千克，需求较 2005 年减少 15 亿千克，总体上看口粮消费呈下降趋势，基本上能够保持供需平衡。在种子用粮方面，由于播种面积和播种技术短期内变动较小，基本稳定，2005 年为 119 亿千克，2006 年为 120 亿千克。在饲料粮方面，依据成本调查资料计算各种畜禽单位产品消耗饲料粮数量，再与当年畜产品产量结合，可推算出饲料粮数量，但由于我国畜牧业是千家万户小规模生产与企业化、专业化结合的生产经营方式，居民口粮消费中的米糠、麸皮、工业用粮中的副产品都被转化为饲料用粮，加上养殖技术水平提高，因此，估计近五年我国肉类总产年均增长 4%，而饲料粮年均增长 3%，2005 年全国饲料用粮为 1650 亿千克，2006 年为 1665 亿千克，增加 50 亿千克。其中，饲料用玉米消费量（文小才，2007）由 2000～2001 年度的 8500 万吨上升至 2005～2006 年度 9100 万吨，

增长 7.1%。在加工业用粮方面，受加工能力增强的拉动，粮食原料需求大幅增加，"十五"期间以年均 5% 的速度增长，2005 年为 553 亿千克，2006 年为 620 亿千克，增加 67 亿千克。据有关部门调查，目前全国大米加工能力近 1250 亿千克、面粉加工能力近 800 亿千克、玉米加工能力达到 700 亿千克，粮食加工业的快速发展导致原料需求大幅增加。2000~2001 年度至 2005~2006 年度，中国玉米加工业消费量从 1010 万吨上升到 2110 万吨，增长 1 倍多。2003 年我国大豆压榨油加工能力已接近 5200 万吨，目前全国年加工大豆的能力已经超过 8000 万吨。

随着能源消耗的增加和不可再生性石化能源供应的紧张及价格上涨，我国粮食生产除了要满足口粮用粮、饲料用粮、种子用粮和食品加工工业用粮的需要，还要满足生物质能源开发利用的需要。在能源价格不断上涨的推动下，以玉米为原料的乙醇工业迅速扩张，极大地扩大了对玉米的需求。财政部 2006 年颁布《可再生能源发展专项资金管理暂行办法》（以下简称《办法》），对该专项资金的扶持重点、申报及审批、财务管理、考核监督等方面作出全面规定。《办法》规定，发展专项资金将以无偿资助和贷款贴息两种方式，重点扶持三大领域："潜力大、前景好的石油替代；建筑供热、采暖和制冷；发电等可再生能源的开发利用"。《办法》指出，"重点是扶持发展生物乙醇燃料、生物柴油等"。其中，生物乙醇燃料是指用甘蔗、木薯、甜高粱等制取得的燃料乙醇；生物柴油则指用油料作物、油料林木果实、油料水生植物等为原料制取的液体燃料。虽然《办法》提出的以非粮为原料的生物质能源被放在了资金重点扶持的首位，但是从目前的燃料乙醇生产来看，以玉米为原料生产的技术最成熟，在国内综合效益最好。据统计，我国燃料乙醇产量共 132 万吨（国家指定的四家生产公司分别为：吉林燃料乙醇公司 60 万吨，河南天冠燃料乙醇公司 32 万吨，安徽丰原生化公司 30 万吨，黑龙江华润酒精公司 10 万吨），其中很大部分都以玉米为原料。我国深加工消耗玉米由 2004 年的 1650 万吨增加到 2006 年的 3589 万吨，年均增长 29.5%，发展势头很猛，远高于玉米年均 7.9% 的产量增长速度，致使我国玉米贸易由多年的每年出口 500 万吨转变为每年要进口 1500 万吨。

### 2.3.1.3 地区粮食生产变化引致地区性的粮食数量缺口扩大

粮食主产区粮食产量已占到全国粮食总产的 3/4，2004~2006 年 3 年主产区粮食产量累计增产 625 亿千克，占全国粮食增产量的 94%。在我国 13 个粮食主产区中，7 个北方省份粮食产量在全国粮食产量中的比重由 20 世纪 90 年代初的 50% 上升到目前的 60% 左右，2004~2006 年 3 年 7 省份累计增产 423.5 亿千克，占主产区增量的 68%，占全国增量的 63%。尤其是稻谷生产重心北移速度加快，南方传统水稻产区生产能力下降。1998 年以来，南方 13 个水稻产区种植面积下降 11%，产量下降 13%。其中，东南沿海经济发达的江苏、浙江、广东三省，水稻种植面积下降 25%，产量下降 24%。而东北三省水稻生产则呈加快发展趋势，种植面积扩大 27.5%，产量增长 25.7%。2004~2006 年三年全国稻谷累计增产 229 亿千克，其中东北三省就增产 62.2 亿千克，占全国增量的 28%。过去盛产稻谷的南方省份如湖南、湖北、安徽、四川等，现在外销量很少，有的甚至不能自给自足（孙梅君和郭玮，2007）。可见，虽然粮食总产量基本能够实现产需平衡，但是，由于工业化和城镇化的快速发展，我国主产区的粮食生产总体上呈收缩态势，主销区农民工大量进城，流动人口的数量激增，商品粮的消费需求明显增加，粮食加工转化能力大幅度提高，饲料和工业用粮的数量也持续增加。粮食生产的地区性不均衡导致的粮食数量区域缺口已经相当大，粮食流通的压力也日趋增大，地区性的粮食数量矛盾也日益严重。

### 2.3.1.4 粮农种粮积极性降低

（1）粮食生产的机会成本增加

粮食生产跟工业生产一样需要投入资金和物资。资金在粮食生产中的投入收益率一直处于较高水平，1995 年达到 149.44%，2000 年以后虽然资金收益率大大下降，但是 2002 年粮食资金投入收益率仍然高达 18.95%。从经济学角度来看，农民放弃粮食种植是理性的选择，外出打工是追求资源配置的优化选择。据人力资源和社会保障部公布的数据，2003 年外出务工的农民达到

9400万人。另据农业部测算，外出务工人员达到了1.2亿人。外出务工人员基本是年轻力壮的农村主要劳动力，留守农村的则以老人、妇女、儿童居多。以上数据说明种粮的成本高，劳动力的种粮机会成本高，理性农民会放弃种粮而选择务工，对于土地的处理或者弃田抛荒或者由商品粮生产转为自给自足的粮食生产。这样会导致粮食产量的大幅下降，2003年国内粮食大减产就是教训。随着农业税取消和农业补贴政策的实施，农民种粮成本有所下降，种粮收益有一定程度的回升，使得种粮的机会成本下降，粮食产量经历了连续5年的增加。但是应该看到，目前生产资料价格持续上涨，生产成本上升，粮食生产的资金投入收益率升高，粮食种植的机会成本也会随之升高，可能会造成新一轮的粮食大幅减产。

（2）粮食生产补贴政策效率递减

2004年以来，从生产领域农业补贴政策财政支出金额及粮食产量表（表2-11）可以看出，中央财政的补贴力度逐年加大，其中，农资综合补贴、良种补贴、农机具补贴增长都非常明显。农资综合补贴由2006年的125亿元增加到2008年的482亿元，增长了近3倍；良种补贴由2004年的28.5亿元增加到2008年的120.7亿元，增长了3.2倍；农机具补贴由2004年的0.7亿元增加到2008年的40亿元，增长了56倍；四项补贴金额合计数由2004年的145.2亿元增长到2008年的793.7亿元，增长了4.5倍；同期，粮食产量也由46 946.9万吨增长到52 500万吨，可见粮食补贴政策有效刺激了粮食产量的增长。然而，通过粮食产量对补贴金额的弹性计算发现，2005年补贴金额每增加1元，粮食可以增产4.62千克；2006年补贴金额每增加1元，粮食可以增产0.98千克；2007年补贴金额每增加1元，粮食仅能增产0.2千克；即使补贴金额大幅增长的2008年，补贴金额每增加1元，粮食也只能增产0.84千克。粮食补贴政策对于粮食产量增长的促进效应逐年下降。

表2-11 生产领域农业补贴政策财政支出金额及粮食产量表

| | 2004年 | 2005年 | 2006年 | 2007年 | 2008年 |
|---|---|---|---|---|---|
| 粮食直接补贴金额/亿元 | 116 | 135 | 142 | 151 | 151 |
| 农资综合补贴金额/亿元 | — | — | 125 | 276 | 482 |

续表

| | 2004 年 | 2005 年 | 2006 年 | 2007 年 | 2008 年 |
|---|---|---|---|---|---|
| 良种补贴金额/亿元 | 28.5 | 38.7 | 40.7 | 65.7 | 120.7 |
| 农机具补贴金额/亿元 | 0.7 | 3 | 6 | 20 | 40 |
| 补贴金额合计/亿元 | 145.2 | 176.7 | 313.7 | 512.7 | 793.7 |
| 粮食产量/万吨 | 46 946.9 | 48 402.2 | 49 747.9 | 50 148.3 | 52 500 |

注：补贴金额数据来源于财政部等网站，粮食产量数据来源于历年《中国统计年鉴》

（3）规模化生产的市场助推不足

到目前为止，我国粮食综合生产能力建设主要依靠政策和国家财政投入推动。粮农缺乏生产积极性，其对粮食生产有限的投入很大程度上是别无他法的无奈选择。长期以来，各农资成本不断上涨，农业的比较收入不断降低，粮农尤其是规模很小的粮农经常出现入不敷出的状况，生产积极性一再降温，这正是我国粮食生产最大的隐患所在。如果这种状况不改变，我国粮食生产的可持续发展就不可能实现。另外，我国粮食生产是一个典型的边际效益递减的行业，目前对我国耕地上的边际投入正接近无效的临界点。党的十七届三中全会关于土地流转机制的讨论及决议，为我国农村土地规模化经营奠定了可操作性的制度基础，许多地方已经开始着手研究并实施土地二轮承包的方案。但是，受制于农户收入上涨有限，并非所有的粮农都有动力自愿出（筹）资参与到土地的规模化经营之中。

## 2.3.2 粮食生产的质量问题

### 2.3.2.1 粮食品种质量不高

我国目前粮食品种结构中，优质粮不足、普通品质的粮食有余。我国的小麦品种基本上是软粒小麦，而蛋白质含量较高、面筋强度大、能磨制强力粉和适于制作高级面包和优质面条的小麦，以及蛋白质含量和面筋含量低、面筋强度弱、面筋质量极差、能磨制弱力粉和适于制作优质饼干和糕点的小麦少；小麦专用粉仅十几种，其产量仅为小麦面粉总产量的 10%，而发达国家小麦专用粉有上百个品种，其产量占面粉总产量 90% 以上。市场上普通小麦供过于求，春小麦更是积压严重，优质专用小麦则大量短缺。我国玉米的氨基酸、赖氨酸含量低，专用化水平低，产后加工转化程度低。目前，发达国家在玉米品种专用化方面已形成产业化经营，如美国的"伊利诺斯"高蛋白饲用玉米、"奥帕克"高油工业用玉米、高赖氨酸工业用玉米、食用甜玉米、蔬菜玉米等已形成商业化种植。其中，高蛋白饲用玉米蛋白质含量比普通玉米高 10% ~ 15%；高油杂交种籽粒含油量高达 7%，比普通玉米高 50% 以上；高赖氨酸和色氨酸的杂交玉米，其赖氨酸和色氨酸含量比一般品种高 2 倍多。而我国在玉米的专用化选育和利用方面才刚刚起步，与发达国家差距很大。国产的鲜食玉米由于品质差，跟不上市场需求发展的步伐，大部分成为加工罐头玉米的原料。

### 2.3.2.2　粮食质量下降

2006 年，我国虽然实现了粮食及其水稻、小麦两大主要品种的同时增产，但粮食质量下降的现象在水稻、小麦两大品种中都有明显表现，如水分含量偏高，不宜储藏保管。到 2007 年 3 月底，吉林、黑龙江等省农民手中玉米的水分含量约在 30% ~ 32%，少数甚至高达 35%。局部地方按最低收购价收购的小麦，竞价销售后被企业用于生产饲料，其中固然有小麦相对于玉米比价偏低的因素，但也与其品质较差有密切关系。随着春季气温的回升，东北地区一些保管条件较差的高水分玉米面临霉变危险，导致农民竞相销售，成为玉米价格增长乏力的重要原因。近年来，东北地区粳稻价格持续低迷，部分地区按最低收购价收购的稻谷在竞价销售时成交率低，都与粮源品质下降有关。

导致主要粮食品种品质下降的原因主要在于两方面：一是气候环境较差，二是按最低收购价收购的粮食数量较多，相关收储企业因良好仓容不足，被迫露天存放。近几年极端气候频发、局部地区灾害严重，这样形成的对粮食品质的负面影响可能强于以往（宏观经济研究院产业所课题组，2007）。

### 2.3.2.3　粮食生产中过量施用农药、化肥影响粮食质量

农户作为独立的经济实体，经营生产的目的是实现利润的最大化。土地承

包制度让农户对承包的土地缺乏自我归属感和安全感，所以在追求效益最大化过程中，往往以实现短期收益的增加为目的。正是这种只重视眼前利益，忽视长远利益的态度，使农户在农业生产的实际运作中，偏重于追求产量的增加，忽视农业资源的长期利用保护，通过过度增施农药、化肥，短期快速提升地力的方式，来提高农业生产率和实现产出最大化。这种长期延用以依赖机械作业和化学肥料、化学农药增产为特征的农业生产方式，大幅度地提高了农业劳动生产率，但其弊端也正日益凸现。大量施用化学肥料、化学农药和大面积的作物单作，而提高土地肥力的有机肥和磷肥等的使用比重不断下降，不仅造成粮食的生产成本不断上升，还造成粮食产品中对人体有害物质的超标。

### 2.3.2.4 水质污染影响粮食质量

粮食主产区为加快地区经济发展的速度，改变传统的以农业为主导的经济发展方式，积极发展农村工业。农村工业化进程中"三废"排放问题日益严峻，其中污水对水资源的污染尤为严重。例如，2005年11月，中石油吉林石化公司双苯厂发生爆炸事故，大量苯系污染物进入松花江水体，引发重大水环境污染事件；2005年11月24日湖南冷水江市金信化上有限责任公司尿素厂造粒塔底用于尿素清洗水的集水池发生墙体意外倒塌，含有少量氨的清洗水流入资江，导致资江水污染物严重超标。水资源的污染使污水灌溉面积不断扩大，据有关部门统计，1991年全国污水灌溉面积为306.7万公顷，约占当年全国灌溉面积的6%；而到目前我国的污水灌溉面积已达361.84万公顷，全国利用污水灌溉面积已占总灌溉而积的7.33%，其中90%左右分布在水资源严重短缺的黄、淮、海、辽四大流域。近年来，江河湖水体污染不断加重，由于污水处理技术水平较低，工程投资较大，处理成本较高，许多污水不经处理或经简单处理即用于农业灌溉或直接排放或采用劣水灌溉，直接污染了土地，影响粮食质量（陈士军和刘兴，2007）。

# 第 3 章　粮食安全与粮食流通

## 3.1　粮食流通概述

### 3.1.1　粮食流通的概念及作用

粮食流通是整个社会商品流通的重要组成部分，是指粮食商品生产出来以后，通过交换方式实现从生产领域向消费领域（包括生产消费和个人生活消费）转移的全部过程。这种转移过程是以货币为媒介，借助货币的流通职能和支付职能来实现的。流通是介于生产和消费的中间环节，对促进粮食生产发展、调整生产结构、拉动消费需求、合理引导消费等都具有重要作用。

#### 3.1.1.1　促进粮食生产发展，调动农民种粮积极性

农民生产的粮食通过流通渠道实现其价值，使农民获得购买生产资料和生活用品的资金，为扩大粮食再生产奠定了物质基础。同时，在粮食丰收、市场粮价下跌时，国家所采取的最低收购价政策以及建立国家粮食储备制度、增强宏观调控能力等政策措施，有效地保护了农民的利益和种粮积极性，促进了粮食生产的发展。

#### 3.1.1.2　繁荣市场贸易，满足城乡人民生活需求

农民生产的粮食通过流通渠道供给最终消费者和用粮企业。粮食流通部门在调控有度、保障供应、繁荣市场、满足人民生活需求等方面，发挥了重要作用。此外，流通部门还承担着救灾济贫的任务，即在遭受严重自然灾害、粮食

减产的年份，要确保灾区人民基本口粮供应，支持灾后重建。

### 3.1.1.3 保障经济，促进经济可持续发展

粮食流通在促进粮食生产规模扩大的同时，不断为经济发展，尤其是直接以粮食作为原料的工业产业，如食品加工、饲料、养殖、酿造、制药等行业供应原料，有力地保障了经济的发展。相反，粮食的短缺或流通不畅，将会直接制约工业经济的发展，进而影响国家财政收入和国民经济持续稳定协调发展。

### 3.1.1.4 调剂余缺，促进不同地区之间的贸易联系

粮食主产区的商品粮能否销售出去，对这些地区的经济发展、市场繁荣等影响巨大。通过流通工作，使产区粮食源源不断地进入大中城市和缺粮地区，进一步促进了这些地区与粮食产区之间的联系。通过流通手段，对粮食进行余缺调剂，或者对遭灾地区进行救助，满足人民生活需要，对促进区域经济协调发展、维护社会稳定至关重要。

## 3.1.2 粮食安全与粮食流通的关系

粮食是一种关系国计民生特别重要的商品，粮食产品的这种特殊性和不可替代性，决定了不管探索何种形式的粮食流通方式，都必须基于粮食安全这一大前提，以维护粮食安全为出发点。粮食流通安全与实现粮食安全目标是一致的：粮食安全是顺畅粮食流通的基础和前提，粮食流通是实现粮食安全目标的重要环节。

### 3.1.2.1 保障粮食安全是粮食流通的基础和前提

中国是一个人口大国，长期以来，粮食安全一直是保持经济发展的基本条件，为改革开放提供了坚强的后盾。粮食流通必须以确保粮食安全为前提。粮食购销市场化改革要发挥市场机制对粮食购销和价格形成的作用，这样就不可避免地会带来粮食价格的波动，而粮食的部分公益性质又决定了其不可能完全

依靠市场机制来扭转价格波动和实现粮食安全,必须依靠政府的宏观调控,政府可通过政策的倾斜和部门的协调等来实施各种形式的利益调节和保护,从而确保粮食安全。离开了粮食安全,粮食流通也就失去了基础。我们以往的历次粮食流通体制改革之所以接近了市场化的门槛而终未迈入,原因就在于对粮食安全的考虑。现在中国粮食流通环境发生了很大的变化,我们对粮食安全应该有新的理解,应该树立一种"大粮食、大市场"的观念。目前,中国为着力推进粮食购销市场化改革采取了各种举措,包括稳定基本农田,保持综合生产能力,完善粮食储备制和风险基金制,发育、健全粮食市场,创造公平竞争环境,进一步改革国有粮食企业,培育新的市场主体;发展粮食产业化经营,搞好"订单粮食";完善宏观调控,建立粮食价格稳定机制,按 WTO "绿箱政策"建立高效的粮食财政补贴和支持系统等。这些措施都没有背离粮食安全这一出发点,恰恰是粮食安全体系的完善及国家调控粮食市场流通能力的增强。

### 3.1.2.2　粮食流通是实现粮食安全目标的重要环节

中国粮食供求已由长期短缺转变为总量大体平衡、丰年有余,粮食市场已由卖方市场转变为买方市场,中国粮食综合生产能力已具备年产 5000 亿千克左右的供给平台。近年来,粮食播种面积虽然增幅在递减,但还是稳中有升,单产水平不断创历史新高,粮食连续 7 年增产,彰显了中国农业综合生产能力的提升。在这种新的发展阶段,保障粮食安全的重点,应由生产安全转向流通安全,由产量安全转向能力安全。粮食作为一种商品,其价值必须通过市场的途径才能得以实现,才能解决供求之间的矛盾。过去,政府把粮食看作特殊的物资,用行政手段直接参与粮食流通的管理,没有为粮食流通的市场运作创造良好的条件。实行粮食流通购销市场化之后,客观上为粮食这个特殊商品提供了广阔的市场空间,为实现粮食供求平衡增添了新的方式和途径。第一,有利于农民自主生产、自主经营,提高粮食生产效益。在市场经济条件下,要确保粮食的有效供给以及与此相联系的粮食安全目标,不能运用计划经济手段,通过下行政命令的办法,强迫农民种粮。要充分调动农民的种粮积极性,只有一种办法,就是让种粮农民能赚到钱。通过放开粮食购销市场与价格,多种所有制的粮食购销企业、加工企业经工商部门和粮食部门批准后直接到农村收购粮食，使粮食市场主体向多元化发展，通过市场引导，让粮食价格反映粮食供求，有利于粮食商品价值的回归和拉动粮价的回升，保护广大粮农的利益和种粮积极性，进而稳定粮食生产。第二，有利于实现粮食供求动态平衡。虽然目前中国主要粮食品种产需基本平衡，但粮食生产与消费的地区结构存在不平衡。实行购销市场化，通过粮食资源的市场配置，将促使中国粮食的产销衔接并加快粮食的合理流动，实现优势互补，既有利于主产区粮食生产的稳定，也有利于主销区粮食供应的稳定。特别对于粮食生产和消费存在地区不平衡的中国，在确定粮食安全战略时，必须要重视区域间粮食流通对粮食安全的影响。第三，有利于发挥产区和销区各自的比较优势。实现粮食购销市场化，有利于粮食主产区和主销区充分发挥各自的区域比较优势，加快调整主销区种植业生产结构，为主产区粮食销售腾出市场空间；有利于建立粮食产区和销区自主衔接的经营机制，建立在比较优势基础上的区域间粮食贸易，将给贸易双方带来净福利的增加，提高居民的购买力。

## 3.2　我国粮食流通发展概况

### 3.2.1　粮食流通主体

随着粮食购销市场的全面开放，国有粮食购销企业已经不再具备经营粮食的"特权"，粮食作为一般商品可以自由在国内市场流通，购销活动异常活跃。目前，我国粮食市场购销主体主要包括农户、消费者、国有粮食企业及个体私营粮商。我国农户大约有 2.44 亿户，其中，种粮农户估计约 1.7 亿户（按粮食播种面积占总播种面积的 70% 估算）。国有粮食企业总计 43 259 家，其中，购销企业 24 519 家，购销企业的主体部分是直接面对粮农的乡镇粮站和粮库。这些企业掌握的商品粮因地区和时期不同而不同，在粮食主产区估计在 70% ~ 90%。其余商品粮源为粮食加工龙头企业和个体私营粮商所掌握，据中国粮食行业协会统计，2005 年，我国大米加工企业 7160 家，年生产能力

12 447万吨，实际产量 2914 万吨，平均开工率不足 30%；面粉加工企业 2819 家，年生产能力 8090 万吨，实际生产 3480 万吨，平均开工率 42%。商品粮的消费者则是 5 亿左右的城镇人口和一部分不种粮的农户（如渔民等）（李鹏飞，2004）。据估计，国有粮食购销企业约占 1/3，其他多种体制的粮食经营企业约占 2/3。可见，多元化的粮食购销主体已经形成，市场化程度越来越高，市场在决定粮食价格和走向中的作用越来越明显。

### 3.2.2　粮食流通途径

我国多元化的粮食流通主体决定了粮食流通途径的多样化。粮食流通途径主要包括国有粮食购销企业的采购；通过各种现有粮食批发市场和集贸市场的流通；粮食生产者与需求者之间的直接交易；通过各种流通环节的物流配送等。为确保国家粮食安全，既需要以充足的粮食生产总量或供给总量为基础，又需要以现代市场供应和储备体系为条件；既需要注重利用市场机制和粮食流通多渠道，又需要强有力的宏观调控和粮食流通主渠道。特别是落实粮食宏观调控措施，需要以粮食流通主渠道作为载体。在建立"数量充足、结构合理、布局适当"，"储得进、调得出、用得上"的中央粮食储备基础上，必要确保粮食最低收购价政策的实施，在粮食市场价格发生严重波动时，通过吞吐储备粮平抑粮价，维护粮食市场供求平衡，稳定市场粮价。因此，在各种粮食流通途径中，国有粮食企业购销仍是粮食流通的主渠道，也是确保国家粮食安全的主力军。

### 3.2.3　粮食物流体系

#### 3.2.3.1　粮食物流通道

我国粮食生产的区域分布不平衡，主产区品种分布主要为东北地区的玉米、稻谷、大豆，黄淮海地区的小麦和长江中下游地区的稻谷；主销区主要为东南沿海的发达地区，包括：北京、天津、上海、江苏、浙江、福建、广东等省。据估计，近几年，全国粮食每年总流量大体为 1.7 亿吨，其中跨省粮食流量为 7000 万吨；主要是以铁路运输为主，全国铁路粮食运量占全国的一半左右，基本采用包装粮食运输方式。目前的粮食通道包括，东北三省及内蒙古东部地区的粮食主要运往东南沿海及京津主销区和南方玉米主销区；黄淮海地区的河北、河南、山东及安徽北部地区的小麦运往华东、华南、西南、西北省区；长江中下游的湖北、湖南、安徽、江西、四川输出的稻谷运往东南沿海及西南地区；东北粮食产区经海路运输的稻谷、玉米及从国外海运进口的粮食在东南沿海各省市港口登陆，经公路或内河转运。建立高速快捷的物流运输通道对促进粮食流通的作用很大。2005 年，国家发展和改革委员会有关官员就透露，中国要重点建设东北、黄淮海地区、长江中下游地区、东南沿海以及京津地区五大通道，包括东北地区粮食流出通道、黄淮海地区小麦流出通道、长江中下游（含四川）稻谷流出和玉米流入通道、东南沿海粮食流入通道、京津地区粮食流入通道五大粮食现代物流通道。2007 年，国家发展和改革委员会进一步确立发展粮食现代物流的主要任务，建设粮食流出地区包括东北主产区、黄淮海主产区、长江中下游稻谷主产区，流入地区包括有华南主销区、长江中下游玉米主销区、华东沿海主销区和京津主销区的六大跨省粮食物流通道。该通道系统的建立将实现粮食流通现代化，提高粮食流通效率，并降低粮食流通成本。

### 3.2.3.2　粮食运输

我国目前的粮食物流主要有包粮流通和散粮流通两类，以包粮流通方式为主。用麻袋将农民生产的粮食装运到基层粮库，经过检验、过秤、拆包等过程后堆放在仓库中，需要外运时，再由人工或机械灌包、称量、装车运到火车站或者码头，到达目的地后，人工装卸、搬运和入库。包粮流通中间环节多，工作效率低下，需要大量的包装材料和人力。以吉林省为例，每年仅运输玉米就需麻袋 6000 万~8000 万条，占用资金 2 亿元左右。虽然通过在车站和码头安装装卸搬运机械可以在一定程度上降低人的劳动强度，但是无法从根本上解决包粮流通系统中由多环节搬运造成的低效率和粮食散落浪费大等缺陷。目前，世界上的大部分国家都不再采用这种落后的粮食流通方式，而是以散装流通为主。相关调查显示，我国的粮食物流企业正面临着以高过国外同行 10% 以上的流通成本与之在同一市场上进行竞争。我国东北地区粮食南运，主要靠铁路运输和水上运输，目前 70% 左右采用包粮方式，粮食运费高、损耗大、效率低。黑龙江粮食南运，走铁路加水运到广东，流通费用占销售总成本的 35% 左右，如果从大连口岸出口粮食，流通费用占 30% 左右，撒漏损失一般占 3% ~ 5%。而欧美国家流通费用率最高不超过 25%，撒漏损失不超过 1%。此外，铁路、交通体制改革的滞后，也使物流在运输方面遇到较大"瓶颈"。据调查，国内粮食从生产区运到销售区的流通费用，占在销售区的粮食销售价格的 30% ~ 35%，而国外如加拿大则是 20% ~ 25%。过高的流通费用以及小农生产等因素综合作用的结果，形成了目前中国粮食价格平均高于国际市场价格的局面（程黔，2006）。

### 3.2.3.3　粮食仓储

长期以来，中国政府非常重视粮食储备工作，注重对国有粮食仓储设施的建设、维护和改造，粮食仓储条件逐步改善，特别是 1990 年以后，中央政府利用世界银行贷款和国债资金，先后大规模投资建设了一批设备先进、技术含量高的粮食仓储设施，大体为 5000 多万吨，有效缓解了长期以来因仓容不足影响粮食流通的局面，为粮食的安全储存创造了良好的条件。仓储能力的增强对稳定农业生产，保证粮食供应，增强国家对粮食市场的调控能力，确保国家粮食安全都起到了十分重要的作用。并且，仓储能力为进一步做好粮食流通提供强大的缓冲仓容，能有效遏制粮食市场价格的异常波动，为平稳健康地推动粮食流通打下基础。随着中央投资项目的推进，立筒仓、浅圆仓、砖圆仓等具有一定机械化功能和四散作业能力的仓型总量增长迅速，比例达到了 10% 以上。特别值得一提的是，粮食散储已经成为储存的主要形式，比例高达 90% 以上。为推进"四散"化技术发展，解决"北粮南运"问题，国家在东北地区先后投资建设了约 1000 万吨粮食筒仓，重点建设和完善粮食物流接点，其中世界银行项目建设 234 个库，仓容 500 万吨，储备粮库项目建设 280 个库，仓容 500 万吨。这些物流节点已经形成了合理的布局，并且已经在粮食流通中发挥了重要作用。物流设施的建设和作用，增强了粮食流通的能力，缓解了制约粮食流通的"瓶颈"问题，目前全国专用散粮接收设施能力为9.3万吨/小时，专用散粮发放设施能力为10.1万吨/小时。其中，东北地区占20.5%，华北地区28.8%，东南地区13.2%，中南地区5.4%，西南地区11.4%，西北地区0.8%。总体上看，散粮专用设施布局比较均衡，华北、东北地区所占比例略高一些，粮食接收发放机械化水平有明显提高（巩福生，2006）。

## 3.2.4　粮食流通期货市场

1988年以前虽然产生了一定的粮食价格风险，但基本上不需要"发现价格"、"回避风险"的期货市场。随着国家粮食定购数量的减少和市场调节比重的增加，为完善粮食市场，1988年5月，国务院决定进行期货市场试点，1990年以后，郑州中央粮食批发市场和地方粮食批发市场相继建立。1990年10月12日，中国郑州粮食批发市场经国务院批准，以现货交易为基础，引入期货交易机制，作为中国第一个商品期货市场正式开业，迈出了中国期货市场发展的第一步。1991~1993年，由于"双轨制"合并到市场机制这一轨，粮食销售全面放开，全国绝大部分县市放开粮食经营和价格，对期货交易的需求增加。到1993年，中国开业和在建的期货交易所有50多家，会员2300多个，代理客户3万多个；期货经纪公司300多家，50多个上市交易品种（包括国债），中国期货市场建设一度一哄而起、盲目发展。针对这种现象，1993年11月4日，国务院下发《关于制止期货市场盲目发展的通知》，开始了第一次清理整顿工作。1998年8月1日，国务院下发《国务院关于进一步整顿和规范期货市场的通知》，开始了第二次清理整顿工作。1999年颁布了《期货交易管理暂行条例》，对期货交易行为进一步进行规范。2001年3月，全国人民代表大会批准的"十五"规划第一次提出"稳步发展期货市场"，为中国期货市场长达8年的规范整顿画上了句号，期货交易量呈现恢复性增长。2001年8月20日，国务院召开全国粮食工作会议，正式出台的《关于进一步深化粮食流通体制改革的意见》和2003年的粮食补贴方式的改革，对发现粮食价格、规避粮价风险的要求已经相当迫切，这也引发了历史上从未有过的对粮食期货交易的真实需求。2004 年之后，我国粮食期货市场迎来了难得的发展机遇，粮食期货品种得到进一步丰富，发展环境得到改善，期货市场的功能逐步得到发挥，服务"三农"、引导粮食生产和流通的作用日益明显，中国粮食期货市场的发展走上了规范化和法制化的发展轨道。逐渐形成了目前 3 家商品期货交易所、10 多个农产品期货品种以及 180 多家期货经纪公司的市场格局，风险控制措施、市场主体结构、监管技术和理念也逐步趋于成熟。据证监会统计，2005 年大豆合约成交量达 81 151 万吨，成交金额 23 421 亿元；豆粕合约成交量 73 476 万吨，成交金额 18 488 亿元；玉米合约成交量 43 719 万吨，成交金额 5506 亿元；小麦合约成交量 35 199 万吨，成交金额 5958 亿元。大豆的年期货交易量已达到国内大豆产量的 52 倍，玉米和小麦的年期货交易量也分别达到目前国内小麦产量的 4 倍，期货市场的流动性日益增强。继 2005 年 10 月份玉米期货上市交易后，2006 年 1 月份豆油期货正式上市交易，大连商品交易所正在研究推出粳稻期货品种。农业发展银行粮食贷款对应的主要品种，都将成为粮食期货交易的对象，为通过期货市场规避贷款风险创造了条件，粮食期货合约品种日渐丰富。随着国内越来越多的粮食现货企业进入期货市场套期保值，期货市场与现货市场的联系正在不断增强，期货价格与现货价格的相关性明显增强，期货套期保值的条件也会逐步成熟。《国务院关于推进资本市场改革开放和稳定发展的若干意见》和"十一五"规划都提出要稳步发展期货市场，国家发展期货市场的政策和方向越来越明确（刘世恩，2007）。目前，大连商品交易所已经发展成世界主要的大豆期货市场，大豆期货价格已成为国内大豆市场的权威价格和国际大豆销区的代表价格，在现货企业的生产、经营、贸易中发挥着重要的指导作用。

### 3.2.5　粮食流通体制

改革开放 30 年以来，粮食流通体制改革作为农产品流通体制改革的最重要的内容之一，始终坚持了市场化导向、循序渐进和保障粮食安全的改革方向和原则。从粮食的生产布局到流通渠道，从粮食价格的形成机制到宏观调控手段，市场化在资源配置中的作用日益重要。由于粮食商品的特殊性，粮食流通体制的改革要兼顾生产者、消费者、经营者和政府财政之间的相互利益，要保证社会的稳定和国民经济其他方面改革的顺利进行，因此，改革的步伐始终是稳中有进。虽然改革开放 30 年中，粮食流通体制改革的内容及其侧重点有所不同，但市场化导向和保障粮食安全无疑是贯穿其中的主线。

### 3.2.5.1 粮食流通体制改革的历程

我国粮食流通在 1980 年以前处于国家统购统销前阶段，这一阶段国营和供销合作社垄断了全部的粮食收购量，私人粮商不允许经营粮食，只能承接国家指定的某些业务。1980～1992 年是粮食统购统销的后阶段，这一阶段虽然国营和供销合作社收购量仍占绝对比重，但是粮食私营商被允许进入粮食市场，自由市场的粮食交易发展十分迅速。1985 年，中国粮油产品"统购统销"政策被"合同定购"制所取代，但并没有完全退出历史舞台，到 1992 年年底"统购统销"才基本结束。1993 年以后，国家下发了一系列关于粮食流通的通知和意见，逐步减小了国家及各级政府对粮食流通的政策影响，粮食流通由计划经济时代向市场经济时代转变。2004 年，国务院出台《国务院关于进一步深化粮食流通体制改革的意见》全面放开粮食流通市场，粮食流通的市场化进入了新局面。纵观粮食流通的发展，虽然国家粮食流通政策在相当长的时间内发挥着重要的作用，使我国粮食流通一直面临的短缺局面得到缓解，但是最终是朝着自由贸易和市场化的运作方向发展。根据过去 30 年来中国粮食流通体制改革的历程，中国粮食流通体制改革可以大致划分为六个阶段。

（1）1979～1984 年，由计划调节向计划与市场调节相结合的过渡阶段

由于当时粮食价格显著低于经济作物的价格，农民种粮的积极性并不是很高。为了调动广大农民种粮的积极性，从 1979 年夏粮上市起，粮食统购价格提高了 20%。同时政府逐步减少统购统销和派购限售的品种和数量，缩小国家收购农产品范围，其中，粮食统购统销的数量从 1979 年的 3775 万吨减少到

1982 年的 3042 万吨。国家征购粮食占粮食总产量的比重，从 1963～1978 年的平均 25%，下降到 1979～1984 年的平均 22%。由于购销政策放宽和农村家庭联产承包责任制的实施，我国剩余农产品大量增加。从 1978 年 12 月起，中央明确指出，在完成征购任务后，允许农产品进行集市贸易和议价经营。粮食集市贸易也得以恢复，并开展粮食议购议销，全国集市粮食成交量由 1978 年的 250 万吨上升到 1984 年的 835 万吨，议购、议销 6 年平均分别比 1978 年增加 2 倍和 20.6 倍。从 1982 年起，中央对各省（自治区、直辖市）实行了粮食购销调拨包干的办法，计划外缺粮主要通过市场调节解决。1983 年 1 月，国务院颁布了《关于完成粮油统购任务后实行多渠道经营若干问题的施行规定》，规定指出，完成征购、超购任务后的农村余粮允许多渠道经营，粮食部门要发挥主渠道的作用，开展议价议销业务，参与市场化调节。到 1984 年年底，国家对主要农产品播种面积下达的 25 种指令性计划指标已基本取消。这一阶段，在坚持计划管理的同时，逐步放开部分粮食的流通，粮食流通开始出现"双轨"运行。1979～1984 年的粮食流通体制改革，主要是调整粮食价格政策，逐步搞活粮食流通，还没有触及实行了 30 多年的粮食统购统销体制本身。1984 年以前，虽然形成了粮食流通体制中的"双轨制"，但国有粮食企业仍然是"主渠道"。

（2）1985～1990 年，合同定购与市场收购并存，统购派购制度解体，粮食价格"双轨制"确立阶段

1985 年 1 月 1 日，中共中央、国务院发布《关于进一步活跃农村经济的十项政策》，即中央 1985 年"1 号文件"，这是真正意义上的中国第一次粮食流通体制改革。该文件是中国农产品购销体制由统购统销走向"双轨制"的转折点。至此，中国实行了 31 年的农产品统购派购制度被打破，取消统购改为合同定购，由商业部门在播种季节前与农民协商，签订定购合同。1985 年以后，中国粮食生产出现了连续好几年的徘徊。为了调动农民种粮的积极性，保证粮食收购任务的顺利完成，国家在 1987 年和 1988 年分别小幅度提高了部分粮食品种的合同定购价格。1989 年又大幅度提高了粮食的合同收购价格。1990 年，"合同定购"改为"国家定购"，此外，还实行了购销双方协商议价

和市场化调节价格并存。1990 年 9 月，国务院决定筹建国家粮食储备局，建立用于调节供求和市场价格的粮食专项储备制度，并对粮食收购实行最低保护价制度，规定定购以外的粮食可以自由上市，如果市场粮价低于原统购价，国家仍按原定统购价敞开收购，以保护农民利益；若定购价低于市场价，则"以法律形式"强制性落实定购合同①。这标志着粮食流通体制改革进入了市场取向的大跨步推进阶段，基本确立了粮食购销的"双轨制"，即在粮食购销方面，政府强制性低价收购和低价定量供应与一般的市场交换并存；在粮食经营方面，政府的粮食机构与非政府的流通机构并存。

（3）1991～1993 年，粮食统销制度解体，"保量放价"政策出台，粮食保护价制度确立，粮食价格开始进入由市场供求关系决定阶段

在粮食生产连续几年丰收、粮食市场供求形式明显好转的情况下，1991年年底，国务院发出《关于进一步搞活农产品流通的通知》，要求在保证完成国家定购任务的情况下，对粮食实行长年放开经营政策，该通知还提出，粮食购销体制改革可采取"分区决策、分省推进"的决定。1992 年 9 月，出台了《关于发展高产优质高效农业的决定》，这是第二轮粮改的真正起点。然而，定购合同制事实上导致了统购统销制的复归，双轨制没能达到预期的效果。鉴于双轨制存在的问题，1993 年 2 月，国务院再颁布《关于加快粮食流通体制改革的通知》，提出了"保量放价"的战略决策，即国家要求在保证完成国家定购任务的情况下，对粮食实行长年放开经营政策，全国的粮食销售价格基本全部放开，随行就市。国家决心通过"保量放价"将"双轨制"合并到市场机制这一轨，粮食销售全面放开，由市场进行调节。到 1993 年年底，除少数贫困、不发达地区没有放开粮食经营和价格外，全国 95% 以上的县市都已经完成了放开粮价的改革。1993 年 11 月，中共中央、国务院发布了《关于当前农业和农村经济发展的若干政策措施》，决定从 1994 年起，国家定购的粮食全

---

① 1990 年以前，当粮食大幅度减产，市场粮价迅速回升，国家无力提高粮食合同定购价格，农民不愿与政府签订合同，许多地方不得已而使用强制性的行政手段，用封锁市场等办法来保证合同实现。1990 年，国务院正式决定改"合同定购"为"国家定购"，明确规定完成合同定购是农民应尽的义务，从而以法律形式确认了这种收购制度。

部实行"保量放价",即保留定购数量,收购价格随行就市。针对国有粮食企业财务挂账问题,该措施还规定,以 1991 年粮食年度为界,实行新老账划断,新的挂账由上一级财政扣回,老账按"限期清理,分清责任,区别情况,逐年解决"的原则处理。在粮食价格和购销体制放开以后,国家对粮食收购实行保护价制度,并于 1993 年建立粮食风险基金①,主要用于支持保护价收购。粮食保护价由国家根据农业生产成本和粮食供求状况每年确定一次,在粮食秋播前公布。同期,建立和健全中央和地方的多级粮食储备体系,调节粮食市场的吞吐量。

(4) 1994～1997 年,回归双轨制,粮食经营实行政策性和商业性业务分离,明确"米袋子"省长负责制

虽然 1993 年我国逐渐放开了粮食市场,粮食市场化改革本来进展顺利,但 1993 年 11 月起形势开始发生较大的变化,南方沿海一些城市的市场粮价迅速上升,并很快蔓延扩大到全国。由于市场经济体制的初建时期,市场很不完善,不仅缺乏成熟的粮食市场交易主体,而且政府建立的粮食市场宏观调控体系很不健全,不能有效地熨平粮食市场价格的大幅波动,使得这种变化最终造成全国粮食市场价格的异常波动,并引发了长达两年之久的粮食价格上涨风波,成为最高决策层关注的焦点。为了保持社会稳定和其他重大改革措施的顺利出台,1994 年 3 月 23 日,中央破例再次召开农村工作会议,着重讨论粮食市场问题与对策。决策层试图通过对生产和流通领域的行政控制来应对粮价的上涨。1994 年 5 月国务院发布了《关于深化粮食购销体制改革的通知》,规定继续坚持政府定购,并适当增加收购数量。该通知还要求,在粮食行政管理部门的统一领导下,粮食经营实行政策性业务与商业性经营两条线运行机制。从 1994 年起,国家再度强化了对市场的介入,要求继续坚持政府定购,并适当

---

① 1993 年,粮食价格放开后,中央和地方财政减下来的粮食加价、补贴款要全部用于建立粮食风险基金。中央储备粮发生的利息和费用由中央财政补贴,地方储备粮发生的利息和费用由中央和地方共建的粮食风险基金弥补。

增加收购数量①，大幅度提高粮食定购价格②，并采取了按保护价敞开收购农民余粮的措施。同时，从收购到批发恢复由国有粮食部门统一经营。对于面向消费者的销售价格也实行了最高限价，这实际上又恢复了粮价的双轨运行。1995 年 2 月，中央农村工作会议更明确提出"米袋子"省长负责制③，要求各省一把手亲自抓粮食问题。1996 年，国家再次决定，提高中等质量标准的小麦、稻谷、玉米、大豆四种粮食的定购价格。1997 年 7 月 9~11 日，国务院在北京召开全国粮食购销工作会议，会议要求各地区、各部门要按照国务院的部署一齐行动，所有粮食收购站都要迅速挂出定购价和保护价的牌子，全面敞开收购。同期，国家要求在粮食行政管理部门的统一领导下，粮食经营实行政策性业务与商业性经营两条线运行机制，国有粮食零售企业是商业性经营单位，主要承担粮食的零售业务，实行独立核算，自主经营，自负盈亏，照章纳税。各级粮食行政管理部门及其领导下的粮食所（站）、粮库是政策性机构，承担掌握粮源、吞吐调节、稳定市场、救灾等政策性经营业务，所需费用按财政隶属关系分别由中央和地方财政补贴。所有这些措施极大地促进了中国粮食生产的大发展，1996 年中国粮食生产总量突破 5 亿吨大关，成为新中国历史上最高产量的年份，1997 年和 1998 年中国粮食总产量都在 4.9 亿吨以上，充分地满足了中国粮食市场的需求。

---

① 除定购 5000 万吨粮食落实到户外，还下达了 4000 万吨议购计划，落实到县级政府，强调必须加强国家对粮食市场的宏观调控，国有粮食部门掌握市场粮源 70%~80%。要求中央、地方粮食储备在安排市场、稳定粮价、保障有效供给等方面发挥主渠道作用，保证政府能够稳定地掌握一定数量的粮食，稳定粮食供给。

② 国家决定从 1994 年 6 月 10 日开始将四种粮食定购价格平均每 50 千克提高到 52 元，定购粮综合收购价提高 40%。1996 年，国家再次决定，中等质量标准的四种粮食的定购价格，在 1995 年各省（自治区、直辖市）平均收购价格（不含价外补贴，全国平均每 50 千克 67 元）的基础上，每 50 千克提高 15 元。并允许地方以此为基准价，在上浮不超过 10% 的范围内具体确定收购价格。1996 年粮食定购价格相当于在 1994 年基础上再提价 42%。

③ 省长负责制的内容是：一是稳定粮食播种面积和规定的库存数量，提高粮食单产，增加粮食总产量；二是掌握粮源，管好市场，完成国家下达的定购任务、储备粮收购计划及地方确定的市场收购计划；三是按照国家核定的规模建立地方粮食储备风险基金；四是粮食主产省要保质保量地完成国家规定的省际粮食调剂任务，并进一步提高粮食商品率，不能自给自足的省（自治区、直辖市）必须完成粮食进口计划和调剂任务，并逐步提高粮食自给率，努力组织粮源，确保市场供应和粮价稳定。

（5）1998～2003 年，"四分开，一完善"，"三项政策，一项改革"，"放开销区、保护产区、省长负责、加强调控"阶段

在中国农产品供给基本上告别了绝对短缺的背景下，国家决定适时全面推进粮食流通体制改革。1998 年 5 月 19 日国务院下发了《关于进一步深化粮食流通体制改革的决定》，指出按照党的十五大目标和要求，必须利用宏观经济环境明显改善、粮食供求情况较好的有利时机，加快粮食流通体制改革的步伐。该决定发起了新一轮粮食流通体制改革。此次粮改的原则是"四分开，一完善"，即政企分开、中央与地方责任分开、储备与经营分开、新老财务账目分开，完善粮食价格机制。它呈现四个特点：先放开销售市场，后放开收购市场；先放开小品种，后放开重要品种；先放开销区，后放开产区；建立粮食储备制度垂直管理体制。1998 年下半年，又进一步推出"实行顺价销售、农业发展银行收购资金封闭运行、按保护价敞开收购农民余粮，深化国有粮食企业改革"等一系列措施，6 月 6 日，国务院第 244 号令发布了《粮食收购条例》；8 月 5 日，国务院第 249 号令发布了《粮食购销违法行为处理办法》；10 月 11 日，国务院发出《关于进一步完善粮食流通体制改革政策措施的补充通知》，强调要按照"三项政策，一项改革"的要求，不断完善措施，继续推进粮食流通体制改革。"三项政策，一项改革"：一是再度重申国有粮食购销企业按保护价敞开收购农民余粮，目的是把粮食收购权掌握在国家手里，垄断粮源，控制粮价；二是粮食收储企业实行顺价销售，按保护价加上合理的费用和适当的利润，把粮食卖出去，避免新的亏损；三是农业发展银行收购资金封闭运行，避免收购资金渗漏；四是加快国有粮食企业自身改革，减员增效，下岗分流，降低成本，提高效益。11 月 7 日，国务院发出《关于印发当前推进粮食流通体制改革意见的通知》，明确提出要确保"三项政策，一项改革"的贯彻落实。针对"三项政策，一项改革"执行中出现的问题，2000 年 2 月 2 日，国务院办公厅发出《关于部分粮食品种退出保护价收购范围有关通知》，将部分粮食品种退出保护价收购范围，促使农民减少对这些粮食的生产，减轻国家的财政负担。2000 年，国务院确定组建中国储备粮管理总公司，对中央储备粮实行垂直管理，中央储备粮垂直管理体制应运而生。按照粮食省长负责制的

要求，地方储备粮大多比照中央储备粮管理体制实行垂直管理。有的授权本级粮食行政主管部门负责，有的组建地方储备粮管理公司。2001 年 3 月，经国务院批准，浙江成为全国第一个实行粮食购销市场化改革的省份：全部取消其指令性种植计划和粮食定购任务，农民可以根据市场导向从事各种农业生产；粮食市场全面放开，允许并鼓励多种所有制主体参与粮食经营，粮食价格随行就市；粮食行政管理部门与下属经营性企业全部脱钩，国有粮食企业通过拍卖、股份合作、兼并、租赁、破产等形式，全面开展改制。2001 年 8 月 20日，国务院召开全国粮食工作会议，正式出台了《关于进一步深化粮食流通体制改革的意见》，将改革范围扩大至全国，重点是浙江、上海、广东、福建、海南、江苏、北京、天津八省（直辖市）。一些主产区也放开了部分粮食品种的收购，退出保护价的粮食品种越来越多[①]，保护价收购的形式也发生了变化，第三次真正意义的粮改由此启动。2003 年 10 月 28 日，国务院召开农业和粮食工作会议，国务院总理温家宝指出：要继续推进粮食流通体制改革，重点放在保护粮食主产区和农民种粮积极性上，把通过流通环节的间接补贴改为对农民的直接补贴。

（6）2004 年以来，"放开收购市场，直接补贴粮农，转换企业机制，维护市场秩序，加强宏观调控"推进粮食购销市场化改革阶段

在总结经验、完善政策的基础上，国务院决定 2004 年全面放开粮食收购市场化，积极稳妥推进粮食流通体制改革。2004 年 5 月 23 日国务院出台《关于进一步深化粮食流通体制改革的意见》，文件提出深化粮食流通体制改革的基本思路是，放开购销市场，直接补贴粮农，转换企业机制，维护市场秩序，加强宏观调控。文件要求：粮食流通体制改革，必须有利于粮食生产、有利于种粮农民增收、有利于粮食市场稳定、有利于国家粮食市场安全。文件还指出，通过对国有粮食企业产权制度改革，因地制宜实行企业重组和组织结构创新，改造和重组国有独资或国有控股的粮食购销企业，根据当地的实际情况对小型国有粮食购销企业进行改组改造和兼并或租赁、出售、转制。对国有粮食

---

① 浙江成为全国第一个实行粮食购销市场化改革的省份。湖北省 2000 年除中晚籼稻外，其他粮食品种都退出了保护价收购范围。

购销企业内部人事、劳动和分配制度进行改革，对企业职工全面实行劳动合同制，在内部岗位管理上，实行聘任制，公开选聘，竞争上岗。坚持实行按劳分配原则，建立以岗位为基础，与企业经济效益和个人贡献相联系的激励工资制度。在此基础上以国有粮食购销企业为主渠道，发展和规范多种市场主体从事粮食收购和经营活动，从事粮食收购的企业须经县级或县级以上粮食行政管理部门审核入市资格，并在工商行政管理部门注册登记后，方可从事粮食收购和经营活动。通过以上措施放开粮食主产区的粮食收购市场和粮食收购价格，转换粮食价格形成机制，建立统一、开放、竞争、有序的粮食市场体系，由市场供求形成粮食收购价格。国家在充分发挥市场机制的基础上通过对主产区种粮农民，包括农垦企业、农场的粮食生产者进行直接补贴等方式实行宏观调控，加强粮食行政管理部门对粮食市场的指导和监督，对取得粮食收购资格的企业进行定期审核。所有的粮食经营者都必须服从政府对市场的调控。及时监管和调控粮食市场，避免囤积居奇、牟取暴利、哄抬物价、扰乱市场、压级压价等不利于粮食流通市场发展的事件发生。2004 年 5 月 26 日《粮食流通管理条例》正式对外颁布，确定国家鼓励多种所有制市场主体从事粮食经营活动，而且粮食价格主要由市场供求形成。2004 年 5 月 31 日又发布了《国务院关于进一步深化粮食流通体制改革的意见》，明确宣布 2004 年全面放开粮食收购市场，实现粮食购销市场化和市场主体多元化，实行“放开收购市场，直接补贴粮农，转换企业机制，维护市场秩序，加强宏观调控”的政策，这标志着国家致力于建立健全在国家宏观调控下，充分发挥市场机制在粮食资源配置中的基础性作用的、适应社会主义市场经济发展要求和符合我国国情的粮食流通体制。2006 年 5 月 13 日国务院又发布了《关于完善粮食流通体制改革政策措施的意见》，确认“粮食流通体制改革取得了明显成效”，“改革已进入关键时期”。该意见要求，积极培育和规范粮食市场，加快建立全国统一开放、竞争有序的粮食市场体系，加强粮食产销衔接，逐步建立产销区之间的利益协调机制，进一步加强和改善粮食宏观调控，确保国家粮食安全。

回顾中国粮食流通体制 30 多年来的改革进程，可以看出，我国粮食流通体制改革始终以保障粮食安全为前提，逐渐走上了市场化的道路，市场机制的主导作用越来越清晰，粮食市场价格的发现、市场波动的风险规避、供给和需求的调节等功能越来越强。

### 3.2.5.2 粮食流通改革的成效

30 多年来，中国粮食流通体制经历了统购统销、购销价格"双轨制"、"放开销区、保护产区"、全面放开粮食购销和价格等几个主要阶段，基本建立起了在国家宏观调控下，充分发挥市场机制配置粮食资源基础性作用，确保国家粮食安全的粮食购销市场化机制，取得了一定的成就，主要表现在：

（1）粮食产量连续 7 年增加

从 2004 年全面放开粮食购销市场后，在国家宏观调控下，市场机制在配置粮食资源中发挥了基础性作用，那种"农民生产什么，政府收购什么，向市场供应什么"的生产决定流通的计划经济模式，转变为"市场需要什么，粮食部门通过'订单'引导农民生产什么"，也就是说粮食购销市场化推动了粮食生产的市场化，这是一个质的飞跃。农民种粮的积极性得到进一步的提高，粮食综合生产能力得到极大提升，2010 年全国粮食播种面积为 10 987.2 万公顷，全国粮食总产量达到 5464 亿千克，这是中国近 40 年来第一次实现连续 7 年粮食增产。粮食流通对生产的引导作用逐步增强，初步建立起了保护和调动地方政府抓粮、农民种粮的有效机制，促进了粮食生产的稳定发展，较好地满足了城乡居民日益增长的消费需要。

（2）粮食质量得到稳步提升

在粮食产量连续 7 年增加的同时，由于结构优化和产业化发展，粮食生产实现了产量和效益的同步提升，种粮农民收入连续保持较高速增长。同时粮食产量和粮食质量同步提高，化解了高产与优质的矛盾。2005 年以来，全国主要粮食作物的优质率不断提高。据统计，2005 年全国水稻优质率由补贴前的 61.3% 提高到 63.3%，增加了 2 个百分点；小麦优质率由补贴前的 30.4% 提高到 48.7%，增加了 18.3 个百分点；玉米优质率由补贴前的 28.3% 提高到 36.9%，增加了 8.6 个百分点；大豆优质率由补贴前的 36.6% 提高到 66.2%，增加了 29.6 个百分点①。2006 年粮食优质化水平进一步提高，水稻、小麦、玉米、大豆四大粮食品种优质率分别达到 69.1%、55.2%、42% 和 65.7%，综合优质率比 2005 年提高 5 个百分点②。2007 年粮食的优质率达到 61.3%，其中水稻、小麦、玉米和大豆的优质率分别达到 72.3%、61.6%、47.1% 和 70.3%（尹成杰，2008）。

（3）国有粮食企业改革取得初步成效

国有粮食购销企业改革不断深化，妥善解决了国有粮食购销企业"老人、老账、老粮"历史包袱，因地制宜推进企业改革和重组转制，初步形成了国有粮食购销企业自主经营、自负盈亏的新机制。应该说"三老"问题的逐步解决，为国有粮食企业轻装上阵、积极参与市场竞争提供了有利条件。国有粮食企业实现了从计划主渠道向市场主渠道的转变，部分省的国有粮食企业已经扭亏为盈。市场化改革的"倒逼"机制，使国有粮食企业由以前的被动改革，变为"我要改革"。国有粮食企业在以下几个方面发生了大的转变：一是企业产权由单一国有制向多元化转变；二是职工身份由固定制、铁饭碗向合同制转变，大量削减了富余人员；三是经营机制由过去的等、靠、要，坐享补贴，转向主动地开拓市场，主动向服务农民和粮食精细加工延伸。上述转变，充分调动了粮食企业主动参与粮食市场竞争的积极性。

（4）流通市场多元化市场主体初步形成

作为粮食流通主渠道的国有粮食企业通过加快管理体制改革和企业内部改革，实行政企分开，转换经营机制，改善经营管理，以崭新的形象投入到粮食购销市场化的竞争中去，在一定程度上发挥了国有企业在资金、信誉、经营网络和经营经验等方面的优势，仍然是中国粮食流通的主渠道，承担着中国粮食市场供应和粮食流通安全的主要责任。非公有制企业和各行业企业参与粮食购销业务，是粮食市场新的生力军，是活跃的市场力量，其优势也很突出。近几年已经出现了一批粮食购销大户，其经营规模和经济效益甚至超过了中小型国有企业。它们没有负担，机制灵活，利用各种渠道捕捉信息，依靠市

① http：//www. foodqs. cn/news/gnspzsol/20051228143947. html.
② http：//www. cecf. com. cn/web/zh_ CN/info/article/detailHyhqfx. do? article StatId = 22787797.

场竞争追求效益，是最有活力的市场力量。国家鼓励和支持国有粮食购销企业、粮食加工龙头企业和农民联合经营，形成生产、加工、销售一体化的利益共同体，参与粮食流通。鼓励符合一定条件的多种所有制经济主体，按照国家有关规定从事粮食收购。农村流通合作组织在粮食购销方面也显示出强大的生命力。凡具备合法经营粮食资格的销区大型龙头企业和用粮大户，可以跨地区直接到粮食产地收购或委托收购农民余粮。它们和国有粮食企业一起，在粮食流通中发挥重要作用，共同承担粮食流通的任务，并在竞争、联合中相互促进和发展。

（5）粮食购销形式多样化

中国的粮食流通形式是随着粮食流通体制改革的进程不断发展变化的。近几年来，随着中国市场化取向的粮食流通体制改革逐步深化，政府对粮食流通管理方式的转变、市场主体的多元化以及市场体系的培育和完善，促进了粮食流通形式的变化，出现了进场交易、上网交易、栈单交易、期货交易、订单农业、产销区衔接和加工企业向生产、流通领域延伸等粮食流通新形式，形成了多种形式共存的粮食流通新格局。

## 3.3 粮食安全目标下我国粮食流通存在的问题

### 3.3.1 粮食物流问题

#### 3.3.1.1 粮食产业布局不合理，流通调运存在资源浪费

随着我国粮食生产中心的转移与农业产业结构调整，粮食生产与流通的区域格局都发生了较大变化，基本形成了粮食主销区、主产区、产销基本平衡区三足鼎立的新格局。但是粮食产业布局并没有在产区划分的基础上及时调整。大量的原粮、饲料粮直接从主产区调出以满足其他地区食品加工业和养殖业的原料需求，占据了大量运力。如果能够在主产区因地制宜的发展饲料粮养殖区、粮食食品加工区，把向外运粮转化成向外运肉、蛋、奶、酒、副食品等，

将在很大程度上节约运输成本，也优化了粮食主产区的产业结构和粮食生产的空间布局。我国粮食消费需求主要由城乡居民口粮、养殖业饲料用粮、加工业用粮和粮食生产种子用粮组成，从目前的趋势来看，随着人民生活水平的提高，人们对肉、蛋、奶、水果等营养食品的需求增加迅速，居民口粮用量稳中有降，饲料用粮逐步增长，工业用粮快速增长。尽快规划并实施合理化的粮食产业布局十分必要。

### 3.3.1.2　粮食物流体系建设滞后

粮食购销市场化改革使粮食的购销已经从原来的由粮食主管部门的计划调拨（基本上）和准计划调拨，转变为完全按照商品自然流转方向流通，即以市场价格为导向从价格低的地方流向价格高的地方，亦即由产区流向销区，由农村流向城市。于是，物流的流向发生了很大变化，物流的数量大大增加。但中国粮食现代物流发展中存在许多突出问题，尤其是技术装备水平落后、通道网络不完善和信息系统不健全三大瓶颈严重制约着中国粮食现代物流业的发展，尚不能适应粮食购销市场化改革的需要。

## 3.3.2　国有粮食企业问题

### 3.3.2.1　国有粮食企业改制面临窘境

国有粮食购销企业改革的目标在于建立现代企业制度，即建立以"粮食的商品化、购销的市场化"为特征的现代企业制度，但是国有粮食购销企业面临着"又要马儿跑，又要马儿不吃草"的窘境。现代企业制度意味着企业应自主经营、自负盈亏，但按保护价敞开收购农民余粮和顺价销售的规定意味着企业被剥夺了自主经营权。敞开收购意味着即使粮食没有销路企业也得无条件执行该项政策，顺价销售则会贻误粮食企业售粮的最佳时机，造成更大的经营亏损和财务负担。粮食企业要保护农民利益、市民利益和银行利益（资金封闭运行），同时，还身兼保障国家粮食安全的行政责任，这一方面造成粮食企业政策性经营亏损的不断发生，另一方面降低了其自我判断和抵御市场风险的能力，强化了其依赖性和投机心理、改革动力下降、很难走出或不愿走出"收粮要贷款、储粮靠补贴、亏损靠挂账"的僵化经营模式。目前，多数国有粮食购销企业的改制改革仅仅停留在减员分流的表面形式上，法人治理结构的建立、产权制度的改革等都流于空谈。因此，在某种意义上，政府既是粮食流通体制市场化改革的策动者，也是其阻碍者。

### 3.3.2.2 国有粮食企业法人治理结构建立、产权制度改革流于空谈

国有粮食流通企业缺乏经营自主权，同时习惯依靠垄断粮食产业来生存。根据奥尔森和哈定的集体行为理论，当整个集团面临改革可能损失其既得利益时，就会团结起来影响政府决策，使决策向有利于本集团的方向变迁。林毅夫认为"由于制度变迁经常会引起财富、收入和政治权利在选民中不同集团之间的重新分配，如果这种变迁的受害者不能得到补偿，他们就会反对制度变迁"。国有粮食企业已经习惯的生存方式和相关的其他福利保障都是其难以割舍的既得利益，他们没有动机和激励去积极支持这项改革。粮食安全（国家利益）是政府追求的目标，而粮食生产经营者的目标是利润最大化。粮食产量减少，农民的总收益反而上升，因为粮食属于需求弹性小的商品，价格上涨幅度要大于需求量下降幅度。可见，政府的粮食安全目标与农民的收入最大化目标不一致，政府的粮食安全目标从本质上说保障的是城市居民的利益。而政府在强调粮食安全时，常把注意力放在确保发挥国有粮食流通主渠道的作用上，这样势必造成国有粮食企业的垄断倾向乃至市场化改革的倒退。

表面上看国有粮食购销企业改革基本完成，但是，有的地方只是进行了人员分流置换，企业产权制度改革没有完全到位；有的地方实行了破产改制，法律程序还没终结。国有粮食企业历史包袱还未完全解决，产权制度改革还没有完全到位，发挥主渠道作用缺少必要的政策支撑，多渠道作用的发挥也需要统筹兼顾（聂振邦，2008），企业经营活力、市场竞争力需要进一步提高。

### 3.3.3　粮食流通市场问题

#### 3.3.3.1　粮食流通市场主体发育不成熟

粮食市场体系的运行依赖于市场主体的生成,多元化的市场主体形成后,可以在粮食市场中引入竞争机制,有利于粮食市场的发育,有利于形成批发市场和零售市场相结合、现货市场和期货市场相结合的较完备的市场体系。而当前中国粮食市场的发展恰好受到主体不成熟的约束。现阶段中国粮食市场主体主要有四类,即国有粮食企业、农户、民营企业(包括集体、个体和私营粮商)以及各种形式的股份制企业。国有粮食企业既是具有独立利益的经济实体,又承担着国家对粮食市场的宏观调控任务,目前,国有粮食企业改革还没有完全到位,尚未成为自主经营、自负盈亏的完全市场主体,特别是缺少一批大型的、有国际竞争能力的粮食企业集团。而粮食生产者种植规模小,合作组织化程度低,参与市场竞争和抵御市场风险能力较差,作为市场主体还比较弱。民营企业和股份制企业从其诞生起就天然地融入了市场经济的海洋,但目前其数量和经济实力都很有限,难以对粮食市场产生大的影响。主体的发育不足使得市场竞争缺乏规范性,并导致出现一定程度的垄断特征,不利于市场发展和价格形成,而且会降低要素的配置效率。

#### 3.3.3.2　粮食市场体系有待进一步完善

改革开放以来,中国的粮食市场体系虽然有了很大发展,但由于市场建设起步晚,受计划经济体制的影响大,发育程度还比较低,大多数农村缺乏专门的粮贸市场,只是在农贸市场街道中间划定一块地盘进行交易,没有柜台、没有米仓和粮仓,更没有公平秤,设施简陋,而且还存在着管理不善、非法交易、扰乱市场正常秩序的问题。粮食批发市场在地区间发展不平衡,商流、物流市场发展不平衡,市场准入存在明显的主体歧视,非国有粮食企业进入批发市场的障碍较多;区域间调节粮食供求关系的作用受较大限制。粮食期货市场交易品种偏少,现货和期货市场联动性不够,市场服务功能不全,在引导粮食生产、形成市场价格、调节粮食供求等方面作用有待进一步发挥。现阶段中国虽然已经形成了由粮食集贸市场、批发市场和期货市场三个层次市场组成的粮食市场体系框架，但各层次粮食市场脱节，市场之间定位不明，功能不清，相互之间缺乏联系和互动，没有形成一个有机整体，削弱了市场整体功能的发挥。

### 3.3.3.3　粮食市场管理和调控依然以行政手段为主、市场作用为辅

我国的粮食流通体制改革经过多次调整，仍以行政干预为主，市场作用为辅，这与我国的政治体制是分不开的：一是我国的粮食经济还没有完全摆脱计划经济影响；二是有完善的行政网络或者说组织资源。新中国成立初期，我国为在粮食管理上实行统购统销，建立了遍及城乡的粮食管理部门、粮食经营企业、粮食经营门市部。国有粮食购销企业布局均按照行政区域设置。按照新制度经济学的观点，初始的制度选择会强化现存制度的刺激和惯性，因为沿着原有制度的既定方向前进，总比另辟蹊径要来得方便。为此，粮食流通体制中行政力量总是难以减少和规范，这也是我国粮食流通制度的路径依赖所特有的性质。因为决策者有利用、依靠行政手段配置粮食资源的传统、经验和惯性。

我国目前的粮食流通企业市场化改革面临着错综复杂的矛盾，国有粮食企业的"三老"问题、企业补贴问题、粮食安全问题等都是粮食部门和农业部门需要应对的，而利用行政手段解决这些问题在短期内是最有效的。但这种行政手段属短期行为，且有自我增强的机制。行政手段的滥用导致了粮食流通体制市场化改革的停滞不前乃至倒退。

### 3.3.3.4　政府实现粮食市场调控难度加大

市场化改革中，粮食生产、市场、价格实现三个放开，粮食资源配置方式发生根本改变。一是粮食市场经营主体向多元化发展。以前，粮食购销仅限于国有粮食企业；目前，粮食购销主体向多元化发展，特别是零售、加工环节，大部分都是个体户。二是政府直接掌握和可以调控的粮源大幅度减少。在计划

经济时期，粮食实行统购统销，国家掌握了绝大部分的商品粮。放开后，国家可以直接利用的主要是储备粮，国有粮食部门已基本没有商品粮库存。三是粮食市场竞争更加激烈。在"三放开"（市场放开、购销放开、价格放开）的情况下，生产和购销供给方激烈的生存竞争，极易挫伤生产者、购销供给方的积极性，导致生产、供给的不稳定，最后殃及消费者，危及社会的稳定。四是调控手段更加复杂。在计划经济下，国家通过单一的行政手段来调节粮食供求、保证粮食供应。而在市场经济条件下，政府对粮食市场的调节不可能再单纯依靠行政手段，需要综合运用行政、法律、经济和舆论宣传等多种手段，组织、协调国有粮食企业和其他各类粮食企业，共同动员整个社会的粮食资源来调控市场、满足供应，这些变化相应增加了政府宏观调控的难度。

### 3.3.3.5 粮食企业和农民面临的风险加大

实行购销市场化后，更多的国有粮食企业不得不面向市场去求生存谋发展，粮食企业面临的风险加大，竞争进一步加剧。由于中国粮食经济基本上是小农经济，经营规模小，虽说船小好掉头，但是船小经不起大风大浪。在"三放开"的情况下，农民不得不与"看不见的手"直接打交道，虽然农民可以根据市场需求，自主安排生产，但由于农民的组织化和文化程度不高，信息相对闭塞，加之现货市场信息本身的滞后性，使农民生产决策的风险进一步加大。

# 第 4 章　粮食安全与粮食储备

## 4.1　粮食储备概述

### 4.1.1　粮食储备的概念、分类、功能与规模界限

#### 4.1.1.1　粮食储备的概念

粮食储备是一个总的概念，是指粮食从流通过程暂时沉淀、蓄积下来，起到缓冲作用的部分，而从其数量本质而言是一个"最低粮食库存"的概念。国际上公认的粮食储备定义是由 FAO 提出的：在新的作物年度开始时，可以从上一年度收获的作物中得到（包括进口）的粮食库存量，因而也称作"结转储备量"，它包括周转储备与专项储备两部分。其中周转储备是指保证从产地或从进口地平衡顺利、连续不断地得到供应并周转到加工厂，最后到达消费者手中的储备。专项储备是一个国家除去周转储备之外，主要用于粮食安全保障的粮食储备，所以又可以把它称之为粮食安全储备。但在实际上，哪些属于周转储备，哪些属于专项储备，其界限难以划清。在对粮食储备进行经济分析时，经济学家往往把粮食储备统称为"缓冲储备"，因为它一方面平抑粮食价格的年际波动，同时也调节着年际的供需平衡。FAO 提出，各国一般应以当年粮食社会库存量不低于全年粮食消费量的 17%~18% 作为粮食安全线，其中，5%~6% 为后备储备，用于应付自然灾害和各种突发事件，12% 作为周转库存，用于市场调节。

### 4.1.1.2　粮食储备的分类

（1）依据储备目的和功能上来说，粮食储备可以分为缓冲储备、结转储备、周转储备和后备储备，有时还可以加上战略储备

在对粮食储备进行经济分析时，人们往往把所有的粮食储备统称为"缓冲储备"，即任何一种粮食储备都可以用来平抑粮食价格的年际波动，同时调节年际的供需平衡，对供求数量和价格的波动起缓冲作用。从这个意义上来说，缓冲储备的概念最宽，包含了所有的粮食储备和商业周转储存。结转储备是指在新的作物年度开始时仍然保持的粮食储备，也就是上年可供总量减去实际销售数量以后结存的部分。这是在新的作物年度行将开始之时，仍然可从上一个或几个作物年度收获、储存的粮食中得到的供应量。周转储备是保证粮食从产地或从进口地平稳顺利、连续不断地得到供应并周转到加工厂，最后到达消费者手中所需要的储备。后备储备是一个国家除去周转储备和完全用于战略目的而进行的储备以外的全部粮食储备，其功能是用于补救因作物歉收造成的供应不足，以及应付其他意外事件。在通常情况下，现代市场经济制度下的后备储备主要由国家经营。在市场发育不够完善的地方，地方民间组织也经营后备储备，甚至农民自己也储粮备荒。由此可见，周转储备的目标是解决常年消费与集中收获的矛盾，后备储备的目标则是以丰补歉，保障粮食供应的安全。

（2）依据储存期限长短，粮食储备可分为年度储备和季节性储备

在正常情况下，年度储备数量相对稳定。为保证粮食质量，除日常保管外，经过一段时期，需要通过"推陈储新"，即所谓的"轮换"。季节性储备属于临时储备，一般是在特定的情况下才建立，并且随着粮食供需状况的改善而逐步取消。

（3）依据储备主体不同，粮食储备可分为私人存粮、区域性储备、国家储备、国际储备

就我国而言，粮食储备主要包括中央粮食储备、地方粮食储备、粮食流通企业储备及农户储备。中央和地方政府粮食储备主要用于调控市场、稳定粮价，因而具有公共产品的属性。粮食流通企业储备主要用于企业日常平稳经营

运转，以获取最大利润，同时，按照政府要求，保持一定数量的储备库存，也是企业应尽的一项义务。农户储备是指农户将自己生产的一部分粮食储存起来，用于日常生活、生产消费和以备不时之需，随着农民市场意识的逐步增强，农户建立储备也兼有获取更大收益的动机。

### 4.1.1.3　粮食储备的功能

储备粮的市场调节功能是通过其吞吐调节机制来实现的。

（1）吐出机制

以下两种情况中，粮食储备库存将实现"吐出机制"。一是粮食市场供不应求，而进口又受到特定条件的限制，此时粮食储备的吐出效用最大。二是削减不必要的储备规模，原因有三：①外汇充足而粮食生产和储备的机会成本过高；②国内交通运输状况的改善以及国内粮食流通效率的提高使得周转储备的需求减少，国际贸易条件的改善使得国内粮食的紧急需求可得到国际市场的稳定保障；③国内粮食生产效率迅速提高并出现了粮食产量持续稳定的增长趋势。

（2）吞进机制

以下两种情况中，粮食储备库存将实现"吞进机制"。一是粮食储备未达到应有的规模水平，这与确定粮食储备合理规模所依据的目标、原则直接相关。二是国内粮食产量增幅过大，供过于求，而出口又受到成本与价格、贸易条件等特定因素的制约，所以为了抑制粮价下滑和后续若干相邻生产周期的粮食产量下降、保护生产者利益，追加储备库存成为必须。

总之，粮食储备对平衡粮食供求、稳定市场粮价有着巨大的作用，而这种作用又与下面三大问题相关：政府对粮食储备成本的财政支付能力；粮食进出口贸易条件和本国的外汇支付能力；粮食储备系统的运行效率，它牵涉粮食储备系统的组织与制度建设、粮食运输及其若干贸易条件的改进、粮食市场体系的发育与完善程度、粮食购销体制的改革状况等。

### 4.1.1.4　粮食储备的规模界限

建立和维持适度规模的粮食储备是实现粮食安全的重要手段，粮食储备水平的变化是衡量和评价粮食安全的重要指标之一。专项储备粮的合理规模，取决于粮食波动的周期及波动的落差、储备本身的效率与储备亏损的支付能力以及国家财政状况、粮食生产的机会成本等多种因素。从合理确定专项储备规模的角度，可将上述因素归纳为以下三点。

（1）安全界限

粮食储备规模要能确保国内粮食产量在因为自然灾害、政策约束和投资轻农化等因素而出现周期性波动并处于波谷，以及其他紧急情况时的粮食稳定供给。为此，粮食储备数量至少应满足下列条件之一：①常年产量与最低产量的差额，并考虑到粮食减产所持续的时间间隔；②粮食产量波动的一个周期内的波峰与波谷的落差，并考虑到紧急情况的需求增量。

（2）经济界限

经济界限取决于政府对粮食储备亏损的支付能力。如果政府着眼于储备盈亏平衡，那么，就要使库存粮食销售之后的预计利润等于保存期间的预计费用；如果政府准备为粮食储备给予一定的补贴，那么，上述预计费用减去政府补给就等于预计利润，显然此时储备规模可以适当扩大。问题是如果对粮食储备采取购销同价甚至购销倒挂的价格政策，那么粮食储备的全部流转与保管费用就必须由政府全额补贴，此时粮食储备的规模就完全取决于政府的财政支付能力。

（3）资源界限

资源界限意味着只有当库存粮食的费用小于或等于进口粮食的费用时，储备才是合理的。但是，这并不等于说当粮食储备费用大于进口粮食费用时就不必进行储备，因为这涉及三个相关条件的约束：①进口粮食的外汇支付能力；②国内粮食生产的机会成本水平——国际比较以及粮食与非粮食生产项目比较；③粮食进口渠道的稳定或波动状况——本国参与农产品国际贸易的条件、国际粮食市场的波动状况以及本国的粮食进口规模是否会导致国际粮食市场的非正常波动（以免使本国的利益受到损失）。

在确定粮食储备的合理规模时，要将上述三项原则综合考虑，并根据本国国情有所侧重。

## 4.1.2　粮食储备与粮食安全的关系

### 4.1.2.1　储备目标与粮食安全

粮食储备目标，既是粮食储备政策的核心，也是制定粮食储备各项相关政策的出发点和归宿。因此，合理确定粮食储备目标，对于充分发挥粮食储备的作用、提高粮食储备的运行效率和效益具有重要意义。粮食储备在不同国家和地区可以有具体的特定目标。在国际性的研究报告中，粮食储备（主要指专项储备）的基本目标被归纳为四个：粮食安全目标、稳定收入目标、稳定价格目标和提高效益目标。这四个目标可以进一步分解成 6 个具体的目标，即①调节国内粮食总供给和总需求的关系，保障消费，实现总量平衡；②调节各方面的经济利益关系，既要保护粮农收益，又要满足消费者的基本需求；③调节市场价格，通过储备粮的吞吐，调节市场粮食的供求关系，从而保证市场粮价的基本稳定；④维护粮食市场秩序，保证市场正常交易；⑤调节粮食进出口，弥补总量缺口，调整品种结构；⑥应对自然灾害等突发事件。以上这些目标既存在着相互促进、相辅相成的关系，也存在一定的冲突和矛盾，因此，在不同时期、不同的环境下，一般要有所取舍、有所侧重，但对于中国这样一个人口众多的粮食消费大国来说，保障粮食安全应是粮食储备的首要任务。

### 4.1.2.2　储备规模与粮食安全

扩大粮食储备规模，可以增强国家对粮食的宏观调控能力，提高粮食安全水平，但是会增加粮食储备成本和土地资源的负担；缩小粮食储备规模，可以节约粮食储备成本，但是又会降低国家对粮食的宏观调控能力，可能导致粮食不安全。因此，必须时刻审视国家粮食生产和消费情况的变化，建立和维持适度的国家粮食储备规模，才能既有利于保证国家粮食安全，又有利于减轻政府财政负担，达到综合效益的最大化。

### 4.1.2.3　储备品种结构和布局与粮食安全

在发挥粮食储备作用的同时，粮食储备的品种结构和布局是否科学、合理，直接关系到储备粮的使用效果。如果根据粮食品种结构和区域的需求，调节储备的品种结构和布局，使粮食库存品种结构和布局与消费需求品种结构和布局相适应，则在发生粮食供需失衡时，能够通过消化储备库存，及时地补充粮食供给，恢复供需平衡，对促进粮食市场的正常运行所起的作用和效果就很明显，粮食安全水平就高；相反，若粮食库存品种结构和布局与消费需求品种结构和布局不适应，会增加储备粮调运的成本，加大储备粮调运的难度，造成空间或时间上的粮食缺口，导致粮食不安全的情况发生，影响经济发展和人民生活。

## 4.2　我国粮食储备发展概况

### 4.2.1　粮食储备体系

现阶段，我国的粮食储备体系以国家储备、市场储备为主，社会储备、周转储备为辅，其中国家储备包括中央储备和地方储备。中央储备是国家财政出资建立的粮食储备，主要用于救济全国性的自然灾害，应对各种突发性事件；地方储备是指省级地方政府动用地方财政建立的粮食储备，用于应对地方性的各种自然灾害和突发性事件；市场储备的资金源于市场风险金，主要用于平抑粮食市场价格，稳定粮食市场供求关系。从 20 世纪 90 年代初期开始，我国建立了国家专项粮储备制度，成立了国家粮食储备局，专门从事粮食国家储备的管理和宏观调控工作，地方粮食储备机构也已相应建立起来。

### 4.2.1.1　粮食储备的发展

新中国成立以后，政府对粮食储备工作非常重视，在不同时期建立了一些不同性质的储备。这里主要介绍和分析新中国成立后的粮食储备制度，并根据其不同的历史时期划分为以下几个阶段。

（1）粮食储备的初创阶段

1949～1952 年，为了保证大城市粮食供应、平抑粮价和打击不法商贩，国家在大规模组织粮食调运的同时，提出"储备粮"的设想。1954 年 10 月，中共中央在《关于粮食征购工作的指示》中指出，为了应付灾荒和各种意外，国家必须储备一定数量的粮食。1955 年，国家开始从粮食周转库存中划出一部分粮食作为储备粮，国家粮食储备（甲字粮）开始形成，此后，正式将周转库存排除在粮食储备这一统计范畴之外。1956 年 3 月，为了适应备荒、国防与保证中国社会主义经济建设的需要，中央粮食部还提出，必须按照丰年多储、平年少储的办法，从 1956 年开始，在 12 年内国家应储备一定规模的粮食。但由于 1958 年的"大跃进，浮夸风、共产风"盛行，农业生产遭到严重破坏，粮食产量大幅度下降，粮食又出现了销大于购的状况，刚积累下来的这部分储备粮用于弥补粮食收支缺口，很快就被挖光用完了。

（2）粮食储备的形成阶段

1962 年，根据当时的政治和军事形势，国务院和中央军委决定，建立"506"战略储备粮，作为战备的需要，明确了储备粮权归中央，未经中央批准，任何地方、单位、个人无权动用。从此，国家储备粮增加了应付可能出现的战争环境的备战用途。1962 年，开始建立农村集体储备粮。1965 年 10 月，鉴于全国粮食生产和供给形势好转，国务院决定增加国家储备粮数量，并在 1965 年使农村集体储备制度化，从而形成了国家储备（甲字粮）和农村集体储备分级储备的后备储备。从 20 世纪 60 年代中期到 80 年代中期，经过 20 多年的努力，国家储备粮在数量上达到了一定规模。

至此，计划经济条件下的国家粮食储备的框架基本形成，并一直维持到 1990 年。在这一框架内，粮食储备的统计范围分为国家储备和农村集体储备两大部分，前者又分为"506"粮和"甲字粮"两大类。"甲字粮"的粮权属于国务院，"506"粮的粮权属于中央军委，实行军政共管。农村集体储备的粮权属集体所有。储备粮建立以后，对战胜当时的粮食困难、保障人民生活、支持国家经济建设，均发挥了积极作用。

（3）粮食储备的发展阶段

A. 建立国家专项粮食储备制度

1990 年，中国粮食产量达到 4.46 亿吨，比上年增产 3800 多万吨，一些粮食主产区出现了农民卖粮难。为了防止"谷贱伤农"，促进国民经济持续稳定发展和社会安定团结，中共中央、国务院做出《关于建立国家专项粮食储备制度的决定》，决定从当年夏季粮食收购开始，凡是完成国家收购任务后农民还有余粮要卖的地区，可以按照国家确定的价格敞开收购，作为国家粮食专项储备。并成立了国家专项粮食储备领导小组和国务院直属的国家粮食储备局。国家专项储备粮的粮权属于国务院，由国家粮食储备局这一专门机构负责对国家专项储备粮进行管理。

B. 建立储备粮管理的组织体系

1）建立健全国家粮食宏观调控体系。为了做到储备粮布局合理、调度灵活、便于调控，从 1992 年起，对国家粮食储备库进行命名挂牌。到 1996 年年末，批准命名的国家粮食储备库已达 1300 多个，库点分布于 30 个省（自治区、直辖市）的主要粮食产区或重点粮食销区，交通便利，仓库规模大，管理比较好。这些库对国家储备粮食库存的真实可靠、调度灵活具有一定的保障作用。

2）逐步建立中央直属储备粮库。通过 1990 ~ 1994 年连续 5 年的努力，国家专项储备粮已经达到了预定的规模。为加强国家对粮油市场的宏观调控，国务院决定改革国家专项储备粮管理制度，1995 年提出对国家储备粮油实行垂直管理体制。1995 年 12 月，原国家经贸委等十一部、委（办）、局联合发出《关于开展划转国家粮食储备局直属库（站）试点工作的通知》，对直属库站的基本条件、管理体制、国有资产划转等作了具体规定。1998 年原国家粮食储备局根据国务院《关于进一步深化粮食流通体制改革的决定》精神，与有关部委密切合作，拟订了划转中央直属粮库（站）的意见，并划转第一批直属库站 14 个。

3）按照新机制管理中央储备粮。从 1996 年秋后以来，对新收购和移库的国家专储粮全部实行垂直管理，同时由原国家粮食储备局委托一些库点直接代为收购国家专储粮。1998 年进一步明确中央储备粮实行垂直管理体制。中央储备粮的粮权属国务院，未经国务院批准，任何单位和个人都不得动用。2000年，经国务院批准，成立中国储备粮管理总公司，具体负责中央储备粮的经营管理。

C. 初步形成中央、省级、地县级三级储备体系

1995年，国务院在《关于粮食部门深化改革实行两条线运行的通知》中，把建立地方粮食储备作为实行"米袋子"省长负责制的一项重要内容。提出"为实现地区粮食平衡，调控地区粮食市场，粮食产区按不少于3个月消费量的规模、销区和大中城市按不少于6个月消费量的规模建立地方粮食储备"。经过几年的努力，各省级政府建立了一定的储备，少则几亿千克，多则十几亿千克不等；不少地县级政府也相继建立了储备粮。

（4）粮食储备的完善阶段

1999年以前，我国粮食实行分级管理，尽管三种中央储备粮的粮权都属于中央（国务院或者国务院与中央军委），但对于这些粮食的收购、储存、轮换、抛售等业务都是由地方负责。具体的管理路经是：原国家粮食储备局（原粮食部、原商业部）—省级粮食局—地市级粮食局—县级粮食局—粮库。这种管理方式的弊端是储备粮经营管理容易受地方利益的影响，致使中央储备粮管理不严、库存不实、需要时调度不灵、地方各自为政等问题日益突出，一定程度上削弱了国家建立粮食储备的根本目的。同时由于企业周转库存与承担的中央储备粮保管业务混在一起，造成中央储备粮管理成本过高、运行效率低下、储粮品质不断下降，甚至出现大量将中央储备粮库存用于企业经营的非法行为。1999年，国务院决定对后备储备体制进行进一步改革，对中央储备粮实行垂直管理，将国家粮食储备局改为国家粮食局，作为国务院直属机构，负责中央储备粮的行政管理。

2000年1月，国务院决定组建中国储备粮管理总公司（以下简称中储粮总公司），专门负责组织中央储备粮的收购、销售、调运、轮换及存储保管等业务，中国储备粮管理总公司在主产区和主销区组建分公司，并对分公司的人、财、物实行垂直管理。中央储备粮的保管费用补贴实行定额包干，由财政部拨给中储粮总公司，中储粮总公司在全国下设22个分公司和4个子公司，有251个中央直属库，初步形成了中央储备粮的垂直管理体系。2001年《国务院关于

进一步深化粮食流通体制改革的意见》中指出，国家将适当增加中央粮食储备规模，在两年内，通过新建储备库装新粮和在产区直接收购，使中央储备粮规模逐步达到 7500 万吨，保证国家掌握充足的粮食调控资源。为了进一步加强中央储备粮管理，国务院及有关部门加快了中央储备粮管理建章立制步伐，2003年 8 月制定和颁布了《中央储备粮管理条例》，使储备粮管理有法可依。

### 4.2.1.2　现行粮食储备管理体系的构成及职能

当前，负责中央储备粮管理的部门包括三个层次：政府行政管理部门，如发展改革部门（国家发展和改革委员会）、国家粮食行政管理部门（国家粮食局）、财政管理部门等（财政部）；国家授权的中央储备粮经营管理部门（中国储备粮管理总公司及分支机构）和中央储备粮信贷管理部门（中国农业发展银行及分支机构）；中央储备粮承储企业，如中央储备粮直属库、中央储备粮代储库。《中央储备粮管理条例》对以上管理部门的职责作了明确界定。

政府行政管理部门在储备粮管理的组织中负责宏观管理和协调工作。国务院发展改革部门及国家粮食行政管理部门会同国务院财政部门负责拟订中央储备粮规模总量、总体布局和动用的宏观调控意见，对中央储备粮管理进行指导和协调；国家粮食行政管理部门负责中央储备粮的行政管理，对中央储备粮的数量、质量和储存安全实施监督检查；国务院财政部门负责安排中央储备粮的贷款利息、管理费用等财政补贴，并保证及时、足额拨付；负责对中央储备粮有关财务执行情况实施监督检查。

中央储备粮经营管理部门负责储备粮实物经营和管理，中央储备粮信贷管理部门负责储备粮贷款和信贷监管，两个部门之间互相配合、互相作用，以实现储备粮库贷挂钩比 100% 为目标。中国储备粮管理总公司及其分支机构依照国家有关中央储备粮管理的行政法规、规章、国家标准和技术规范，建立、健全中央储备粮各项业务管理制度，并报国家粮食行政管理部门备案，具体负责中央储备粮的经营管理，并对中央储备粮的数量、质量和储存安全负责。中国农业发展银行及其分支机构负责按照国家有关规定，及时、足额安排中央储备粮收购储备所需贷款，并对发放的中央储备粮贷款实施信贷监管。

中央储备粮承储企业同中央储备粮经营管理部门一样负责中央储备粮储存工作，但两者侧重点不同。中储粮公司及分支机构的职能重点在制定储备粮实物管理政策措施及其监督检查方面，承储企业重点在负责落实中央储备粮管理的各项政策措施，两者最终为中央储备粮数量、质量和储存安全负责。中央储备粮经营管理部门与承储企业之间有两个特点，一是中储粮公司及分支机构与中央储备粮直属库之间有着直接的隶属关系，实行人、财、物垂直管理，共属一个利益集团；二是中央储备粮直属库（中心库）负责对片区代储库储备粮业务监管。

### 4.2.1.3 现行粮食储备管理体系的模式

目前，我国的粮食储备管理体系是由国家粮食储备局、中央储备粮管理公司和承储单位组成的垂直管理体系（图4-1）。

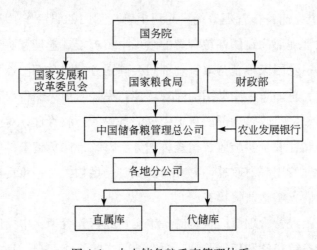

图 4-1 中央储备粮垂直管理体系

总公司—分公司—直属库（代储粮库）"三级架构、两级法人"的组织形式，缩短了中央储备粮管理链条，集中了中央储备粮管理资源，强化了中央储备粮的管理和监督，对解决以往由于组织结构原因，造成的政企不分、储备与经营不分、中央与地方责任不清、新老账目不清等问题，发挥了明显的作用（卢波，2006），管理效能显著提高。随着监管机构逐步完善、监管人员陆续到位、监管办法相继出台、监管责任日益落实，严密监管中央储备粮的组织体系逐步健全，中央储备粮垂直体系对粮食市场的影响力、控制力和带动力不断提高。在垂直管理体系下，中央储备粮管理的模式也在国务院 2003 年 8 月颁布的《中央储备粮管理条例》中明确规范。

（1）储备粮计划

中央储备粮的收购、销售计划，由国家粮食行政管理部门根据国务院批准的中央储备粮储存规模、品种和总体布局方案提出建议，经国务院发展改革部门、财政部门审核同意后下达给中国储备粮管理总公司。中国储备粮管理总公司根据计划，具体组织实施中央储备粮的收购、销售。中央储备粮实行均衡轮换制，每年轮换的数量一般为中央储备粮储存总量的20%~30%。中国储备粮管理总公司根据中央储备粮的品质情况和入库年限，提出数量、品种和分地区计划，报国家有关部门批准。中国储备粮管理总公司在年度轮换计划内根据粮食市场供求状况，具体组织实施中央储备粮的轮换。中央储备粮轮换遵循需有利于保证中央储备粮的数量、质量和储存安全，保持粮食市场稳定，防止市场粮价剧烈波动，节约成本、提高效率的原则。

（2）储备粮的存储

中国储备粮管理总公司直属企业为专门储存中央储备粮的企业，同样遵循有利于中央储备粮的合理布局、有利于中央储备粮的集中管理和监督、有利于降低中央储备粮成本、费用的原则，选择具备代储资格的企业进行代储。中央储备粮承储企业严格执行中央储备粮管理的行政法规、规章制度、国家标准和技术规范，保证中央储备粮达到收购、轮换计划规定的质量等级，并符合国家规定的质量标准。承储企业对中央储备粮实行专仓储存、专人保管、专账记载，保证中央储备粮账账相符、账实相符、质量良好、储存安全。

（3）储备粮的动用

动用中央储备粮，由国务院发展改革部门及国家粮食行政管理部门会同财政部门提出动用方案，报国务院批准。由中国储备粮管理总公司具体组织实施，一般在出现下列情况之一时，可以动用中央储备粮：一是全国或者部分地区粮食明显供不应求或者市场价格异常波动；二是发生重大自然灾害或者其他突发事件需要动用中央储备粮；三是国务院认为需要动用中央储备粮的其他情形。

（4）储备粮资金

储备粮资金在财务核算上，实行国务院财政部门对中央储备粮费用包干的政策。国家对储备粮的补贴资金由中国储备粮管理总公司包干使用，轮换盈亏自负，并由中国储备粮管理总公司按季逐级拨付到直接承担国家专项储备粮储存和保管的企业。在信贷资金供应上，由农业发展银行提供粮食储备调控贷款；对储备企业轮换所需资金，由农业发展银行按企业销售回笼货款归还多少予以贷款，一般情况下，储备企业收购粮食时，收购多少粮食农业发展银行会按照粮食保护价相应发放多少贷款支持其收粮入库。

（5）储备粮管理的运作

我国中央储备粮系统为实现"确保中央储备粮数量真实、质量完好；确保国家急需时调得动、用得上"的目标，以及能有效应对粮食危机事件，通过实施储备粮吞吐，达到粮食价格稳定和平衡市场供求的目的。这就需要通过对中央储备粮形成要素、中央储备粮管理系统进行了全面监管，以期达到国家储备粮宏观调控的良好效果。其具体运作方式和管理办法是：政府行政管理部门会统计粮食生产、粮食销售、国际市场进出口、全省各地粮食市场和其他各个省份的价格动态等情况，对市场价格进行分析研究，预测发展趋势，为政府的粮食调控决策提供依据，并将这些信息及时反馈给中央储备粮总公司，以便中央储备粮总公司确定储备粮总规模、品种、质量、总体布局、吞吐数量。中央储备粮总公司依据中央储备粮管理的政策法规、基本秩序和规则，如《中央储备管理条例》、《粮食流通管理条例》、《粮食收购条例》等，利用全国30个省（自治区、直辖市）组建的22个分公司，管理的251个中央储备粮直属库和1300多个中央储备粮代储库的粮储网络，调节供求。即当粮食供过于求时，增加收购量，保护农民；当粮食供不应求时，抛售储备粮，保障消费需求。把握节奏和时机，均衡、有序地进行粮食轮换，发挥对市场粮价的引导和调节，从而对粮食价格产生影响。粮食价格的高低直接影响储备的调节运作过程，从而影响供求状态。由中央储备粮信贷管理部门（中国农业发展银行及分支机构）提供储备粮吞吐中的中央储备粮贷款，并对发放的中央储备粮贷款实施信贷监管。

实践证明，中央储备粮实行垂直管理体制以来，各项工作取得了长足的进步，更加凸现出国家粮食储备制度的巨大作用。截至 2005 年，垂直体系用仅占全国粮食购销企业 1%的职工，经营了国有粮食企业 18%的收购量，管理或监管着全国 25%的库存粮食，严格控制了费用预算并不断降低管理成本，减轻了中央财政的压力。同时，按照"严格制度、严格管理、严格责任，确保中央储备粮数量真实、质量完好，确保国家急需时调得动、用得上"的总体要求，以管理为中心，以轮换为重点，着重解决了中央储备粮保管中存在的库点分散、超期储存、品种结构不合理的矛盾和问题，使中央储备粮存储库点由近 12 000 个压缩集并为 1600 个，轮换的中央储备粮数量达到总量的 90%，产区储备库存比重上升 16 个百分点，小麦和大豆库存量分别增加 32%和 170%。中央储备粮布局趋于合理，库存质量达到储备制度建立以来的最高水平，品种结构不断调整改善，较好地满足了市场需求。同时，垂直体系以维护国内粮食市场稳定为己任，灵活、合理地利用 WTO 规则，积极支持出口，避免了进口粮对国内市场的冲击，有效保护了农民利益。垂直体系的运转操作，为政府探索借助国家储备进行粮食宏观调控积累了宝贵经验。

## 4.2.2　我国粮食储备情况

### 4.2.2.1　粮食储备量变动情况

在粮食需求不断增长的长期趋势下，我国政府历来十分重视提高粮食生产能力以保障较高的粮食自给率，同时更为灵活地借助贸易手段实现国内粮食市场的总量与结构平衡。粮食储备（包括政府储备与民间储备）在粮食供应中发挥着重要调节作用。目前，不仅对农民存粮的数量及其变化缺乏令人信服的估计，对各级政府储备规模及其变化同样缺乏权威数据。因此，比较现实的途径是考察包括农民和政府储备的年度变动总量，即同时考察粮食的总供给与总需求，在粮食供求平衡表的框架下估算粮食储备的年际变动，进而计算粮食储备存量的变化来反映我国的粮食储备情况。

　　粮食储备量主要是起调节作用，因此，粮食储备量的变动要考虑当年粮食产量、粮食消费量和粮食进出口量等因素，它们之间的关系应该为

$$当年粮食储备变动量 = 粮食产量 + 净进口量 - 消费总量$$

　　根据表 4-1 的数据和设定的模拟条件[①]，得出 1983～2008 年中国粮食消费和储备变动数量的模拟结果（表 4-1）。

**表 4-1　中国粮食储备变动量估算**（1983～2008 年）　　单位：万吨

| 年份 | 产量 | 进口 | 出口 | 消费量 | 储备变动量 | 年份 | 产量 | 进口 | 出口 | 消费量 | 储备变动量 |
|---|---|---|---|---|---|---|---|---|---|---|---|
| 1983 | 38 728 | 1 344 | 196 | 36 245 | 3 631 | 1996 | 50 454 | 1 196 | 144 | 45 968.31 | 5 537.688 |
| 1984 | 40 731 | 1 045 | 357 | 37 333 | 4 086 | 1997 | 49 417 | 706 | 854 | 46 428 | 2 841.005 |
| 1985 | 37 911 | 600 | 932 | 38 079.66 | -500.66 | 1998 | 51 230 | 709 | 907 | 46 892.28 | 4 139.725 |
| 1986 | 39 151 | 773 | 942 | 38 841.25 | 140.746 8 | 1999 | 50 839 | 772 | 759 | 47 361.2 | 3 490.802 |
| 1987 | 40 298 | 1 628 | 737 | 39 618.08 | 1 570.922 | 2000 | 46 218 | 1 357 | 1 401 | 47 834.81 | -1 660.81 |
| 1988 | 39 408 | 1 533 | 717 | 40 410.44 | -186.44 | 2001 | 45 264 | 1 738 | 903 | 48 313.16 | -2 214.16 |
| 1989 | 40 755 | 1 658 | 656 | 41 218.65 | 538.351 4 | 2002 | 45 706 | 1 417 | 1 514 | 48 796.29 | -3 187.29 |
| 1990 | 44 624 | 1 372 | 583 | 42 043.02 | 3 369.978 | 2003 | 43 070 | 2 283 | 2 230 | 49 284.25 | -6 161.25 |
| 1991 | 43 529 | 1 345 | 1 086 | 42 883.88 | 904.118 | 2004 | 46 947 | 2 998 | 514 | 49 777.1 | -346.095 |
| 1992 | 44 266 | 1 175 | 1 364 | 43 741.56 | 335.440 3 | 2005 | 48 402 | 3 286 | 1 059 | 50 274.87 | 354.134 |
| 1993 | 45 649 | 743 | 1 365 | 44 616.39 | 410.609 1 | 2006 | 49 748 | 3 186 | 723 | 50 777.61 | 1 433.385 |
| 1994 | 44 510 | 925 | 1 188 | 45 062.55 | -815.55 | 2007 | 50 160 | 3 237 | 1 031 | 51 285.39 | 1 080.61 |
| 1995 | 46 662 | 2 070 | 103 | 45 513.18 | 311.82 | 2008 | 52 871 | 3 898 | 235 | 51 798.24 | 4 735.76 |

　　注：进出口数据中，1996 年及以前为"粮食"项目，没有"谷物及谷物粉"，1997 年及以后没有"粮食"项目，只有"谷物及谷物粉"。粮食消费量为估计数，估计方法见苗齐（2006）

　　资料来源：《中国农业发展报告》（2009 年），国家粮食局网站

　　从表 4-1 可以看出，2000 年以前的大多数年份，我国的粮食产量和净进

---

　　① 此处借鉴了《我国粮食储备规模的变动及其对供应和价格的影响》一文中，在假设 1 条件下所设计的方案 1 的方法来估计粮食消费量，即粮食消费增长速度 1983～1984 年为 3%，1985～1993 年为 2%，1994 年及以后为 1%。具体参见：苗齐，钟甫宁. 我国粮食储备规模的变动及其对供应和价格的影响. 农业经济问题，2006（11）：9-14。

口之和大于粮食的消费量，粮食储备变动量为正值，即粮食储备量是增加的，仅有个别年份粮食储备变动量为负值，且数值不大，表明通过粮食生产就能够满足粮食消费，粮食储备的动用机会不多。从 2000 年开始，粮食储备变动量持续出现负值，且负值越来越大，表明通过粮食生产不能满足粮食消费，国家开始动用粮食储备，以满足粮食消费的需要。2004 年以后，粮食储备变动量开始回升，反映国家加强了粮食生产，粮食产量的提高。总体来看，我国的粮食储备在发挥保持粮食供求平衡的作用中效果显著，保证了国家粮食安全。

### 4.2.2.2  粮食储备的品种结构和布局

根据国家粮食局有关统计资料分析，2003 年中央储备粮的结构与布局，从地区分布上看，13 个粮食主产区储存的中央储备粮约占全国中央储备粮总规模的 71%，在 8 个主销区储存的中央储备粮约占全国中央储备粮总规模的 15%，其他 10 个产销平衡区储存的中央储备粮约占全国中央储备粮总规模的 14%；从品种分布上看，小麦占中央储备粮总规模的 51%，大米（稻谷）占中央储备粮总规模的 21%，玉米占中央储备粮总规模的 27%。另外，还有少量中央储备大豆。

### 4.2.2.3  农户粮食储备

农户的储粮行为对国家粮食安全具有重大的意义。一方面，农民是粮食的消费者，我国农村人口占到全国人口的 60% 左右，农民的口粮安全在很大程度上就意味着国家的粮食安全；另一方面，农民是粮食的储备者，农民自古就有储粮备荒的传统。农户粮食储备具有成本较低、离市场较近、在紧急情况下能快速释放等特点，能够有效弥补国库库容小、储备能力不足、资金占用量过大、账实不符、陈粮不能及时轮换等缺陷。农户粮食储备数量的多少和行为的变化会对国家的粮食安全产生重要的影响。

（1）主产区农户粮食储备情况

农户粮食储备是指在粮食年度末即新粮未收获前（4~5 月）农户手中实际拥有的，包括口粮、种子、饲料用粮和可售余粮等在内的各种原粮的总和。

这一期间农户手中余粮的多少，能恰当反映农户粮食消费习惯以及农户储备的动机、对粮食安全的关注程度及对风险的偏好等。农户粮食储备的基本动机是出于自身粮食安全的考虑，由于我国农村社会保障体系不健全以及农业生产中气候条件不稳定，农户利用储备粮食这一手段来保证自身的粮食安全。

根据河南省统计局对该省 1988 ~ 2004 年 100 户农户粮食收支情况的统计（表 4-2），可以发现，随着粮食生产的不断发展，农户储粮量逐渐增加，规模也不断扩大。其中，1988 ~ 1999 年，农户存粮持续增加，1999 户均存粮 3868千克，创历史最高水平，在 1988 年 1008 千克的基础上翻番，净增加 2860 千克。2000 ~ 2004 年，农户存粮波动较大，到 2004 年户均存粮 1156 千克，与1989 年户均存粮水平相当。

（2）农户储粮的基本动机

在中国传统的小农体制下，广大农民的粮食生产和消费具有不可分性，农民一直沿袭通过家庭储备粮食来保证粮食安全的传统。一方面，20 世纪 80 年代粮食流通市场化改革实施后，市场价格频繁出现剧烈波动，与此相伴的在粮食发生短缺和价格上涨时，地方政府往往关闭市场或实行国有企业的垄断经营；另一方面，许多农村地区交通极为不便，导致农民很难接近外部粮食市场，以上两方面的因素共同导致农民对通过市场保证自身粮食安全依然缺乏信心，所以直至现在农户不仅沿袭了储备粮食的习惯甚至在粮食增产时还会增加储备。农户储备的粮食，其作用主要体现在：①满足家庭成员基本需要，农户维持自身与全体家庭成员的口粮需要主要依赖自身储备，而非市场；②确保家庭粮食安全需要，粮食对于农户来说是不可替代的非常重要的特殊商品，农户需要维持一定粮食储备水平以保证家庭粮食安全；③满足生产型消费储粮需要，农户有兼业经营的传统，饲养家禽牲畜的饲料一般是靠家庭储备，这些粮食需要形成农户的生产型消费储粮需要；④应付变现需要。除此之外，农户一般还会额外地储藏一定数量的粮食用作其他之需，如变现、社交等。

表 4-2　1988～2004 年河南省 100 户农户户均粮食收支情况表

单位：千克

| 年份 | 年初粮食结存 | 年内粮食合计 | 其中 | | 年内粮食支出 | 主食用粮 | 出售 | 其中 | | 年末粮食结存 | 口粮 | 其中 | |
|---|---|---|---|---|---|---|---|---|---|---|---|---|---|
| | | | 家庭经营生产 | 购入 | | | | 种籽 | 饲料 | | | 饲料 | 种籽 |
| 1988 | 1 090.8 | 2 191 | 2 158.4 | 22 | 2 273.8 | 1 360.2 | 470.1 | 102.4 | 280.7 | 1 008 | 120.5 | 42.2 | 845.3 |
| 1989 | 953.9 | 2 273.8 | 2 207.3 | 49.6 | 2 074.7 | 1 146.9 | 567.5 | 89.6 | 155.3 | 1 152.9 | 917.4 | 121.6 | 54.5 |
| 1990 | 1 142.9 | 2 490.5 | 2 461 | 20.8 | 2 350.9 | 1 344.9 | 637 | 108.7 | 184.5 | 1 282.6 | 1 087.6 | 135.9 | 49.1 |
| 1991 | 1 282.6 | 2 367.9 | 2 350.9 | 13.7 | 2 202.6 | 1 286.2 | 474.2 | 109.9 | 224.7 | 1 447.9 | 1 079 | 122 | 52 |
| 1992 | 925.3 | 2 231.4 | 2 201.7 | 17 | 2 039.2 | 1 124.2 | 520.8 | 111.6 | 217.7 | 1 117.5 | 868.1 | 167 | 80.9 |
| 1993 | 1 125.7 | 2 618.8 | 2 588.8 | 30 | 2 071.7 | 1 313 | 645.4 | 67.1 | 45.3 | 1 672.8 | 1 103.2 | 23.9 | 59.6 |
| 1994 | 746 | 2 260.1 | 2 185.6 | 74.5 | 1 916 | 1 175.2 | 471.3 | 66.7 | 172.9 | 1 090.1 | 679.6 | 81.7 | 58.3 |
| 1995 | 1 176.6 | 2 526.2 | 2 429.4 | 96.9 | 2 026.9 | 1 270.1 | 419.1 | 102.2 | 235.5 | 1 675.9 | 1 069.6 | 191.6 | 93.6 |
| 1996 | 1 108.5 | 2 424.6 | 2 300.3 | 122.2 | 1 825.2 | 1 239.3 | 359.4 | 78.6 | 148 | 1 707.9 | 1 169.8 | 138.6 | 85.4 |
| 1997 | 1 770.4 | 2 617.3 | 2 529.2 | 88.1 | 1 987.4 | 1 232.6 | 473.7 | 53.7 | 208.8 | 2 400.4 | 1 606.6 | 228.2 | 91.8 |
| 1998 | 2 427.3 | 2 593.4 | 2 490.4 | 100 | 2 228.7 | 1 222.8 | 396.5 | 49.4 | 560 | 2 792 | 1 569.4 | 652.4 | 81.8 |
| 1999 | 2 792 | 2 449.2 | 2 356.9 | 89.1 | 1 373.3 | 1 015.6 | 306.5 | 11.8 | 39.4 | 3 867.9 | 2 833.7 | 724.2 | 166.1 |
| 2000 | 837.2 | 2 208.6 | 2 047.7 | 160.9 | 1 190.8 | 785.6 | 361.3 | 2.2 | 41.7 | 1 855.1 | 1 855 | 0 | 0 |
| 2001 | 401.1 | 1 906.5 | 1 770.5 | 136 | 1 422.2 | 795.5 | 568.2 | 19.5 | 29.4 | 945.5 | 857.5 | 57.5 | 29.5 |
| 2002 | 707.2 | 2 854.1 | 2 712.3 | 141.8 | 1 960.2 | 906.9 | 979.9 | 34.2 | 39.1 | 1 532.1 | 1 433.6 | 66.3 | 32.2 |
| 2003 | 1 601.14 | 2 959.69 | 2 754.91 | 204.78 | 226.5 | 1 152.49 | 1 059.17 | 33.54 | 1.31 | 1 073.89 | 980.84 | 33.9 | 59.15 |
| 2004 | 1 713.19 | 2 986.29 | 2 828.85 | 147.44 | 2 226.06 | 943.46 | 1 240.66 | 34.56 | 7.39 | 1 155.87 | 673.17 | 56.65 | 19.9 |

资料来源：课题组 2006 年在河南省的调查数据

（3）影响农户储量行为的因素

第一，粮食产量。粮食产量是农户粮食储备行为的前提和基础，一般认为粮食产量越高，农户销售和储备的粮食数量都会相应增加，但是，这种相关关系是非线性的，即随着粮食产量的增加，储备数量增加的比例可能会下降。

第二，粮食的市场价格，包括现时市场粮食价格及对未来粮价的预期。价格可能是农民粮食储备行为最直接也是最重要的影响因素。但是，农户对市场供求信号的反应也具有盲目性，比如在供给趋紧、粮价上涨时，农户也可能增加存粮，即存在卖跌不卖涨的情况。

第三，农户家庭收入水平。收入对农民粮食储备行为有着不同方向的影响。一方面，一些农户尤其是部分低收入农户，在收入增长时其家庭粮食储备规模会相应增加，因为他不必在家庭开支压迫下出售粮食；另一方面，对于另外一些高收入农户来说，收入提高后会降低其粮食储备，因为其从市场上购买粮食的能力和信心会得到加强。

第四，气候和耕作制度。南方气候潮湿，稻谷保存期也远短于小麦，这些原因会造成南方水稻产区粮食储备成本高于小麦产区；南方每年收获两季，收获季节之间间隔短，农户保证家庭粮食安全需要的储备量要少于北方。因此，不同地区农户粮食储备行为之间的差异会比较明显。

# 4.3　粮食安全目标下我国粮食储备存在的问题

## 4.3.1　粮食储备体系多头管理导致效率低下

当前，储备粮管理涉及的部门较多，运转程序复杂。粮食收储涉及国家发展和改革委员会、财政部、粮食行政部门和中国农业发展银行、中国储备粮管理总公司，储备粮的吞吐要经过这些部门研究同意后报国务院，再下达计划给企业执行，这些繁杂的程序直接导致企业很难根据市场信号作出灵敏反应。当市场形势发生变化需要有关部门安排储备粮收购和抛售时，部门之间又往往因利益冲突或判断偏差而联动运行迟缓，这势必错过最佳的操作时间而影响调控效果。

### 4.3.2　粮食中央储备与地方储备的利益协调矛盾

中央储备粮体系与地方粮食部门的矛盾，主要集中在双方对地方粮食流通企业组织资源、商品粮源管理权和控制权的争夺上。这个问题在粮食产区比较突出，而市场化改革比较彻底、商品粮源匮乏的粮食销区，这类矛盾和摩擦则相对较少。

中央储备粮公司与地方粮食部门的关系，本质上反映了中央政府与地方政府在粮食事权上的关系。中央、省（自治区、直辖市）实行两级调控制度、各自实施调控的范围和任务等粮食事权的划分，理论上似乎清楚，实践中却很模糊。原因在于经过 30 年的改革开放对建立适应社会主义市场经济需要的粮食流通体制的目标、原则、任务比较明确，但对如何实现既定目标、完成建立新体制任务的途径却往往不甚清楚，例如，中央储备粮体系究竟要发展到多大规模（指企业组织规模）才能满足宏观调控的需要？地方政府落实米袋子省长负责制需要多大规模的省级储备粮体系？中央和地方按什么原则分配国有粮食流通存量资源？如果中央储备粮体系占有 70% 以上的地方国有粮食流通资源，是否也意味着承担所在省区相应的粮食安全责任？一些粮食主产省政府在与中央政府的"博弈"中采取了对自己最为有利的策略，将自己的粮食事权责任限定在"提高粮食综合生产能力"的范围内，省级储备粮规模保持在国家规定的最低限度，全力支持中央储备粮体系在本区域做强做大，从而顺理成章地将粮农保护、粮食流通风险交由中央承担（托市收购、最低保护价收购），这是一种极其聪明的博弈策略。但是，如果各省都这样做，那么我国的粮食宏观调控管理体制将逐渐形成事实上的中央一级调控，粮食调控的责任和风险将全部集中到中央政府，粮食流通管理体制也将发生一系列变化。

### 4.3.3　粮食储备布局不合理

粮食储备布局包括不同粮食安全水平的省（市、县）的区域布局、储存库布局、品种结构布局。从储备库区域布局看，现有中央储备粮数量主要集中在粮食主产区[①]，而我国粮食的市场敏感地区主要在东南沿海等粮食主销区，如浙江、江苏、广东、上海等。当东南沿海各省及京津地区急需大量调入粮食时，受铁路运输能力的限制，特别是东北地区入关铁路运输瓶颈的限制，东北粮食南下难度很大，成本很高。从储备库交通便利程度看，现有储备粮储存库点还有 30% 以上没有铁路专用线或者专用码头，其中中储粮总公司还有 75 个直属粮库没有铁路专用线或专用码头，地方代储粮库还有 30% 左右没有铁路专用线或专用码头，造成紧急情况下粮食集运难度大，费用高。另外，现有储备库点中，沿长江流域、珠江流域的库点偏少，而且水路运输条件较差，不能满足向长江三角洲和珠江三角洲紧急调运粮食的需要。从储备品种结构看，现有中央储备粮的品种结构与不同粮食的市场敏感性程度相关性不大，品种结构不尽合理。根据国家粮食局粮油信息中心对近几年，特别是 2003 年下半年以来的全国粮食市场的监测和国家粮食局的有关统计分析，大米的市场敏感度最高[②]，但储备数量偏少。现有储备粮库存中只有 21% 为大米[③]，但我国南方广大地区和全国大中型城市居民日常食用的主食食品中 60% 以上为大米，且主要是籼稻加工的大米。因此，目前南方地区储存的储备稻谷主要是籼稻的情况不能满足居民口粮的需要，而且籼稻轮换出库时价格较低，往往造成较大亏损。目前，我国玉米的主要用途是加工饲料和工业发酵用深加工，居民口粮消费比例很小，但玉米储备比例为 27%，明显偏高。发生灾荒或紧急情况时，储备率较低的大米不能满足尽快投放市场满足口粮消费的需要。此外，从储存形态看，现有储备粮都是以原粮（小麦、稻谷、玉米）和原油（毛油）的形态储存，缺少一定数量的成品粮库存（面粉、大米等），在救灾或突发事件需要紧急动用时，首先要找加工厂进行加工，相对延误了投放时机。

---

① 主产区占 71%，其中：河南、黑龙江、辽宁、山东、河北五省占全国的 39%；东北三省和内蒙古自治区东部地区占全国总量的 25%。

② 例如，2003 年下半年以来全国粮食价格大幅度上涨的主要带动因素是由于长江中下游地区 2003 年当年稻谷大幅度减产，大米特别是粳米供应短缺造成的。

③ 储存形态为稻谷，而且主要是早籼稻和中晚籼稻。

# 第 5 章 粮食安全目标下我国粮食生产、流通与储备不协调性表现及原因

通过前面章节对我国粮食产业生产、流通与储备各环节发展情况和存在的问题的分析，目前我国粮食产业呈现如下特点：粮食供求中数量性矛盾趋于缓和，质量性、结构性、区域性矛盾依然突出；粮食产量逐年增长，粮食综合生产能力显著提高，但自然资源的刚性约束、粮食生产要素如化肥、农药、劳动力等的价格涨幅超过种粮收益的涨幅，种粮收益愈发降低、机会成本增加、粮农种粮积极性下降，阻碍粮食生产的发展；粮食流通体制市场化改革与运作、粮食财政支持政策的调整和效果、粮食储备体系发展运作等问题，都会对粮食安全造成不同程度的影响。这些问题还致使粮食产业链上生产、流通与储备各环节之间无法得到很好的衔接，无法形成合力，造成整个粮食产业的低效率，严重影响我国粮食安全目标的实现和粮食安全水平的提高。即使在一系列粮食安全支持政策的推动和粮食综合生产能力提高的背景下，我国粮食安全水平在得到有效提高的同时，粮食安全的市场风险在增强，脆弱度在增加。基于此，本章进一步分析粮食生产、流通与储备彼此之间的不协调性表现及其产生原因，以期为确保我国粮食安全的政策选择提供借鉴。

## 5.1 我国粮食生产、流通与储备的不协调性表现

### 5.1.1 生产与流通的不协调性表现

随着我国粮食产业市场化改革的不断推进，生产与流通中的销售、加工等环节不适应市场发展的新形势，各个环节之间衔接不好的矛盾开始凸现出来，

主要表现为以下几个方面。

### 5.1.1.1 粮食发散型蛛网模型难以打破

西方经济学将在市场自发作用下农产品价格与产量偏离市场均衡状态以后的波动趋势称为蛛网模型，蛛网模型的基本假定是农产品的本期产量取决于前一期的价格，农产品本期的需求量决定于本期的价格。现阶段我国农户的种粮生产决策行为符合传统蛛网模型的假设。作为一种生存必需品，粮食高度缺乏需求弹性，而在市场机制的作用下，作为商品，其供给弹性又很大，因此粮食生产供给的动态变化属于发散型蛛网，即存在这样一种恶性循环：粮食上年价格上升，则下年产量增加；上年价格下降，则下年产量减少。

我们用粮食收购价格环比指数反映粮食价格的升降，用粮食播种面积环比指数反映粮食产量的变动，通过考察我国 1991～2008 年粮食价格与播种面积的变动关系来判断是否符合蛛网假设。

之所以用这种研究方法，主要是考虑了我国农户粮食生产决策行为和统计资料的具体情况。蛛网模型关于生产者价格预期行为及商品生产决策行为的假定，反映的是生产者根据 $t-1$ 期的价格决定 $t$ 期商品产量的行为。从我国农户种粮的生产决策来说，是否根据上年粮食价格变动情况来决定下年粮食产量，集中体现在是否根据上年粮食价格变动情况决定下年粮食播种面积，其表现在全国的统计数字上就是上年粮食价格变动与下年粮食播种面积是否存在因果关系。这就产生了两个问题：一是用粮食播种面积数字代替粮食产量数字研究我国种粮农户的价格预期行为及粮食生产决策行为是否合适；二是用粮食播种面积变动代替商品粮播种面积变动是否可行。同粮食产量变动相比，用粮食播种面积变动反映我国农户的粮食生产决策行为更为直接。因为粮食生产周期较长，其过程要受多种不确定因素的影响，相同的播种面积也会有不同的产量。例如，由于受气候变动的影响，即使其他条件都相同，丰年歉年之间粮食产量差异也很大。用粮食播种面积变动值代替产量变动指标反映我国农户的粮食生产决策行为，在分析上年粮食收购价格与下年粮食产量的变动关系时，可以减少粮食价格以外其他因素变动造成的误差，比用粮食产量变动指标更为合适。

在我国，由于农户的粮食生产是半自给半商品生产，农户的粮食产量是农户自给性消费量与商品量之和。研究我国上年粮食收购价格与下年粮食播种面积直接的变动关系，应该用上年粮食收购价格变动与下年商品粮播种面积变动相比较，而不应该用上年粮食收购价格变动与下年粮食播种面积变动相比较，因为粮食收购价格只与商品粮有关而与农民自给性消费的粮食无关。由于在我国的统计资料中，只有粮食播种面积数字而无商品量粮播种面积数字，无法直接分析上年粮食收购价格与下年粮食播种面积之间的变动关系。从本书研究目的来说，分析上年粮食收购价格与下年商品粮播种面积之间的变动关系，是为了确认我国农户是否根据上年粮食收购价格作出下年商品粮生产决策。因此，用粮食播种面积数字代替商品粮播种面积数字，通过分析上年粮食收购价格与下年粮食播种面积的变动关系，完全可以达到这一研究目的。因为我国农户对粮食的自给性需要量在年际之间是一个相对稳定的量，从而用于满足自给性需求的粮食播种面积在年际之间也是一个相对稳定的量，对粮食收购价格变动作出反应的商品粮播种面积变动会反映在粮食总播种面积（自给性粮食播种面积与商品粮播种面积之和）变动上。因此，用粮食总播种面积变动代替商品粮播种面积变动，通过分析上年粮食收购价格变动与下年粮食总播种面积变动之间的关系，确认我国农户是否根据上年粮食收购价格作出下年商品粮生产决策是可行的。采用这种方法所计算的我国 1991 ~ 2008 年粮食上年收购价格与下年粮食播种面积的变动关系如表 5-1 所示。

表 5-1　中国上一年粮食收购价格与下一年粮食播种面积变动情况

| 年份 | 粮食收购价格指数（上年 = 100）（1） | 收购价格比上年升降幅度/%（2） | 粮食播种面积/千公顷（3） | 粮食播种面积指数（上年 = 100）（4） | 播种面积比上年增减幅度/%（5） |
|---|---|---|---|---|---|
| 1991 | 93.8 | -6.2 | 112 314 | 99.0 | -1 |
| 1992 | 105.3 | 5.3 | 110 560 | 98.4 | -1.6 |
| 1993 | 116.7 | 16.7 | 110 509 | 100 | 0 |
| 1994 | 146.6 | 46.6 | 109 544 | 99.1 | -0.9 |
| 1995 | 129 | 29.0 | 110 060 | 100.5 | 0.5 |
| 1996 | 105.8 | 5.8 | 112 548 | 102.3 | 2.3 |

续表

| 年份 | 粮食收购价格指数（上年=100）(1) | 收购价格比上年升降幅度/% (2) | 粮食播种面积/千公顷 (3) | 粮食播种面积指数（上年=100）(4) | 播种面积比上年增减幅度/% (5) |
|---|---|---|---|---|---|
| 1997 | 90.2 | -9.8 | 112 912 | 100.3 | 0.3 |
| 1998 | 96.7 | -3.3 | 113 787 | 100.8 | 0.8 |
| 1999 | 87.1 | -12.9 | 113 161 | 99.4 | -0.6 |
| 2000 | 90.2 | -9.8 | 108 463 | 95.8 | -4.2 |
| 2001 | 107.61 | 7.6 | 106 080 | 97.8 | -2.2 |
| 2002 | 96.16 | -3.8 | 103 891 | 97.9 | -2.1 |
| 2003 | 104.48 | 4.5 | 99 410 | 95.7 | -4.3 |
| 2004 | 126.21 | 26.2 | 101 606 | 102.2 | 2.2 |
| 2005 | 99.08 | -0.9 | 104 278 | 102.6 | 2.6 |
| 2006 | 102 | 2.0 | 104 958 | 100.7 | 0.7 |
| 2007 | 110.26 | 10.3 | 105 638 | 100.6 | 0.6 |
| 2008 | 109.6 | 9.6 | 106 793 | 101.1 | 1.1 |

注：受数据获得限制，2001 年及以后各年粮食收购价格指数实际为粮食生产价格指数

资料来源：第一栏和第三栏数字分别摘自《中国农产品价格调查年鉴》（2009 年）和《中国统计年鉴》（2009 年），（2）栏数字据（1）栏数字计算，（4）栏数字据（3）数字计算

表 5-1 展示了我国 1991～2008 年粮食收购价格变动与粮食播种面积变动关系。不难看出，17 个上下年度组合中，除 1992～1993 年、1993～1994 年、1997～1998 年、2001～2002 年、2005～2006 年这 5 个年度组合外，其余组合均符合如下规律：若上一年度粮食价格上升，下一年度粮食播种面积就扩大；若上一年度粮食价格下降，则下一年度粮食播种面积就缩减，即粮农生产决策行为符合发散型蛛网模型的假定。五个不符合该假定的年度组合有其特殊原因。1992～1993 年度组合：1993 年全国农作物总播种面积比上一年减少 1266 千公顷，而粮食播种面积与 1992 年持平，说明粮食播种面积相对量实际是增加的。1993～1994 年度组合：1993 年种粮收益低于生产水果和蔬菜，直接影响了 1994 年农民的生产决策。1997～1998 年度组合：政府于 1994 年、1995 年大幅提高粮食收购价格，种粮比较收益显著提升，其后续影响扩展至 1998 年，致使即使 1997 年市场粮价下降了，1998 年全国粮食播种面积仍出现了增

加，因此，从更宽的范围来看，该年度事实上也是符合发散型蛛网模型的假定的。2001～2002 年度组合：从 2001 年起，农业生产资料价格出现超水平上涨，且上涨幅度高于 2001 年粮食市场价格的上涨，超出粮农预期，最终导致 2002 年粮食播种面积下降。2005～2006 年度组合：该年度组合出现上年粮食收购价格下降，而次年粮食播种面积增加的情况，主要源于 2004 年国家的全面取消农业税政策及各种补贴政策的实施，极大地刺激了农民的种粮积极性，惠农政策的实施实质上是扩大了农民的利润空间，其作用等同于粮食收购价格的提高，因此该年度组合也是符合蛛网模型的假设的。

为进一步判定粮食收购价格与农户粮食生产供给行为之间的关系，本书利用软件 Eviews 5.0 对 1991～2008 年我国粮食收购价格指数与粮食播种面积进行 Granger 因果关系检验。

因果关系（causal relationship）是由 Granger 提出的，其基本思想是：设 $X = \{x_t\}$，$Y = \{y_t\}$ 为两个随机时间序列，并令 $X_t = \{x_{t-s}, s \geq 0\}$，$Y_t = \{y_{t-s}, s \geq 0\}$ 分别表示它们到时刻 $t$ 的整个时间序列。若用 $X_{t-1}$、$Y_{t-1}$ 预测 $X_t$ 比用 $X_{t-1}$ 预测更准确，则认为 $Y$ 对 $X$ 具有因果关系，反之亦然。由于因果关系检验对滞后阶数较为敏感，在实际检验中，我们以 AIC、SC 准则与对数似然值作为衡量标准，在 AIC、SC 值同时取得最小值及对数似然值取得最大值时的滞后阶数作为最佳滞后阶数。Granger 因果关系检验具体结果如表 5-2 所示。

**表 5-2　我国粮食收购价格指数 $Y$ 与粮食播面积 $X$ Granger 因果关系检验**

| Null Hypothesis： | Obs | F-Statistic | Probability |
| --- | --- | --- | --- |
| $X$ 不是 $T$ 的 Granger 原因 | 17 | 0. 459 16 | 0. 509 06 |
| $T$ 不是 $X$ 的 Granger 原因 | | 5. 069 04 | 0. 040 94 |

Sample：1991～2008　Lags：1

检验结果表明，在 5% 的显著水平下，$Y$ 是 $X$ 的 Granger 原因，且 $Y$ 是 $X$ 的单向 Granger 原因。进一步验证了我国粮食收购价格指数对我国粮食播种面积的引导作用是明显的，但我国粮食播种面积对我国粮食收购价格指数引导作用较弱。

　　总的来看，以上分析显示我国粮食生产符合发散性蛛网的特点，且在研究的年度内，这种特点没有发生改变，说明我国粮食生产难以打破蛛网模型，对粮食的生产与流通的协调发展带来不利影响。

### 5.1.1.2　粮食生产与市场脱节

　　我国的粮食生产方式以农户分散经营为主，这种数量多、规模小的经营方式，使其抵抗市场风险的能力差。粮食经营企业除经营粮食外，不参与到粮食生产的环节当中，不给予农户科技、信息、市场等方面的支持和引导。粮食收储企业具有粮食市场需求的信息却无法传达到粮农那里，无法引导粮农根据市场需求指导生产。同时，这种生产主体与收储主体的市场信息的不对称，使农户具有选择生产的粮食品种纷杂的特点。即使在同一地区甚至同一自然村，农户生产的粮食品种也可能不尽相同，同一粮食品种的生产在同一地区难以形成规模，导致粮食收购企业需要的特定品种、大批量的粮食很难在同一地区收购上来，从而需要加大人力、财力、物力，通过跨区域、多渠道收购，致使收购成本增加。

　　此外，政府的调控政策进一步扭曲了市场。一方面，在粮食价格持续低迷，粮农利益受到损害的买方市场背景下，政府通过指令性手段强制上移需求曲线，把偏低的市场粮价拉升到高于均衡点的保护价位，人为放大市场需求量，其价格水平并不反映现实市场供求变量趋势，但在相当程度上却反映市场供求以外的变量趋势，使得价格所固有的引导市场供求、优化资源配置的自动调节功能严重弱化。高于市场价格的支持价格可能误导农户不顾积压盲目生产，导致粮食结构性过剩，在保护价信号的刺激下，由于保护范围模糊，不能客观地反映市场供求情况，资源配置过多地向粮食生产集中，同时，对农民交售粮食不能拒收、限收的规定，也给农民传递了与市场需求相反的信号。农民过多依赖政府保护而不是按市场供求法则来提高种粮收入的做法，阻碍了粮食结构调整进程，加大了财政负担。另一方面，为了保护消费者的利益，防止粮价上涨带来的社会和经济问题，在粮食价格上涨时期，政府往往会启动限价政策，强制下移需求曲线，把偏高的市场粮价压到低于均衡点的保护价位。例如，2008 年上半年，国际市场粮食价格飙升，为了防止国际粮价对国内的传导而产生负面影响，国家对粮食价格进行了控制，导致国内粮价上涨幅度不大。政府的限价政策，扭曲了市场形成价格的机制，减少了生产者的收益，表现为"谷贱伤农"、"增产不增收"。

### 5.1.1.3　粮食生产与流通对接不畅

粮食生产的集中性和粮食消费的分散性使粮食流通具有其特殊性，而且粮食生产的规模和布局在一定程度上决定了粮食流通的流量和流向。从宏观层面来讲，粮食生产与流通对接不畅主要表现在粮食流通体系的发展不能很好地适应粮食生产格局的变化。因地缘、政策和时间方面的诸多不平等，在客观上形成了南方（主要是东南沿海）经济发展优势区域把可能扯发展后腿的包袱（粮食生产）甩给了北方这样的结果。由于粮食生产与流通对接不畅，南方粮库缺粮和东北农民没有售粮渠道的问题可能同时存在。粮食存量存在着地区性差异，如河南、黑龙江等 13 个省份是我国粮食主产区，耕地面积占全国 65% 左右，年粮食产量占全国的 70% 以上。2005 年我国粮食种植面积 15.64 亿亩，总计产粮约 4840 亿千克，增长 3.1%。2005 年增产的粮食中，主产区增长约 266 亿千克，占全国的 91% 左右。随后几年，在给主产区直接补贴政策的推动下，增产的重心进一步北移，宁夏在 2007 年出现买粮难，陕西、四川逐步从产销平衡区向产大于销的方向演进。造成地区间差异的主要原因就在于粮食生产与流通对接不畅。粮食生产格局的潜在变化对流通体制提出了新的要求，产需格局失衡要求流通体系必须发达，但是我国粮食流通体系仅仅是随着国家经济社会的进步在不断地探索中寻求逐步的解决和改善。从微观层面来讲，我国粮食生产与流通对接不畅主要体现在收购网点布局对粮食收购能力的局限上，这在一定程度上影响了农民种粮积极性。

## 5.1.2　生产与储备的不协调性表现

粮食生产与储备联系紧密，表现为粮食生产是粮食储备安全的基础与前提。一方面，粮食生产是粮食储备的源泉，粮食丰收时为粮食储备提供充足的粮源；另一方面，粮食减产时，不仅不能为粮食储备提供足够的支持，还可能因市场上粮食不足而需要动用粮食储备以调节市场供需。因此，粮食生产与储备之间需要建立良好的协调联动关系。但是从目前我国粮食生产与储备的关系来说，两者之间还存在着诸多的不协调之处。

### 5.1.2.1 粮食生产的波动与储备粮食的积压及轮换之间的不协调

上文提到，我国的粮食生产具有明显波动性。在粮食连续歉收的时候，粮食储备库点会出现空库的情况，空库使储备企业得不到粮食储备的财政补贴支持，无法平衡空库的折旧成本，不利于储备企业的运转与发展；在粮食连续丰收的时候，粮食储备库点收储满库，容易产生储备粮积压的情况，为避免出现储备粮"新粮变老粮、老粮变陈粮、陈粮再变陈化粮"，我国采取了"定期轮换"的储备方针，储备企业在一定周期内消化库存的陈粮、收储新粮，以保证储备粮的品质，但是储备库分布集中，且轮换的周期往往相同或者相近，大量的储备粮在同一地区、同一时期轮换，造成短期市场粮食供给大于需求，粮食的市场价格大幅下跌，根据蛛网理论，这会影响农户在下一年度的粮食生产积极性，不利于粮食生产安全。另外，由于储备粮轮换的成本费用较高，一些储备库往往没有按照国家的有关规定定期轮换，导致粮食陈化，降低了储备粮食的价值和使用价值。

### 5.1.2.2 农户储粮行为增加了国家粮食储备工作的难度

粮食生产出来后，国家根据现有的粮食储备规模，进行新陈粮的轮换，一部分粮食归入国家储备库点，一部分粮食归入社会储备，社会储备中主要为农户储备。绝大多数的农户都有储粮行为，储粮数量与粮食生产行为高度相关，大多数农户在过去3年的粮食储备数量基本不变，可供自家6~12个月消费，1/3以上的农户表示在未来不会减少粮食储存。不同粮食生产区域间农户的储粮行为有一定差异，但差异不是太明显（武翔宇，2007）。这意味着尽管农户粮食储备有其优点，但是农户真正为市场供给而储备粮食的比例很少，绝大多数农户粮食储备是为了满足自身粮食安全的需要，余粮则在一个粮食年度内售出。农户粮食储备实际上不是具有市场化购销功能的粮食储备，而是一种自产自销的粮食不安全的防范行为。理论上讲，当市场价格持续下跌时，农户会减少粮食的销售量，将生产的粮食储存起来，留待市场行情好转时再销售；当粮食的价格上升时，农户会将满足口粮之外多余粮食销售出去，减少粮食储量。然而在现实中，却往往出现与上述理论截然相反的情况。例如，1998 年粮食价格较上年上升，农户户均粮食出售量却较上年减少了，2000 年和 2002 年粮食价格较上年下降，农户户均粮食出售量却较上年增加了（表 5-3）。导致国家粮食储备企业遇到在粮食市场价格上升时无法收购到粮食，发生储备库点空库的情况，而在粮食市场价格下降时，反而收购到的粮食数量增加的情况。因此，农户的储粮行为实际会打乱国家粮食储备企业的粮食收购计划，造成粮食生产和储备的协调不力。

表 5-3　粮食零售价格指数与农户家庭户均粮食出售量

| 年份 | 粮食零售价格指数（上年 = 100） | 粮食零售价格比上一年升降幅度/% | 户均粮食出售量/千克 | 户均粮食出售量比上一年增减/千克 |
|---|---|---|---|---|
| 1994 | 148.7 | — | 471.3 | — |
| 1995 | 134.4 | -14.3 | 419.1 | -52.2 |
| 1996 | 107.5 | -26.9 | 359.4 | -59.7 |
| 1997 | 92.1 | -15.4 | 473.7 | 114.3 |
| 1998 | 96.9 | 4.8 | 396.5 | -77.2 |
| 1999 | 96.4 | -0.5 | 306.5 | -90 |
| 2000 | 90.1 | -6.3 | 361.3 | 54.8 |
| 2001 | 101.5 | 11.4 | 568.2 | 206.9 |
| 2002 | 98.3 | -3.2 | 979.9 | 411.7 |

## 5.1.3　流通与储备的不协调性表现

长期以来，我国对粮食安全的认识更多地集中于增加总量的供应，即如何促进粮食生产、提高粮食供给能力。但是，由于粮食生产自身的特点，不仅总产量在不同年度间经常产生很大的变异，而且在总产量不变时其实际供应量在不同时间和不同地区也可能发生很大变化，粮食年度间及地区间供应波动问题已成为影响我国粮食安全的不可忽视的重要因素。因此，适当的流通机制对平抑粮食生产波动、保证粮食安全具有至关重要的作用。粮食储备的基本作用则是在年度内和年度间保证粮食的均衡、稳定供给，平抑粮价波动，保证粮食市场流通的顺利进行。虽然随着我国的粮食流通体制的完善，粮食市场中流通与储备链条越来越通畅，但仍存在不协调之处。

### 5.1.3.1 粮食储备平抑市场粮价的作用不明显

粮食储备的主要作用是在年度内和年度间保证粮食的均衡、稳定供给，保持"细水长流"，缓解粮食市场供求矛盾，平抑粮食价格过度波动。通过估算粮食储备总量及其变动，分析其与粮食价格之间的关系，可以发现粮食储备在缓解粮食市场供求矛盾，平抑粮食价格过度波动的效果，从而制定更有效的生产、储备和进出口政策。但粮食储备数据是一个国家的机密，一般是不向社会公布的。因此，比较现实的途径是考察储备粮的年度变动总量，即同时考察粮食的总供给与总需求，在粮食供求平衡的框架下估算粮食储备的年际变动，进而计算粮食储备量的变化与粮食价格的关系。因为每年粮食储备量的变动是一个增量数据，而粮食储备总规模是一个存量数据，根据建立储备粮的目标，不管是存量的变化，还是增量的变动，都与粮食价格有密切的关系，都可以反映运用储备粮调节市场的效果，所以对于粮食储备量数据，可以用每年粮食储备变动量来代替（苗齐和钟甫宁，2006）。本书在此基础上分析1983年以来中国粮食储备变动与价格变动的关系，分析粮食储备影响市场价格的作用。

（1）中国粮食储备变动量和价格变动率

中国粮食储备变动量数据根据第4章中粮食产量、粮食消费量和粮食进出口量分析计算得到；粮食价格变动率为以社会商品零售价格指数调整后的粮食零售价格变动率，具体数据如表5-4所示。

表 5-4　粮食储备变动量和价格变动率

| 年份 | 储备变动量 X | 价格变动率 Y | 年份 | 储备变动量 X | 价格变动率 Y |
|------|-------------|-------------|------|-------------|-------------|
| 1983 | 3 631 | 8. 669 951 | 1995 | 3 115. 82 | 12. 369 34 |
| 1984 | 4 086 | 8. 949 416 | 1996 | 5 537. 688 | − 0. 563 91 |
| 1985 | − 500. 66 | − 6. 433 82 | 1997 | 2 841. 005 | − 10. 5159 |
| 1986 | 140. 746 8 | 3. 679 245 | 1998 | 4 139. 725 | − 0. 718 69 |
| 1987 | 1 570. 922 | 0. 652 377 | 1999 | 3 490. 802 | − 10. 206 2 |
| 1988 | − 186. 44 | − 3. 291 14 | 2000 | − 1 660. 81 | − 8. 426 4 |
| 1989 | 538. 351 4 | 7. 724 958 | 2001 | − 2 214. 16 | 3. 931 452 |
| 1990 | 3 369. 978 | − 8. 716 94 | 2002 | − 3 187. 29 | − 2. 938 2 |
| 1991 | 904. 118 | − 8. 843 54 | 2003 | − 6 161. 25 | 2. 402 402 |
| 1992 | 335. 440 3 | − 0. 094 88 | 2004 | − 346. 095 | 24. 610 89 |
| 1993 | 410. 609 1 | 3. 091 873 | 2005 | 354. 134 | − 1. 587 3 |
| 1994 | − 815. 55 | 20. 460 15 | 2006 | 1 433. 385 | 1. 089 109 |

注：价格变动率为以社会商品零售价格指数调整后的粮食零售价格变动率

（2）粮食储备量变动与价格变动关系分析

为了分析粮食储备量与粮食价格之间的关系，本书运用粮食储备变动量（$X$）和粮食实际价格增长率（$Y$）两个变量作计量经济分析。

A. 单位根检验

为了考察粮食储备变动量和粮食实际价格增长率的长期关系，在进行协整检验之前，先要对粮食储备变动量和粮食实际价格增长率进行单位根检验，具体检验结果如表 5-5 所示。

表 5-5　粮食储备变动量与粮食价格增长率的 ADF 检验

| 序列 | 检验形式（$C$, $T$, $K$） | ADF 值 | 5% 临界值 | $P$ 值 |
|------|------------------------|--------|-----------|--------|
| $X$ | （$C$, $N$, 3） | − 4. 628 62 | − 3. 020 686 | 0. 001 7 |
| $Y$ | （$C$, $N$, 3） | − 3. 826 466 | − 3. 622 033 | 0. 033 5 |

注：检验类型中，$C$ 表示带有常数项，$T$ 表示带有趋势项，$K$ 表示滞后阶数，滞后期的选择遵循 AIC 准则

从表 5-5 可以看出，粮食储备量变动与粮食价格变动率的水平序列是平稳

的，即 $X \sim I(0)$，$Y \sim I(0)$。

B. 协整检验

通过单位根检验之后，就可以对粮食储备变动量和粮食实际价格增长率进行协整检验，本书采用的方法为 Johansen 协整检验方法，检验结果如表 5-6 所示。

表 5-6　粮食储备变动量与粮食价格变动率的 Johansen 协整检验

| 协整序列 | H | 特征值 | 迹统计量 | 5%的临界值 | P 值 |
|---|---|---|---|---|---|
| X 与 Y | 0 | 0.268 515 | 6.878 914 | 3.841 466 | 0.008 7 |
|  | 1 | 0.362 687 | 16.789 78 | 18.397 71 | 0.082 8 |

表 5-6 的检验结果表明，在 5% 的显著水平上，实证结果拒绝了并不存在协整方程的原假设而接受了存在一个协整方程的原假设，这意味着 X 与 Y 两个变量在 5% 的显著水平上存在着一个协整方程，同时说明它们之间存在着长期稳定的均衡关系。

C. Granger 因果检验

协整检验表明粮食储备变动量和粮食实际价格增长率之间存在协整关系，但是，这种长期均衡关系究竟是粮食储备量的变动引起粮食实际价格的变动，还是粮食实际价格的变动引起粮食储备量的变动？这需要对粮食储备变动量和粮食实际价格增长率进行 Granger 因果关系检验，检验结果如表 5-7 所示。

表 5-7　粮食储备变动量与粮食价格增长率的 Granger 因果检验

| 零假设 | 滞后阶数 | F-统计量 | P 值 | 结论 |
|---|---|---|---|---|
| 粮食价格增长率（Y）不是粮食储备变动量（X）的格兰杰原因 | 2 | 1.691 18 | 0.213 87 | 接受零假设 |
| 粮食储备变动量（X）不是粮食价格增长率（Y）的格兰杰原因 | 2 | 11.164 2 | 0.000 80 | 拒绝零假设 |

从表 5-7 可知，在 5% 的显著性水平下，检验结果接受了粮食价格增长率（Y）不是粮食储备变动量（X）的格兰杰原因，而拒绝了粮食储备变动量

（X）不是粮食价格增长率（Y）的格兰杰原因。这说明，是粮食储备变动量引起粮食价格的变化。

D. 脉冲响应函数

图 5-1 是模拟的脉冲响应路径曲线。实线是相应函数值，虚线是响应函数一倍标准差的置信带；纵轴表示响应程度，横轴表示实验设定的响应期数。

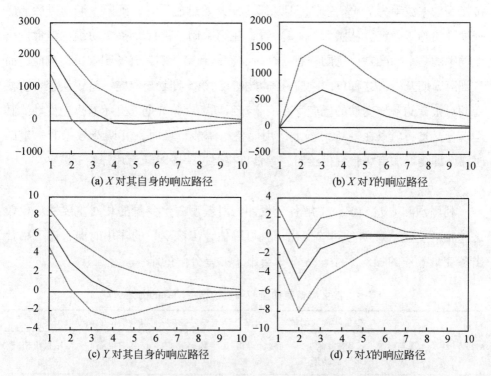

图 5-1  粮食储备变动量和粮食价格增长率的脉冲响应路径曲线

从图 5-1（a）看，粮食储备变动量对其自身的一个标准差的信息立刻有较为强烈的正向响应，变动量约为 2000 万吨，之后就开始下降。第 2 期变动量下降到约为 1000 万吨，从第 3 期开始下降到约为 0，并趋于稳定。从图 5-1（b）看，当在本期给粮食价格增长率一个标准差冲击后，粮食储备变动量的变化会产生一个时滞，到第 2 期才开始有一定程度的正向响应，到第 3 期，这种响应有所增强，其后响应程度开始逐渐减弱，并趋于稳定。其经济含义在于：储备粮对市场的调节存在一定的"逆向操作"，即当粮食价格上涨时，粮食承储企业担心市场价格会进一步上涨，为了避免以后购进更高价格的粮食，影响其经济效益，于是在粮食价格上涨时，反而大量购进粮食；同时由于粮食承储企业是根据现货市场信息购销粮食的，而现货市场的价格信息存在一定的滞后性，因此其对当期粮食市场的价格变化反应具有滞后性。从图5-1（c）看，在第1期，粮食价格变动率对其自身的一个标准差信息立刻有较为强烈的正向响应，粮食价格变动率波动为7.3%左右，但从第2期开始迅速下降，到第4期及以后响应程度开始趋于稳定。从图5-1（d）看，在第1期，粮食储备变动量对粮食价格变动率的一个标准差信息同样有一个时滞，但到第2期，开始出现负向响应，而从到第3期开始，这种负向响应逐渐减弱，到第5期趋于稳定。这说明粮食价格变动对粮食储备量变动的反应存在一个滞后期，在第2期才开始有反向变动。其经济含义是：国家在现货市场上运用储备粮调节市场时，其调节效果有一定的时滞，即当增加市场粮食供给时，粮食价格要过一段时间后才开始下跌。

E. 方差分解

利用预测方差分解，了解各变量冲击对模型内生变量的相对重要性。比较这种相对重要信息随时间的变化，就可以估计出该变量的作用时滞，还可估计出各变量效应的相对大小。表5-8给出了方差分解的结果。

表5-8 粮食储备变动量和粮食价格变动率的方差分解

| 滞后期 | 粮食储备变动量 | | | 粮食价格变动率 | | |
| --- | --- | --- | --- | --- | --- | --- |
| | 预测标准误差 | 粮食储备变动量 | 粮食价格变动率 | 预测标准误差 | 粮食储备变动量 | 粮食价格变动率 |
| 1 | 2 045.334 | 100.000 0 | 0.000 000 | 6.710 539 | 0.095 049 | 99.904 95 |
| 2 | 2 315.354 | 95.360 47 | 4.639 529 | 8.776 374 | 28.992 08 | 71.007 92 |
| 3 | 2 437.244 | 87.284 18 | 12.715 82 | 8.961 040 | 30.101 92 | 69.898 08 |
| 4 | 2 505.253 | 82.694 02 | 17.305 98 | 8.973 377 | 30.289 51 | 69.710 49 |
| 5 | 2 534.781 | 80.924 79 | 19.075 21 | 8.975 507 | 30.312 38 | 69.687 62 |
| 6 | 2 544.512 | 80.354 26 | 19.645 74 | 8.976 646 | 30.327 23 | 69.672 77 |
| 7 | 2 547.551 | 80.167 11 | 19.832 89 | 8.976 948 | 30.331 42 | 69.668 58 |
| 8 | 2 548.636 | 80.098 94 | 19.901 06 | 8.977 025 | 30.330 99 | 69.669 01 |
| 9 | 2 549.087 | 80.070 65 | 19.929 35 | 8.977 078 | 30.330 69 | 69.669 31 |
| 10 | 2 549.285 | 80.058 17 | 19.941 83 | 8.977 099 | 30.330 62 | 69.669 38 |

经过方差分解发现，粮食储备变动量主要受到自身的影响在第 1 期到第 2 期表现明显，从第 5 期开始基本上稳定在 80% 左右，而粮食价格增长率对粮食储备变动量的影响在第 1 期为 0，但以后影响逐步增强，从第 5 期开始基本上稳定在 20% 左右。粮食价格增长率在一开始就有自身波动的影响，受产量增长率影响逐步稳定上升，稳定在 30.33% 左右。这与脉冲响应函数动态响应路径的解释是基本一致的。

（3）基本结论

通过上述实证分析，可以得出如下结论：

1）储备粮在平抑市场粮价波动方面虽然有一定效果，但不是很显著。中国的粮食储备量变动与粮食价格存在长期均衡关系，仅存在粮食储备量变动对粮食价格的引导关系，也就是说，储备粮在平抑市场粮价波动方面有一定效果，但由于运用储备粮平抑市场粮价是通过现货市场进行的，所以其效果还不是十分的显著，而且还存在一定的时滞性。这从粮食价格变动率长期作用部分的总方差中来自粮食储备变动量的部分约占 30.33% 和图 5-1（d）中存在一个滞后期可以看出来。

2）储备粮的运作存在"逆向操作"，但不是十分明显。当在本期给粮食价格变动率一个标准差冲击后，粮食储备量的变化在滞后 1 期作出的是正向响应，说明储备粮的运作存在"逆向操作"现象。但是，在粮食储备变动量长期作用部分的总方差中，来自粮食价格变动率的部分最后稳定在 20% 左右，这又表明这种"逆向操作"还不是十分明显。

## 5.1.3.2　粮食储备库点分布失衡给粮食流通带来障碍

单纯的流通储存实际上平衡的是年度内因收获季节集中、消费时间平均分布而产生的供求矛盾，这种矛盾是年度内不同时点上供求不一致导致的问题。后备储备则具有丰年纳进、歉年吐出的功能，平抑由年度间生产差异引起的供应波动，使粮食供求在不同年份间更趋平衡。然而，由于诸多条件和因素的制约，我国粮食储备库点分布失衡。根据国家粮食局有关统计资料显示，2003 年中央储备粮库点粮食储备规模的地区分布为：13 个粮食主产区储存的中央储备粮约占全国中央储备粮总规模的 71%，在 8 个主销区储存的中央储备粮约占全国中央储备粮总规模的 15%，其他 10 个产销平衡区储存的中央储备粮约占全国中央储备粮总规模的 14%。储备库点密集、储备规模大的地区具有粮食轮入轮出时间集中的特点，会出现购销拥挤的现象，不仅影响粮食生产，还会出现轮出时为尽快出库打压粮价、轮入时争购粮源抬高粮价的情况，导致短期内市场价格的上下震荡，对市场流通形成较大的冲击。另外，随着储存时间的延长，粮食的品质会逐渐衰退，造成储备粮轮换时，新粮和陈粮的价格差异很大。一般情况下，陈稻与新稻的轮出价差为 0.2 元/千克，有时高达 0.4 元/千克。综上所述，在粮食储备过程中，形成的粮食价格波动和市场扭曲会对粮食流通市场带来很大的负面影响，严重阻碍了粮食流通市场的稳定发展。

## 5.2 我国粮食生产、流通与储备不协调原因分析

我国粮食流通体制改革经历了多次变迁，现已基本确立了市场化的粮食购销政策，而且对粮食产销所涉及的各方面的关系进行了多方位、多层次的调整。但是，合理的、能兼顾诸方利益的、无论在什么年景下均能运转自如的粮食流通体制尚未建立起来，直接导致我国的粮食生产、流通与储备各环节运行不畅，对粮食安全造成了较大的负面影响。本节分别对粮食产销利益主体行为、粮食生产和消费区域利益分割、粮食调控目标多元化下的政府政策调控三个层次进行分析，探索粮食生产、流通与储备不协调的深层原因。

### 5.2.1 从粮食生产、流通与储备领域主体行为的视角分析

粮食生产者、经营者、消费者和政府（中央及各地政府）等行为主体将粮食生产、流通和储备领域连接起来，三大领域的不协调很大程度上源于各利益主体的目标不一致。各主体为了达到各自的目的（或利益）具有各自不同的行为特点，也在各主体之间产生了一系列复杂的联系。这些复杂的联系正是分析粮食生产、流通与储备各粮食产业链不协调性的深层次原因的基础。由于

政府与消费者行为可以结合政府政策调控层次进行分析，留待后续部分进行分析，因此，本部分仅对粮食的生产者和经营者行为进行分析。

### 5.2.1.1　生产领域主体经济行为

（1）粮食生产者的经济理性

20 世纪 50 年代部分经济学家提出了以工业为中心的发展战略，他们普遍认为农业是停滞的，充其量只是为工业发展提供劳动力、市场和资金，传统农业社会的农民愚昧、落后，对经济刺激不能做出正常反应，经济行为缺乏理性，因而应当对生产要素配置效率低下负主要责任。他们认为农民的反常供给反应是农民的"非理性"行为的典型体现，甚至追求利润最大化的"经济人"假定也不适用于农民。基于这种理论的指导，许多发展中国家的经济发展因忽视农业而陷入"李嘉图陷阱"。但西奥多·W. 舒尔茨在其名著《改造传统农业》中对这种观点予以了驳斥，他利用社会学家对危地马拉的帕那撒尔和印度的赛纳普尔这两个传统农业社会进行详细调查得出的资料证明了传统农业中农民并不愚昧，他们对市场价格的变动能够做出迅速而正确的反应，并且他们已经通过多年的摸索实践，使现有的生产要素的配置达到了最优化。由此农民理性"经济人"的假定得到了理论支撑。

虽然粮农的文化素质、技能水平、生活阅历、思想观念和人生观等存在着极大的差异，但他们具有理性这一点是毋庸置疑的，仍然符合传统经济学的假设，即在给定的价格参数和政策背景下追求利益最大化，以此来最大化自己的效用。不同的人其行为方式的选择多种多样，而人的行为偏好要通过行为选择才能实现。农民的行为偏好则是通过对粮食的生产和经营获得最大化的经济效益。如果发现粮食生产有利可图，他就会扩大对粮食生产的投入；如果粮食生产只有微利或者无利可图时，他们就不会扩大对粮食生产的投入，甚至还要压缩粮食生产的支出，以转移到其他方面而增加自己的收入。由于粮食生产受土地资源、水资源、投入资本等生产性资源和季节的影响，农民即使有扩大生产的冲动，也会因为条件的限制而难以实现其行为目标，而消费者对粮食的消费也存在着一定的生理极限，因此粮食的供给通常被认为是一种缺乏价格弹性的商品。实际上，农民在生产时并不是始终处于这种被动的地位。因为当粮食行情好、价格高而使生产有利可图时，农民即使受到土地等生产性资源和季节的影响，仍能通过选择新技术、新品种和增加投入来增加粮食的供给。特别是考虑到存在着土地等资源性要素没有得到充分有效利用的时候，粮食生产供给有可能就不会缺乏价格弹性。目前，随着城市化速度加快，非农建设用地不断扩展，给粮食生产带来了很大的负面影响。耕地是粮食生产的必要要素之一，随着耕地不断被挪作他用，必然成为制约粮食生产和供给的关键因素。当粮食市场出现供不应求，粮食价格向上攀升时，尽管农民有追求利润最大化的行为偏好，有扩大生产规模、实现利润最大化的行为选择，也会因为耕地资源稀缺，最终导致粮食供给缺乏价格弹性。

作为理性的经济人，农民生产粮食是为了获得收益，实现最大化的生产者剩余。为达到增加收入的目的，粮农可以选择种植粮食，也可以选择种植非粮作物；销售粮食时，可以选择把生产出来的粮食卖给国有粮食部门或私营粮商，并尽可能通过抬高价格的手段，实现更多的生产者剩余，当然生产者剩余的实现也要受到粮食供给缺乏弹性的影响。因为粮食的需求和供给均缺乏弹性，这一经济规则就成为约束农民生产粮食的偏好和选择的一种制度安排：只要农民是理性的人（实际上农民就是理性的经济人），就会根据粮食需求和供给缺乏弹性的规则决定自己的行为选择方式，实现粮食生产的偏好。尽管居民的粮食需求和农民的粮食供给缺乏弹性，不会对粮食的供求关系产生多大的影响，但是粮农追求生产者剩余最大化的行为偏好与售粮选择却会给粮食流通带来很大的影响。

（2）基于粮食生产者的经济理性的粮食生产行为导致蛛网困境难以打破

我国市场化改革的步伐越来越快，随着全球经济的一体化、农村生产结构的进一步调整、城乡居民收入差距拉大的激励和城市高收入阶层生活模式的刺激，中国从事粮食生产的农民不再如以往一样一味地追求粮食高产，而是追求更为直接的收入增长：在粮食价格高涨、粮食市场行情见好，自身收益能够增加，粮食价格对生产有利时，粮农就会加大粮食生产投入力度，扩大粮食播种面积；相反在粮价低迷、种粮收益较低时，粮农会选择降低生产投入、缩减粮食种植面积。受多方因素影响，粮农获取市场信息不充分，如若政府等公共部门对粮农的引导力度不够，粮农主要以自身已经获得收益多少以及市场相关价格信息的好坏做出生产决策。当本期生产比较收益增加时，粮农在下一个生产期就扩大再生产规模，主要表现在播种面积的增加和生产投入的增加，其结果是粮食产量的增加；相反，当本期的生产比较收益减少时，在下一个生产周期粮农就会缩小生产规模或者维持简单的再生产。与此同时，其他粮农的选择也是如此，最终的结局是多个农户的同步同构性势必破坏目前已经取得的相对较高的成本收益。而且中国的粮农与生俱来的分散性、规模小以及组织化程度低的特点，短期内难以改变，使得他们之间存在着信息不完全的动态博弈，纳什均衡的结果是采取相同的生产决策并形成各自的优势战略，市场行情好转时，所有的粮农扩大生产规模，以期尽可能地增加生产收益；市场行情恶化时，又同时缩小生产规模，以期尽可能地减少生产损失。为了追求利益最大化，粮农根据市场信息和自己的行为偏好来作出生产决策，因此，导致"蛛网"的困境难以打破。

（3）基于粮食生产者的经济理性的粮食供给行为导致粮食生产与储备连接不畅

粮食市场包括期货市场和现货市场，两者对种粮农户市场供给行为的影响不同。虽然目前我国有粮食期货市场，但对农户的粮食供给基本上不起调节作用，因此，只探讨我国农户在粮食现货市场上的行为。

只有农户出售自己生产的粮食时，农户的粮食生产供给才会变成现货市场供给。农户的粮食生产供给能否成为现货市场供给取决于粮食现货市场价格及农户对未来粮食现货市场价格变动的预期：①如果粮食现货市场供求大体均衡，价格稳定，农户认为价格适当、出售粮食所获净收入相当于原来预期的净收入且预期未来市场粮价不会有大变动，就会出售全部作为商品生产的粮食，粮食生产供给就全部变成了现货市场供给。②假如粮食现货市场供给明显大于需求，粮食价格很低，出售粮食所获净收入远低于原来预期的净收入，农户就会只出售一部分商品粮以应付生活和生产上的货币急需，而将另一部分商品粮储存起来以减少经济损失。这时，只有出售的粮食变成了现货市场供给，未出售的粮食尚未形成现货市场供给。③若粮食现货市场供给明显不足，粮食价格大幅度上涨，农户预期未来粮食现货市场价格会继续上涨，会出现"惜售"现象，而将另一部分商品粮储存起来，待价而沽。④当粮食现货市场供给严重不足、粮价暴涨时，农户就会把存放在仓库里待价而沽的粮食作为自身口粮储备起来，不再出售。

农户根据市场价格和自身的理性判断，运用自储备的方式，影响国家粮食储备，是粮食生产与储备不顺畅的原因之一。

### 5.2.1.2  流通、储备领域主体经济行为

（1）国有粮食企业在流通领域的地位

中国的粮食流通体制改革已经进行了几十年，改革的核心是国有粮食企业，改革的主要目标是：能够获得足够的商品粮以保证稳定的市场供给、有效解决国有粮食企业效率低下问题、实现较为彻底的政企分开以减轻国家财政负担、提高粮食市场的运作效率和稳定性、增强国家对粮食市场的宏观调控能力、促进粮食流通现代化。1993 年以后通过双轨制逐步走向市场化（即放开市场、放开经营和放开价格），这种思路是比较清晰的。但"三放开"政策正式推行之后不久，粮食市场就出现混乱，粮食价格上涨迅速。虽然政府应该作为社会和改革责任的最终承担者，但由于其并不确知社会的忍耐程度，而于1994 年转向强调通过国有粮食系统控制收购，从而掌握粮源。但是通过国有粮食企业来完成控制粮源的任务又产生了新的问题，如如何解决国有粮食企业的政企分开问题，特别是如何在国有粮食企业的经营成果上分清政府责任与企业责任。实践证明，1995 年以来历次改革的不断探索并未成功地解决这一问题，最终导致了国有粮食企业将继续维持低效率状态，而政府还将不断为此埋单。粮食流通体制改革一度陷入困境：中国的粮食流通领域需要国有粮食企业这样一个粮食收集和分配的系统吗？如果不需要，那么结合我国国情，需要选择哪一种或哪一类粮食收集分配系统可以高效、公平、稳定地实现粮食的收集与分配？如果需要，那么如何对其进行改造才能提高效率、减轻政府和社会支付的代价？对于这些问题的理解有助于明晰粮食流通体制改革的核心问题。

对于国有粮食企业改革在粮食流通体制改革处于的核心地位，另一方面的理解就是妥善解决国有粮食企业问题是正确处理由粮食收集分配所引起的各种复杂社会关系的关键。陈云在 20 世纪 80 年代曾经说过："在粮食问题上，有四种关系要处理好：国家跟农民的关系；国家跟消费者的关系；国家跟商人的关系；中央和地方、地方和地方的关系。"实践证明，国家处理和调整粮食流通领域上述四种关系的组织依托还是国有粮食系统（即国有粮食企业）。例如，在 1998 年粮改中，国家通过要求国有粮食企业"按保护价敞开收购农民余粮"来处理国家与农民在粮食问题上的关系，通过"放开零售"（取消国有粮食企业的垄断权）来处理国家与消费者在粮食问题上的关系，通过"管住收购"或"垄断收购"来处理国家与私人粮商的关系等。

经过多年的改革，国有粮食系统不断改进，逐渐形成了完善的、全国性的粮食收购分配网络：销区粮食系统的主要责任是分配，产区的粮食系统的主要责任是收购。具体来说，地市级及其以上粮食系统的主要责任是制定和督促粮食政策的贯彻落实、调拨和分配粮。但事实上，地市级以上的粮食系统、大中城市的粮食系统的企业，部分早已在放开销售的政策环境下走向了市场，相当一部分实行跨部门、跨行业多种经营，已经失去了粮食系统的特殊性，而成为普通的国有企业。而县以下粮食系统的主要责任是收购和具体执行国家的粮食政策，特别是主产区县级国有粮食系统其所承担的粮食收购任务基本上没有变化。因为主产区县级国有粮食系统管着收购，它的行为直接影响国家与农民的关系，特别重要的是，其关系到国家是否能够拿到足够的商品粮。

（2）国有粮食企业的经营行为分析

新中国成立初期创建国有粮食系统的时候，实现政企合一是创建新型粮食流通系统的基本目标。当时，中央在国有粮食系统成立之后召开了第一次全国粮食会议规定：粮食部门是行政管理与企业化经营的结合，在组织上是行政管理企业机构，所谓行政管理，对内是管理公粮入库，管理企业经营、计划和经济核算，对外是配合商业部门管理市场，领导私营企业；同时还要注意到企业化经营的精神，并将这种精神贯彻到各级行政机构，而企业机构也还是有行政管理的，所以不能将两者机械地划分，而须有机地结合（赵发生等，1988）。

从上述规定可以看出，这一运作方式的本质和核心就是政企合一。虽然从法律意义上来看是两种性质不同的机构，但实际上两者是一个有机体不可缺少的两个组成部分。当时的乡镇粮管所和粮站就是很好的例子。从理论上说，乡镇粮管所相当于乡镇级的粮食行政管理机构，粮站则是粮管所下属业务单位，但实际上两个机构的工作交织在一起，人员也在一起办公，一些地方把这个组织叫做粮管所，而在另一些地方则把这个组织叫做粮站。黄世洪（1998）准确地描述了乡粮管所和粮站之间的交织关系"农村粮管所和粮站是负责粮食收购的基层组织机构。粮站一般属粮管所下的'政企合一'的基层粮食单位，受当地政府和上级粮食主管部门的双重领导。在执行国家粮食政策法令，配合乡镇政府下达和落实粮油定购、专储粮收购任务，以及调查年景、灾情和安排农村缺粮人口的粮食供应时，粮站是基层粮食行政部门；当从事粮油议购、食品生产、代农加工、代农储存和其他多种经营时，粮站又是基层粮油经营单位。几十年来，为完成国家粮油收购任务，保证军需民食，沟通工业与农业、城市与乡村、生产与消费之间的关系，支持国家各方面经济建设，曾发挥重要作用"。政企合一的做法在实际运行过程当中又出现了不少的问题，因此国家在粮食流通领域进行了一系列的改革。1998年粮改，在我国粮食流通体制改革历史上是一次重要的改革实践，解决政企不分问题也是1998年粮食流通体制改革的一个重点。纵观改革前后，国有粮食企业的行为及其与政府之间的复杂关系有明显的不同。

A. 计划经济时期的国有粮食企业

在计划经济时代，国有粮食企业是执行政府粮食经营任务和粮食政策的机构，其经营目标是完成所属粮食局交给的各种有关粮食购销调存的任务。粮食局接受本级政府和上级粮食部门的双重领导，而上级粮食局又接受其同级政府和其上级粮食部门的双重领导，整个领导体系的最高权威是国务院。如此便在全国范围内形成了制定、执行粮食收购、销售、调拨、存储政策和任务的完整网络，其中完成任务、执行政策是国有粮食企业的主要功能；下达任务、制定和部署政策的执行则是政府的主要功能，政府和国有粮食企业之间就好比"脑"和"手"的关系。在整个粮食流通过程当中，粮食从一个地方运送到另一个地方，再以一个特定的价格卖给特定的群体，或以某一价格收购上来，表面上看是国有粮食企业的行为，实际上是政府的意图和政策，是各级政府按照上一级政府的意图落实的。在经营行为上，国有粮食系统实行平均主义的分配体制，社会制度环境和企业激励方式排除了财富分配向个人或集体倾斜的可能性，企业因此并没有形成严格的"小集体"利益，经济学中企业追求本身利益最大化的假设当时并不严格存在。可以说那个时候企业目标与政府目标出现了相对的高度一致，同时由于计划经济时期政府监管能力较强，使国有粮食企业在某种程度上成为准政府机构或政府机构的延伸。

具体说来，政府目标和企业经营目标的高度一致主要源于以下两个原因：①政府粮食政策所涉及的利益分配与企业职工利益关系不大。国有粮食企业职工执行固定的工资标准，企业利润上交，亏损由上级承担，粮食经营与职工利益分配没有严格的对应关系。对职工的激励来自于思想教育产生的自觉性、工作纪律和晋升、转干、转正等激励方式，与对政府工作人员的激励方式是基本相同，都具有非直接物质利益特性。②政府粮食政策所涉及的利益分配与粮食企业利益关系不大。以规定价格收购规定的粮食、以规定价格向销区调拨粮食，企业没有权力与责任通过计划以外的其他管道收购或销售粮食，粮食的物流以及由此产生的价值流，一切都由上级部门规定。企业虽然要对所经营的粮食进行核算，但对核算的结果并不承担责任，也无法承担责任，总体上也不要求承担责任，这种核算实质上只是政府制定粮食政策和粮食经营有关规定的依据。

粮食行政管理权力与粮食经营结合和交织在一起，使得政府和国有粮食企业面对不同的问题。一方面，国有粮食企业在推动行业政策的制定与执行方面拥有了向自身利益倾斜的优势。这种优势主要体现在三个方面：①国有粮食企业制定粮食政策时占有绝对的优势。国有粮食企业既是粮食经营者又是基层粮食流通行业的管理者，是粮改方案商讨和制定的主要的来源，国有粮食企业的信息和观点是决策者在设计和制定最终政策时的重要依据。②在维护自身利益方面占绝对优势。理论上来说，粮食行业管理者应当监督国有粮食企业执行粮食政策，但因国有粮食企业既是管理者又是经营者，身兼二职，造成了自己监督自己的局面，从而使监督难有实际效用。③粮食流通行业管理与粮食经营相结合，使管理权力的寻租活动更容易实现。如果管理机构和经营者是两个不同的机构，那么寻租成功必须涉及三个单位：管理者、国有粮食企业、私营粮商。而三个单位的利益不同，存在着信息不对称等原因，在这种情况下，寻租成功的成本会更高，寻租行为发生的几率也小。另一方面，政府不得不为国有粮食企业自主经营失败承担一定责任。造成这一结果的直接原因就是政府在判断是政策造成企业亏损还是企业自己经营不善造成亏损这一问题上大部分时候处于劣势。这是因为：国有粮食企业数目庞大，国家并不能完完全全了解每一个企业经营的所有信息；而且，虽然中央政府具有权力主导地位，但企业却善于讲道理（甚至是借口），使得中央政府处于"理论论战"的下风；进一步讲，国有粮食企业是国家唯一可依赖的粮食流通渠道，政府制定的各种政策只能通过国有粮食企业来兑现，使政府处于不利的位置。因此，为了引导国有粮食企业顺利完成粮食购销的任务，政府不得不在粮食经营责任上向企业作出让步，承担亏损的责任，或者为企业创造出更为有利的经营条件。这样一来，企业对政府的依赖情绪日益见涨，因为有政府这个大后台，他们的顾虑也就完全消除。

B. 改革开放以后国有粮食企业经营行为

1978 年以来的粮食流通体制改革引发了国有粮食系统性质的根本性改变，使得国有粮食企业从一个单纯完成政府任务的机构、一个经营活动基本与自身利益没有太多直接关系的机构，转变为粮食经营活动与自身利益相挂钩，并以实现自身利益为重要目标的经济实体（贺涛，2001）。这一转变的结果就是粮食企业经营行为同政府目标发生了严重偏离，使得"政企分开"问题提上议程。

改革开放以来流通领域进行了一系列的改革，但是改革效果并不理性。特别是 20 世纪 90 年代以来，每次新的粮食流通体制改革措施推行之前，基本上都是不得不将上一轮粮改所形成的亏损当作停息挂账处理，同时宣布若此后再发生新的经营亏损，则由企业负责。可是到下一轮改革推行之时，政府又不得不把本轮粮改所产生的亏损做停息挂账处理，如此陷入了恶性循环，逐渐加重了政府的负担。造成这种后果的根本原因在于计划经济体制下形成的"政企合一"制度的影响以及后来政府试图在分清和国有粮食企业责任的时候所面临的一系列不利因素。为了促使国有粮食企业按照要求收购农民余粮，政府就得承诺向这些企业提供充足的贷款。贷款成为企业流动资金后，由于经营不善或企业自身利益驱动，国有粮食企业不能归还或根本不愿归还贷款。这就在农业发展银行形成了"亏损挂账"。但是尽管没有归还贷款，当下一轮收粮季节到来之时，政府为确保按照承诺收购农民粮食，仍然不得不责成农业发展银行向粮食企业提供贷款，从而使亏损挂账不断增加，这就是著名的"挂账机制"。一个很好的例子就是政府要求国有粮食企业按保护价敞开收购农民的余粮，同时坚持顺价销售。敞开收购之后，一些企业又无法做到顺价销售，结果库存增加很多。为此政府出台了一项政策，由敞开收购而产生的超过正常周转库存的库存粮食由政府补贴储存费用，这几乎是理所当然的，因为超储库存是由政府政策造成的。但由此一来，一些国有粮食企业坚持按保护价敞开收购，却不再积极销售，因为超储库存越多，拿的补贴越多，企业就不会在销售上花费心思，仅仅依靠超储获得补贴。

1998 年，粮食流通体制改革在解决国有粮食企业政企分开方面付出了相当大的努力，但也并未取得彻底分开的预期效果。首先，在解决粮食行政管理与粮食经营活动分开的实践中出现了种种困难，如粮食局机关利益与下属企业利益无法彻底分开，影响了改革的效果，而粮改决定没有明确标明各级粮食行政管理机构分别承担何种管理职能及承担方法，也影响了这项政策的落实。另外，体制不顺的问题也进一步地影响了政策实施的效果。其次，在分清企业自主经营责任和政府责任方面也收效甚微。当时改革的初衷是通过分离主营业务和附营业务来分清政府与企业之间的责任，不仅如此，还要从资金管理上分清政府和企业的责任。这两条措施起了一定的作用，但是同样产生了很多的问题。第一，人员、固定资产运用等方面非常难以分开，实际上更多国有粮食企业的应对措施是表面改革、实质不动。第二，主营业务的经营结果仍然分不清是企业责任还是政府责任。因此可以说，1998 年粮食流通体制改革中实行政企分开，并采取更加严格的贷款管理制度，并未根本解决政企不分的深层矛盾。

　　由以上分析可以看出，政府和国有粮食企业之间关系十分复杂。面对如何处理政府自身和国有粮食企业之间的权责关系，双方均陷入两难的境地。政府一方面想顺应时代的要求，增强国有粮食企业的竞争力，试图将其改造成"自主经营、自负盈亏、自我约束、自我发展的经营实体"，另一方面又不得不进一步控制和限制国有粮食企业的自主经营权利，以努力分清自己和企业在经营后果上的责任。问题是，既然通过行政和政策干预削弱了国有粮食企业的经营自主权，那就必须要为企业经营自主权不完整条件下所产生的经营结果负责，但是一旦负责起来，政府同企业之间的依托关系就又建立起来了，如此政企更加难以分开。政府的目标是实现政企分开，但政府的做法却进一步加深了政企不分的程度，而问题的复杂性更在于这些加深政企不分程度的措施却又是不得不采取的必要和合理的措施。作为问题的另一方面，国有粮食企业也处于相当困难的境地：自己没有经营自主权，却被政府要求承担一定的责任。实际上，相当多的国有粮食企业也希望像私营粮商那样自由地经营，但如果坚持国有粮食企业的改革方向，将其改造成为"自主经营、自负盈亏、自我发展的经营实体"，那就不能要求国有粮食企业承担那些不计经济效益的社会公益性责任。相反，要是坚持国有粮食企业是政府实现保障农民利益与保证社会供应稳定的工具，就不应要求其"自主经营、自负盈亏"。既要企业"自主经营、自负盈亏"，又要控制企业的自主权利以实现政府目标，结果既影响企业的发展，又影响政府实现保障农民利益和社会稳定供应的效果。

　　如上所述的政企之间的权、责、利矛盾并未根本化解，政企不分的情况仍然存在，但是，国有粮食企业本身追逐经营利益的动力，仍驱使其经营自主权利的不断调整与扩大。当然，在改革开放以前，国有粮食企业也有单位利益，但是这种利益并不主要或根本不体现在企业经营粮食所获得的利润方面，无所谓经营自主权。但是改革开放后，随着市场经济体制的逐渐建立，粮食经营双轨制和粮食销售的放开，国有粮食企业获得了部分经营自主权，经营自主权和企业内部分配制度的改革使企业集体和职工的利益与自主经营结果直接挂起钩来，并由此形成了企业本身经营利益，且逐步成为企业利益的主体部分。自主经营的一个很好的例子就是议价粮经营。议价粮购销（1995 年后，议价粮购销称作市场纯购进和市场纯销售）虽然也纳入国家计划，但计划并不是强制性的，而只具有指导意义。当然也存在国家调动议价粮的情况（如议转平），但是议转平所产生的经营责任是由政府负责的，并不存在政企分不开的问题。所以，议价粮经营，虽然不是企业绝对自主，但是具有较大的自主权，即在通常情况下是企业自主经营的。表 5-9 和表 5-10 展示了 1979～1998 年国有粮食企业政策性经营与自主经营的发展情况。从表 5-9 和表 5-10 中可以看出，总体趋势是粮食企业的议价粮经营占其经营粮食的比重越来越大。

表 5-9　全国粮食系统收购与政策性收购情况

| 年份 | 收购总量 /万吨 | 自主收购 | | 政策性收购 | |
| --- | --- | --- | --- | --- | --- |
| | | 绝对量/万吨 | 所占比例/% | 绝对量/万吨 | 所占比例/% |
| 1979 | 5 926 | 525 | 8.9 | 5 404 | 91.1 |
| 1982 | 7 368 | 1 748 | 23.7 | 5 620 | 76.3 |
| 1985 | 7 925 | 1 964 | 24.8 | 5 961 | 75.2 |
| 1988 | 9 430 | 4 382 | 46.5 | 5 048 | 53.5 |
| 1991 | 11 420 | 5 151 | 45.1 | 4 749 | 41.6 |
| 1992 | 10 414 | 5 150 | 49.5 | 4 534 | 43.5 |
| 1993 | 9 234 | 3 926 | 42.5 | 5 066 | 54.9 |
| 1994 | 9 226 | 4 496 | 48.7 | 4 464 | 48.4 |
| 1995 | 9 444 | 4 626 | 49.0 | 4 618 | 48.9 |
| 1996 | 11 920 | 4 739 | 39.8 | 5 013 | 42.1 |
| 1997 | 11 535 | 6 294 | 54.2 | 4 549 | 39.4 |
| 1998 | 9 655 | 5 625 | 58.3 | 4 020 | 41.6 |

资料来源：①商业部.1989. 当代中国粮食工作史料. 北京：中国商业出版社；②商业部. 中国商业年鉴（1986～1993 年）. 北京：中国商业出版社；③宋文仲等.2001. 改革放开以来粮食工作史料汇编. 北京：中国商业出版社

表 5-10    全国粮食系统销售与政策性销售情况

| 年份 | 销售总量/万吨 | 自主销售 | | 政策性销售 | |
|---|---|---|---|---|---|
| | | 绝对量/万吨 | 所占比例/% | 绝对量/万吨 | 所占比例/% |
| 1979 | 5 681 | 225 | 4.0 | 5 456 | 96.0 |
| 1982 | 7 710 | 797 | 10.3 | 6 913 | 89.7 |
| 1985 | 8 565 | 2 048 | 23.9 | 6 517 | 76.1 |
| 1988 | 10 091 | 3 317 | 32.9 | 6 774 | 67.1 |
| 1991 | 10 433 | 2 995 | 28.7 | 7 436 | 71.3 |
| 1992 | 9 000 | 3 896 | 43.3 | 4 770 | 53.0 |
| 1993 | 6 700 | — | | | |
| 1994 | 7 648 | — | | | |
| 1995 | 7 107 | 3 256 | 45.8 | 3 851 | 54.2 |
| 1996 | 5 450 | 2 784 | 51.1 | 2 666 | 48.9 |
| 1997 | 4 675 | 2 796 | 59.8 | 1 874 | 40.1 |
| 1998 | 4 158 | 2 419 | 58.2 | 1 738 | 41.8 |

数据来源：①商业部.1989.当代中国粮食工作史料.北京：中国商业出版社；②商业部.中国商业年鉴（1986~1993年）.北京：中国商业出版社；③宋文仲等.2001.改革放开以来粮食工作史料汇编.北京：中国商业出版社

　　与此同时，企业分配制度也发生了深刻的变化。1980年5月，当时的粮食部和财政部根据国务院颁发的《关于国营企业实行利润留成的规定》，分别在粮食部门实行减亏分成和在粮食加工企业盈利中实行利润留成办法。1981年以后，实行"收支两条线"办法，即对平价经营的政策性亏损实行企业总额包干，减亏留用或按比例分成，对于议价粮经营则实行利润留成（宋文仲等，2001；赵发生等，1988）。减亏分成和利润留成的初始出发点是调动企业积极性，但减亏分成和利润留成使企业获得了自主处置部分经营成果的权利，企业利益与职工利益则由此与经营成果实现了直接挂钩。所有这些充分说明了改革开放以来国有粮食系统自身利益的形成和存在，证明了国有粮食企业自主经营活动的存在和程度的加大。

　　（3）粮食企业经营行为造成粮食生产者和经营者利益失衡，导致粮食生产与市场脱节粮食流通的两大行为主体是经营者和生产者。当前，粮食生产者是千家万户分散经营的农户，而经营者主要是国有粮食企业和少部分个体粮商及个别的生产者本身。粮食生产者与经营者之间的关系是：农民 70%～80% 以上的粮食通过国有粮食企业卖给国家，国有粮食企业收购农民的定购粮和议价粮。表面上看这一卖一买公平合理，但实际情况是：农民的粮食生产相当分散，组织化程度低，分散的农户在粮食出售过程中缺乏有效的市场中介服务，在社会事务中没有任何交易谈判的地位和能力，所以农民在粮食生产与交换的过程中几乎承担了全部风险。而粮食经营企业虽然掌握粮食市场的信息，但其功能单一（主要是国有粮食企业，只具有购买行为而没有向生产者提供市场信息的义务），同时，由于期货市场和批发市场网络及体系的不健全，市场信息的传递相当滞后，粮食经营企业本身并不承担与农民共享信息来源、共担市场风险的责任和权利，甚至于有时其行为与农民的利益相去甚远，经营者出于自己企业的利益，采用压级压价的方式最终以较低的价格获取足够的粮源，农民个体则希望在出售粮食时获取最大的收入，由此导致了两者之间的矛盾。尤其是农民组织化程度低、掌握的市场信息不充分甚至失真，导致在不断变化的市场中绝对多数农民对生产什么、生产多少等决策把握不准。粮食经营者与生产者之间的这种相对"独立"或者说各自利益的独立性，决定了二者之间利益取向的差异和矛盾，客观上促成和放大了粮食供求之间的矛盾。这些原因造成了粮食生产与市场的脱节，导致农民在粮食生产品种的选择上存在很大的盲目性，造成同一地区粮食品种纷杂，加大了粮食收储的成本，使得粮食流通出现梗阻。

## 5.2.2　从粮食供求地区间利益协调的视角分析

我国粮食流通体制改革经历了多次变迁，现已基本确立了市场化的粮食购销政策，并对粮食产销所涉及的各方面的关系进行了多方位、多层次的调整。但是，合理的、能兼顾诸方利益的、无论在什么年景下均能运转自如的粮食流通体制尚未建立起来，直接导致我国粮食生产、流通与储备各环节运行不畅，对粮食安全造成了较大的负面影响。市场化条件下，粮食的生产者、经营者、政府都以追求自身利益（经济利益、社会效益）最大化为目标，在追求各自利益最大化的过程中，必然会产生种种矛盾和冲突。这种矛盾也体现在粮食供求地区之间的利益分配是否平衡上。

### 5.2.2.1  粮食供求地区作用关系

就目前我国粮食体系而言，粮食产销区相关利益主体主要有：粮食生产者（农户）、粮食经营者（粮食企业）、消费者和政府。上述利益主体分别归属于主产区和主销区，其具体作用方向和作用关系如图5-2所示。中央政府根据其利益在与地方政府的博弈中，依据粮食生产的比较优势，确定出粮食主产区和主销区；主产区和主销区政府对各自生产者、经营者、消费者进行宏观管理；主产区和主销区粮食生产者、经营者和消费者在各自区域进行粮食流通、消费活动；主产区粮食生产者和经营者在进行本区粮食流通、消费活动的同时，还要与主销区粮食经营者和消费者进行粮食流通、消费活动方面的博弈，以满足主销区的粮食需求。

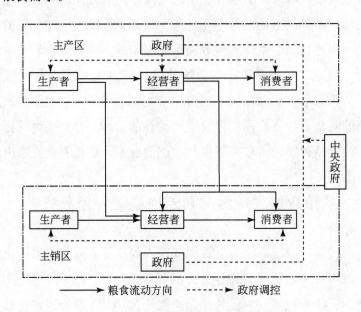

图5-2  粮食产销相关利益主体及作用机理

### 5.2.2.2　粮食生产区域格局变化的形成原因

为了保障粮食安全、社会稳定，中央政府需要获得地方政府的大力支持与拥护，以此获得坚实的基础。因此，中央政府一直以来都在尽力激发各级政府制度创新和努力程度。但是，随着市场化进程的加快，各级地方政府在改革过程中越来越多地通过各种途径力图实现自身利益，由此出现了与中央政府目标的背离，地方政府和中央政府（以及各级地方政府之间）出现了利益的差别。因为随着市场化程度加深，各地方政府已经逐步取代中央政府成为地方的投资主体和收益主体，为了竞相发展地方经济，各地方政府有了越来越多自主变革的要求。为了实现地方利益最大化，扩大财政自主权，推动地方经济发展，各地政府施行的一些政策措施有的是与中央政府粮食安全政策背道而驰的，如地方政府试图通过改变农业产业结构或压减粮食播种面积，扩大种植经济效益好的经济作物来增加经济收益等。

中央与地方政府在发展粮食生产方面实际上是一种委托与代理关系，受种粮比较效益较低影响，地方政府不会自觉发展粮食生产，只有在中央政府强制性目标责任约束下，地方政府才会履行其粮食生产职能。中央和地方政府之间的行为关系如下：如果中央政府进行粮食安全的监督检查，地方政府就会实施其相应的政策法规；如果中央政府不进行粮食安全的监督检查，地方政府选择不从事或者少从事粮食生产，如此一来，便形成中央政府的监督检查与地方政府不实施中央相应措施之间的博弈。现实中，正是因为中央政府采取了不同的区域发展战略，放松了某些地区的粮食安全强制性目标责任约束或者将责任转嫁给其他地区，造成粮食生产区域格局的变化，形成了目前的主产区、主销区、产销平衡区的粮食生产格局。

### 5.2.2.3　粮食产销区域利益关系

上述中央政府与地方政府的博弈结果形成了我国有粮食主产区、粮食主销区和产销平衡区的划分。粮食主产区适合种植粮食作物，主要从事粮食的生产，而粮食主销区则消费粮食（当然，粮食主销区也生产一定数量的粮食，但是不能自给），产销平衡区基本上可以自给自足。长期以来，价格扭曲等因素使得市场机制在粮食供需调节中的主导作用未能充分发挥。国家主要通过行政的力量干涉粮食生产和流通，导致粮食主产区及其粮食生产者的利益大量转移给粮食主销区和粮食经营者，粮食产销各利益主体间利益关系严重失衡。粮食主产区利益向粮食主销区转移，进一步表现为粮食主产区政府利益向主销区政府转移。总体来说，这种利益失衡的格局是由于各利益主体经济地位的强弱决定的。

（1）粮食主产区利益主体

这里，粮食主产区指的是在正常年份，粮食总产量在 1400 万吨以上，人均占有粮食 300 千克以上，输出商品粮较多的省（自治区），包括河北、内蒙古、辽宁、吉林、黑龙江、江苏、河南、山东、湖北、湖南、江西、安徽和四川 13 个省（自治区）。粮食主产区产销利益主体大体上包括粮食生产者、粮食经营者和粮食消费者。由于粮食主产区主要生产粮食，对于粮食生产者来说，粮食生产收入占其总收入的比重很大，这种情况在农业产业结构调整时期依然改变不大（虽然粮食生产收入占农民纯收入的比重有所下降），仍是农民收入的主要来源，如江西省至 2000 年仍在 20% 以上（曹光四和曹燕燕，2006）。粮食属于最基本的生活消费品，其需求价格弹性小，经常出现粮食"增产不增收"的现象，因此，粮食生产和销售情况同农民利益有很大的关系；而主产区农民又肩负着维护粮食安全的特殊使命，因此，粮食主产区农民的利益极易受到损害。主产区流通领域的粮食经营者主要包括粮食加工企业、粮食购销企业以及零售商等。在传统的粮食购销体制下，国有粮食企业是粮食流通的主要渠道，据统计，部分粮食主产区国有粮食购销企业掌握的商品粮源在 90% 以上。1998 年实行了以"三项政策、一项改革"为重点的粮食流通体制改革，自此以来，各地相继积极地推进了改革并进行了有益探索，取得了一定成效。例如，2000 年国有粮食企业亏损 81.4 亿元，比 1998 年亏损的 358.3 亿元减亏 276.9 亿元。

（2）粮食主销区利益主体

和粮食主产区相对应，粮食主销区主要消费粮食主产区生产的粮食，这些地区包括北京、天津、上海、浙江、福建、广东、海南 7 个省（直辖市）。这些地区经济实力较强，受自然条件、经济发展的影响，农业生产相对较弱，生产的粮食不能满足自身需要。粮食主销区的粮食生产者、经营者和消费者也有其自身的特点。一般而言，由于粮食主销区建设用地多而耕地面积少，从事粮食生产的农民所占比重较少，因此，在粮食生产上不具备比较优势。由于主销区农民不是主要从事粮食种植，粮食收入也不是其收入的主要来源，尽管粮食价格变动对主销区农民的利益有一定影响，但相对于粮食主产区的农民来说这种影响要小得多。主销区粮食部门首先要完成本地区的政策性粮食购销任务，然后要从粮食主产区购入一部分粮食以平衡供需。因产销区之间截然相反的供需关系形成的粮食价格在产销区之间存在较大差异，主销区粮食企业在满足粮食消费需求的同时，也获得了巨大的利益。粮食主销区的消费者距离粮食产地较远，更容易受到粮食短缺的影响，因此，相对于粮食主产区而言，粮食价格变动对主销区消费者的利益影响较大。

（3）粮食产销区域利益失衡、生产与流通对接不畅的根本原因

粮食主产区生产的粮食除了满足自己消费外还有剩余，而粮食主销区的粮食供给无法满足自身的消费，而必须从粮食主产区来进购粮食，如此一来地区间的粮食交易便产生了。一般来讲，粮食交易的方式有两种：市场方式，即通过价格机制起作用；政府宏观调控，干预和协调各利益主体之间的利益分配。在计划经济时代，政府实行的是粮食统购统销政策，政府以期通过这种直接干预来调节粮食产销，以此支配着整个粮食产销利益的分配格局。随着粮食流通体制改革的逐步深入，市场经济建设逐步完善，市场机制发挥的作用越来越大，此时价格机制成为各利益主体相互联系的主要纽带，但政府对此并不是放任不管，政府的干预作用仍非常大，对粮食价格保留着较强的干预能力，在很大程度上影响着粮食产销利益分配。

与粮食主产区或主销区各自内部利益主体之间的关系不同，粮食产销区之间各利益主体的作用机理相对复杂，因为在市场机制方面（价格机制），其机理与粮食主产区和主销区内部作用机理大致相同，但粮食在两者之间的流通更多地靠政府在其中的协调和操作。一方面，主产区政府希望在保证本地区粮食

供给安全不受影响的情况下，将生产者手中余粮顺利地销售到主销区。但是如果碰到粮食供不应求的情况，主产区政府将对粮食生产者和经营者进行控制，以便满足本地区粮食消费者的需求，同时主产区生产者和经营者也希望在不影响本地区消费的情况下，将更多的粮食卖到主销区，因为缺粮情况下，主销区较主产区缺粮更为严重，粮食价格相对更高。而在粮食过剩时，主产区政府则希望主销区能够购买更多的粮食。另一方面，主销区政府希望在粮食短缺时购买到更多的粮食来满足本地区消费者的需要，同时，粮食主销区经营者和消费者也希望能够更多地购入主产区粮食。目前市场经济仍不发达、市场机制不能充分发挥作用，在粮食产销区之间进行交易时，粮食产区与销区之间的利益关系仍不可能主要通过市场来协调，必须通过国家行政力量来引导。这样一来，粮食主产区利益向主销区转移更多地表现为主产区政府利益流向主销区政府，由此导致了产区与销区的诸多矛盾。产、销区之间不平等的交换关系，直接损害了主产区广大粮农的利益，也间接损害了主产区非农部门和非农居民的利益，因为向区外输出的大量粮食，带走了粮食主产区地方财政的巨额补贴。由于粮食的非完全市场性，粮食主产区承担着主要的经营风险。由于粮食调出定价低、运销不畅和运输过程中的高额成本，以及一些中央和地方性政策不尽合理等因素，粮食主产区在粮食经营中承担了大量的政策性亏损。在这种情形下，粮食主产区的利益还是流向了主销区，导致主产区在粮食经营中的微利、无利甚至亏损，使粮食企业困难重重。此外，由于粮食供给的弹性小，粮食主产区粮食生产的任务重，粮食主产区承担着保证全国粮食平衡的艰巨任务，也因此牺牲了发展其他经济效益更好的产业的机会，使得粮食主产区一般经济相对落后。实际上这种情况的出现，也与我国粮食流通体制市场化程度不高有很大关系，粮食流通市场不健全、不完善，导致粮食产销的市场分割，市场一体化程度低。粮食丰收时，主销区不愿意过多地购入粮食，增加了粮食主产区库存成本，粮食歉收时，主产区不愿多出售，主销区买不到粮食，导致粮食生产与流通对接不畅。

## 5.2.3　从粮食调控目标多元化下的政府政策管理视角分析

### 5.2.3.1　政府在生产、流通领域的政策管理调控

政府利益的实现是以通过制定和实施调控政策在保障粮食安全的前提下协调各方利益为前提。在现实中，政府既要保护消费者利益，也要保护生产者的利益。在粮食短缺时，政府通过各种政策手段，平抑粮价，以保障消费者的粮食需求能够得到满足；通过生产补贴政策，降低粮食生产成本，提高生产者积极性，促进粮食生产。在粮食过剩时，政府通过制定保护价敞开收购生产者手中余粮，防止生产者种粮积极性受到影响。

（1）政府与粮农之间的动态重复博弈[①]

随着粮食生产成本的快速上涨，而市场粮食收购价上涨幅度有限，与此同时，种粮比较效益逐年下降，种粮收益率的相对值和绝对值均呈降低趋势，于是，在广大农村地区出现了较严重的抛荒现象。这种情况下，政府与农民之间就产生了矛盾，一方面，政府希望农民保证甚至扩大种植面积以保障国家粮食安全；另一方面，农民具有追求利润最大化的理性经济人属性，面对种粮效益降低的情况，必然选择缩减粮食播种面积，双方处于两难的境地，趋向于"零和博弈"。而最优的状态是转"零和博弈"为"正和博弈"，即双方采取合作的方式追求各自利益最大化。2004 年开始，我国全面取消农业税，同时，国家不断加大种粮补贴，包括良种补贴、农机具补贴、粮食直补等措施，抛荒现象得到了一定遏制。因此，为了实现国家粮食安全目标、保证粮食产量、激励农民种粮积极性，就要给予农民一定的优惠，农业补贴就是其中一种。农民则根据补贴前后利益比较决定是否继续从事粮食生产。政府与粮农之间的这种关系上升到理论层次就是一个动态重复博弈，本节拟构建政府与粮农之间的单次重复博弈模型以研究达到"正和博弈"的条件。

---

① 此节有参考：王雅鹏，叶慧出版的《中西部城镇化加速期粮食安全长效机制研究》（中国农业出版社，2008）。

1）博弈方：政府与农民。政府指出台相关政策的中央政府。

2）策略空间：政府通过补贴政策的出台与实施鼓励农民扩大粮食种植面积以保障国家粮食安全，因此，政府的策略空间为 $S_g = \{$实施粮食直补政策，不实施粮食直补政策$\}$。农民根据政府政策变动可能带来的收益决定粮食生产行为，因此，农民的策略空间为 $S_f = \{$扩大生产，缩减粮食种植面积，弃种$\}$。

3）效益函数。政府的收益为因实施粮食直补政策而获得的国家粮食安全系数提高后的效用，支出为实施粮食补贴政策的成本。实施粮食补贴政策之后，农民的收益由两部分组成，一是种粮收益，二是粮食补贴收益，成本体现为机会成本：将耕地用于种植其他经济作物或放弃农业生产而获得的其他收入。

初始状态——政府收益为 $g_0$，农民收益为 $f_0$。

政府实施粮食生产补贴政策——农民选择扩大种植面积时，政府的收益为 $g_0 + u_g(\Delta a_1) - c$，农民的收益为 $f_0 + u_f(\Delta a_1, p) + c$；农民缩减粮食种植面积时，政府的收益为 $g_0 - u_g(\Delta a_3) - c'$，农民的收益为 $f_0 - u_f(\Delta a_3, p) + c' + m'$；农民放弃生产粮食时，政府的收益为 $0$，农民的收益为 $m$。

政府不实施粮食生产补贴政策——农民选择自发地扩大粮食种植面积时，政府的收益为 $g_0 + u_g(\Delta a_2)$，农民的收益为 $f_0 + u_f(\Delta a_2, p)$；农民缩减粮食种植面积时，政府的收益为 $g_0 - u_g(\Delta a_4)$，农民的收益为 $f_0 - u_f(\Delta a_4, p) + m'$；农民放弃生产粮食时，政府的收益为 $0$，农民的收益为 $m$。

其中，$\Delta a_1$、$\Delta a_2$ 为粮食播种面积的增加量，通常情况下 $\Delta a_1 > \Delta a_2$。

$\Delta a_3$、$\Delta a_4$ 为粮食播种面积的减少量，通常情况下 $\Delta a_3 < \Delta a_4$。

$c$、$c'$ 为粮食补贴成本，且 $c > c'$。

$m$ 为农民将全部耕地用于种植经济作物或放弃农业生产而获得的收入。

$m'$ 为农民将部分耕地用于种植经济作物或从事非农生产而获得的收入。

$u_g(\Delta a)$ 为因农民扩大粮食种植面积，国家粮食安全系数提高给政府带来的效用的提升，因粮食安全系数提高的效用不好量化，但跟粮食产量增加量有关，剔除影响粮食产量的其他客观因素，即与粮食播种面积增加量有关。注：

$u_g(\Delta a) > g_0$ 是粮食生产补贴政策继续实施的前提条件，否则该博弈结果为"负和博弈"，且 $u_g(\Delta a_1) > u_g(\Delta a_2)$。

$u_g(\Delta a_3)$、$u_g(\Delta a_4)$ 为因农民缩减粮食种植面积，国家粮食安全效用的降低值，且 $u_g(\Delta a_3) < u_g(\Delta a_4)$。

$u_f(\Delta a_1, p)$、$u_f(\Delta a_2, p)$ 为因扩大粮食种植面积，农民获得的粮食收入的增加。农民收入的增加一方面取决于粮食播种面积，另一方面取决于市场粮食价格。

$u_f(\Delta a_3, p)$、$u_f(\Delta a_4, p)$ 为农民因缩减粮食种植面积而减少的粮食生产收入。

$p$ 为市场粮食价格。

根据上述分析，政府与农民之间的博弈树如图 5-3 所示。

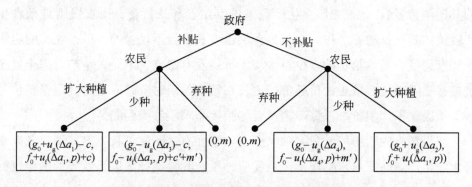

图 5-3　政府与农民之间的博弈树

假定：在不考虑贴现因素的前提下，政府和农民的总收益即为各方收益简单的加总。根据博弈树中政府与农户的效益分析，｛补贴，少种｝、｛补贴，弃种｝、｛不补贴，少种｝、｛不补贴，弃种｝四种决策方案既无法实现单方利益最大化也无法实现总效益最大化，即无法达到该阶段动态博弈的子博弈完美纳什均衡。｛不补贴，扩大种植｝方案下总收益为 $g_0 + u_g(\Delta a_2) + f_0 + u_f(\Delta a_2, p)$，｛补贴，扩大种植｝方案下的总收益为 $g_0 + u_g(\Delta a_1) + f_0 + u_f(\Delta a_1, p)$，因 $u_g(\Delta a_1) > u_g(\Delta a_2)$，且 $\Delta a_1 > \Delta a_2$，则 $u_f(\Delta a_1, p) > u_f(\Delta a_2, p)$，因此，可以得出 $g_0 + u_g(\Delta a_1) + f_0 + u_f(\Delta a_1, p) > g_0 + u_g(\Delta a_2) + f_0 + u_f(\Delta a_2, p)$。由此

可以得出 ｛补贴，扩大种植｝ 策略可以达到该阶段动态博弈的子博弈完美纳什均衡结果：政府实施粮食补贴政策，农民扩大粮食播种面积。对于农民而言，可通过扩大播种面积获得粮食生产补贴，粮食产量的增加将促进农民种粮收益的增加，良种补贴以及农机补贴加大了粮食生产投入，有助于种粮经济效益的提升。对于政府而言，种粮面积的扩大、粮食产量的增加帮助政府实现了粮食安全保护的目标，同时，农民收益增加。

如果政府的政策是长期的、稳定的，则农民的选择将不会发生改变，无限次重复动态博弈与阶段性的动态博弈均衡路径相同。

（2）政府政策管理调控使生产者和消费者利益失衡

政府在提高自己和粮食生产者的收益的同时，还要保护粮食消费者的利益（农户不仅是粮食的生产者也是粮食的消费者，这里的消费者是指除农户以外的其他消费者）。政府是粮食生产政策的制定者和执行者，而农民则是粮食生产政策的直接行动者。作为众多粮食供给者其中微不足道的一员，农民的组织化程度较低，其供给量的多少对于市场价格没有影响，因此，生产者完全处于价格接受者地位，缺乏讨价还价能力。在粮食短缺时，政府通过制定保护价等政策手段，平抑粮价，以保障消费者的粮食需求能够得到满足。

假设粮食收购市场上只有独家买主，它拥有垄断定价权，追其消费者剩余最大。生产者除了对价格作出产量反应外没有其他选择。以下就线形图像进行分析（图5-4）。设 $D$ 和 $S$ 分别为粮食需求函数和供给函数，$P$ 为价格，$Q$ 为粮食数量。均衡价格 $P_0$ 由需求和供给曲线的特征决定。此时的政府定价 $P_1$ 低于市场均衡价格 $P_0$，消费者剩余和生产者剩余发生改变，其中生产者剩余减少了 $P_0OBP_1$，消费者剩余增加了 $P_0ABP_1 - AOC$，因此，产生了一个社会福利损失，这个社会福利损失实质上是生产者的利益损失。消费者虽然自己的消费量 $Q_1$ 少于均衡消费量 $Q_0$，但享受了低价待遇，一部分生产者剩余（$P_0ABP_1$）转移为消费者剩余。而生产者在价格和产量上都遭到了损失，其福利水平下降。

如上分析，由于政府保护消费者的政策目标，制定低于均衡价格的粮食收购价，使粮食生产者的剩余中的一部分转移给粮食消费者，使生产者的利益有

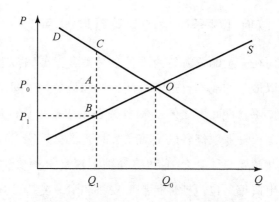

图 5-4　政府对粮食价格干预示意图

一定程度的损失。近些年来，粮食市场化改革使得市场机制在粮食交易中的作用越来越大，市场在价格形成中的影响力较之以前也有一定程度的增大，但粮食购销市场垄断状况并没有得到彻底改变，加上近些年粮食大丰收，使得生产者利益仍然不断转移给消费者，使得生产者的利益受损。

（3）生产者和消费者利益失衡造成粮食市场扭曲

以上分析指出，一方面，政府能够通过生产补贴政策，提高生产者种粮收益，提高生产者种粮积极性，增加了粮食产量；另一方面，政府为保护消费者利益，通过制定粮食价格，扭曲市场形成价格的机制，将粮食生产者利益转移给粮食消费者，造成粮食生产者的利益损失。虽然，政府能够通过生产补贴政策，提高生产者种粮收益，来保护生产者的利益，但是，为保护消费者利益，又通过价格政策，减少了生产者收益，导致"丰收不增收"。这种"丰收不增收"的现象，使粮食生产者不愿过多地销售自己生产的粮食，而是等到价格上升到心理期望的时候再出售，加大了粮食企业粮食收储工作的难度，不利于生产与流通的顺畅运行。同时，我国农民人数众多，国家采取撒胡椒面的方式对种粮农民进行补贴，势必增加国家的财政负担，而且生产补贴政策并不能完全抵消因价格控制给生产者带来的利益损失，导致其对农民种粮积极性的刺激作用的效率也越来越小（第 2 章有所分析）。从长远来看，政府政策管理调控使生产者和消费者利益失衡，造成粮食市场扭曲，粮食生产发展缓慢，政府、消费者和生产者的利益都受到损害。

### 5.2.3.2　政府在储备领域的政策管理调控

中央政府如何在一定的资源约束下使各种粮食专项储备组合处于粮食安全的边界上，并且以最小的成本、最有效的方式和最短的时间对粮食专项储备进行吞吐运作，并协调各地政府之间的利益关系以取得最佳的经济和社会效果，关键取决于政府对粮食专项储备的宏观调控是否具有效率。政府的宏观调控主要是通过制定公共政策，予以实施种粮补贴、粮食保护价、敞开收购农民余粮、干预粮食进出口等，也包括进行制度安排和财政支持。制定安排和财政支持是否富有效率，直接关系到政府对粮食专项储备的宏观调控效率。

（1）地方政府之间博弈

从我国实际情况来看，粮食储备除了国家专储外，还有农民自储、粮食经营企业的周转储备、粮食加工企业和养殖企业的原料储备以及居民口粮储备等，其中最重要的当属国家粮食专项储备。不同行为主体的储备方式与国家专储粮在目标上存在差异，因此，相互间存在此消彼长的态势：若市场粮食供不应求，预期粮价上涨，国家专储粮向市场抛售而农民和粮食经营企业则会谨慎出售，粮食加工企业、养殖企业和居民则扩大粮食储备以备自用，当预期到国家专储抛售殆尽时，粮价上涨形势会更加严峻；若市场粮食供大于求，预期粮价下跌时，国家专储粮则会大量收入粮食，而其他行为主体则纷纷逆向操作。不同于市场上出售的一般商品粮，国家粮食专项储备是粮食安全的集中体现。国家粮食专项储备是一种公共产品，具有较强的"外部性"特征：消费上的"非竞争性"和受益上的"非排他性"。由于提供粮食专项储备所获得的私人收益小于该项活动所带来的社会收益，因此，私人无力且不愿提供。

在粮食流通并未完全市场化的情况下，政府建立了中央与地方粮食专项储备制度，不可能期望其效率很高。当前的二级储备、多级负责的粮食专项储备制度是基于国家粮食安全的需要建立起来的。在中央政府重视粮食储备安全的同时，并没有充分重视从经济学方面寻找扎实的理论依据，导致粮食政策和制度安排常常引起争论，其原因在于中央政府忽视了粮食专项储备的公共产品属性。由于粮食储备具有较强的外部性，政府提供粮食专项储备所获得的私人

（政府）收益小于该项活动所带来的社会收益。对于粮食来讲，粮价的波动具有扩散效应，能够对邻近区域甚至对全国产生重要影响，因此，某地区粮价下跌将波及其他地区，进而引起相邻地区粮价下跌和全国粮价波动。相邻地区无需动用本地区粮食专项储备，或乘机逆向操作就能从中获益。同样，当中央政府动用中央专项储备来平抑全国粮价上涨时，地方政府也能相机决策从中获益。因此，二级储备、多级负责的粮食专项储备制度，客观上导致"搭便车"行为。

假设在当前国家粮食专项储备制度下有两个地方政府可以提供粮食储备（$X_1$，$X_2$），如果 $X_1$ 地方政府提供储备，财政负担势必会增加，若 $X_2$ 地方政府考虑到 $X_1$ 地方政府已经提供了粮食储备服务而放弃或减少本地的粮食储备，则 $X_1$ 地区为 $X_2$ 地区提供粮食安全保障，同时 $X_1$ 地区宏观调控成本增加，而 $X_2$ 地区由于没有承担粮食储备服务而降低了宏观调控成本，使得财政负担相应减轻；反之，如果 $X_2$ 地区提供粮食储备，而 $X_1$ 地方政府考虑到 $X_2$ 地方政府已经提供了粮食储备服务而放弃或减少本地的粮食储备，则 $X_2$ 地区为 $X_1$ 地区提供粮食安全，同时 $X_2$ 地区宏观调控成本增加，而 $X_1$ 地区由于没有承担粮食储备服务而降低了宏观调控成本，使得财政负担相应减轻。因此，在开放的市场体系下，两地区政府都选择减少或放弃储备这一优势策略，但如果 $X_1$、$X_2$ 两地都放弃或减少储备，则双方的粮食安全都没有保障，"公共品悲剧"就会形成乃至出现粮食市场危机。如果中央政府没有制定相应的游戏规则，则 $X_1$、$X_2$ 两地只有进行谈判寻求"合作博弈"，具有储备比较利益高的地区（指由于自然资源、气候、生产条件、当地政策等方面的优势使得粮食储备成本较低）增加粮食专项储备，具有储备比较利益低的地区选择减少粮食专项储备，但必须要求减少储备的地区给予储备地区以利益补贴。不仅仅是地方之间存在博弈和搭便车行为，而且中央政府和地方政府之间也存在博弈和搭便车行为，只是由于中央政府基于全国宏观调控的整体利益的需要和政府社会责任的理性，中央政府不会或者很少搭便车。但是地方政府将会因地方财政的约束，以及追求地方利益的动机，同中央政府进行博弈和搭便车。

（2）政府的储备政策管理

粮食流通与储备的不协调主要是由于当前政府对中央储备粮管理存在着一

些不协调的状况，有待进一步完善。粮食储备管理逐渐暴露出效率低、时效性差，成本高、透明度低等弊端，储备功能的发挥尚有巨大潜力。造成如此局面的原因很多，主要有以下几点：

第一，粮食储备的运营机制和运作方式仍然受到传统计划经济思想的束缚，还没有完全在市场经济条件的引导下展开。粮食储备工作如何得以顺利运作、如何引入市场机制尚无成功经验可以借鉴，需要在摸索中进行，运营机制和运作方式也没有新的突破。粮食储备的吞吐仍然首先由粮食行政部门层层分解计划指标，在各级主管部门得到相应指标后，后续的财政保障往往很少能够得到落实，而等储备真正落到实处，按照上级意图开始运转时，市场粮情早已发生了变化。这种滞后的方式不能主动地、预防性地影响市场和引导价格，调控过程往往持续很长时间。市场粮价上涨时，给销区紧急调粮抛售，由于储备粮销售价格往往低于市场价，其中有利可图，基层粮食企业往往层层加价，甚至囤积，形成逆向调节，致使政府耗费大量财力，却难以稳定市场。

第二，储备运作的基本载体——市场体系还未完全建立起来并发挥其应有的功能和作用。虽然中央级粮食批发市场的建立已经有成功的例子，可以说明市场因素中的价格指导及参照作用已经起到了明显作用，如郑州粮食批发市场。但区域性粮食批发市场的运作却不令人乐观，陆续重新开放的江南四大传统米市（九江大米批发市场、无锡大米批发市场、芜湖大米批发市场和长沙大米批发市场）由于设备、管理、技术、运输等方面的原因，场外交易量大大超过场内交易，批发市场交易量远未达到预期目标，其区域性批发功能和价格指导作用不明显。期货市场的发育和运作在全国还非常薄弱，尚未发挥其应有功能。在这种区域性批发市场和期货市场不能有效运用的情况下，粮食储备的及时吞吐会受到极大阻滞。

第三，粮食储备的管理体制不顺是储备功能不能很好发挥的重要原因。按理说，国家粮食储备局是储备粮食的最高管理机关，国家储备粮使用权在中央，地方政府无权动用，而各省地县粮食行政管理机关接受国家粮食储备局的业务指导，为国家管理专储粮。但实际情况是，当粮情突变时，地方与中央在粮源上经常出现不一致。在粮食紧张时期，地方政府首先扩大自己地方的储备而与国家争抢储备粮源，在粮食充裕时期，地方政府则尽量多地增加中央储备，由此中央与地方之间存在着很大的矛盾。中央政策的落实是在地方上进行的，离开了地方政府可能会出现政策黑洞和政策盲区。在具体执行命令时，地方政府首长的指令远比国家粮食储备局的指令威力大，导致国家储备运作的迟滞甚至逆向调节。此外，由于粮食储备决策程序非常的复杂和繁琐，且粮食储备布局过于分散，基础设施落后，技术含量低，所有这些均制约着储备效果。虽然我国储备规模已经可观，但紧急时刻能真正派上用场的储备粮却不充分。据国家计委有关资料，国储粮中交通便利、能快速作出反应并能起到调控作用的不足20%，而80%左右的国储库设施装备落后，人工操作占绝大比重。相当大比例的国储库布局在远离交通沿线，储备粮指标的分配多为"撒胡椒面"形式，储备功能难以正常发挥。

第四，国家粮食专项储备管理体制的缺陷影响了国家粮食和信贷资金的安全。目前国家粮食专项储备管理实行"总公司—分公司—直属库"两级法人、三级架构、层级负责的垂直管理体制。由于直属粮库的仓容设施有限，中国储备粮管理总公司经过资格认定还确认了一批代储库，负责代理保管和轮换国家专项储备粮。首先，这样的直属库点少而代储库点多的现象造成代储库粮权与债权不对等、委托代储职责履行不到位等弊端。代储企业是承储国家储备粮的承贷主体，是法律上的所有权主体，但粮食所有权内涵的风险并没有转移。在实际操作中，少数代储库点轮换出现亏损后，为保住中央储备粮代储指标，完成轮换任务，不考虑信贷风险也不考虑成本，通过挤占后期的保管费用等方式来弥补，或者依靠农业发展银行贷款垫付轮换收购资金，然后待保管费用到位后抵扣贷款，如此便陷入了恶性循环。如果各个代储点都这样做，会导致国家粮食专项储备保管费用不足，影响国家储备粮和信贷资金的安全。其次，在国家粮食专项储备费用补贴标准上，直属库与代储库享受国家政策不平等，致使代储库的风险大于直属库。实际运作过程当中，直属库属中储粮公司直管，在仓储设施、办公环境和信息传输系统的配备上，直属库配备了较先进的仓库保管设施和办公设施，逐步实行高科技现代化管理模式。而代储库不仅接受中国储备粮管理总公司的监管，还要接受粮食主管部门管理，管理层次多，而且其设施差、旧仓多新仓少、维修资金需求大、费用补贴不足，再加上代储库的人员包袱、财务挂账资金包袱重等原因，直接增大了粮食不安全因素。

第五，中央储备粮财政补贴的激励、约束机制不完善，影响各存储点的积极性。根据文件规定，中央储备粮每年每千克补贴费用 0.08 元（不含轮换费），财政部按此标准和实际年平均储存粮食数量，对中国储备粮管理总公司实行费用包干，超支不补，节余留用。中国储备粮管理总公司在按财政部规定提取公司经费后，应将财政补贴全部拨付承储企业，不得留机动。中国储备粮管理总公司在费用包干总额内，可以根据储存条件和实际费用水平，适当调整不同地区、不同品种、不同库点的保管费用标准。仅从政策层面来看，规定是合理的，体现出对各承储库点费用补贴采取同实际相结合、区别对待的态度，但在实际操作中，费用补贴分配较为平均，不利于调动承储企业的积极性。例如，在东南沿海的粮食主销区，自然条件（高温、高湿、病虫害等）导致储粮成本明显高于其他地区，而当地经济发展水平和消费水平都比较高，使得储备粮费用补贴也高于中央储备粮费用补贴，对粮食承储企业储存中央储备粮的积极性产生了一定影响，甚至有的中央储备粮代储单位已经要求退出中央储备粮承储任务。与此形成鲜明对照，内陆经济欠发达省份，承储中央储备粮有很大的诱惑力，不少粮食企业还在积极争取中央储备粮代储资格，指望今后能够承担中央储备粮承储任务。

第六，储备粮轮换的计划管理和市场化运作未能紧密衔接，承储企业没有真正做到社会效益和经济效益的统一。中央储备粮实行均衡轮换制度，每年轮换的数量一般为中央储备粮储存总量的 20% ~30% 。这种轮换方式应服从和服务于国家宏观调控，注意轮换的节奏，保持粮食市场稳定，尽可能减少对市场的冲击。在尽可能降低费用、减少国家财政负担的同时，又不能过分强调市场时机和企业利益。从实际运作情况看，承储企业往往更多考虑的是自身的经济利益，而忽视社会效益。一些企业没有在规定的时期内完成轮换任务，个别企业通过虚假轮换的方式套取财政补贴，这些现象对中央储备粮的数量真实、质量良好构成了极大危害。

# 第6章　粮食安全目标下我国粮食生产、流通与储备协调机制的建立与完善

## 6.1　粮食生产、流通与储备协调蓝景

要实现上述粮食安全目标，必须首先保证粮食生产、流通与储备各环节都处于一种秩序稳定、良好的状态，在此基础上寻求各环节之间的互动、协调。

### 6.1.1　粮食生产稳定

粮食生产领域的稳定有序主要体现在：①粮食生产结构布局科学，品种结构安排突出区域优势；②适度的规模化生产经营，生产手段机械化、现代化，水利建设、田间交通等生产基础设施完好，具有较好的防灾能力；③在生产决策上，农户可以充分了解市场信息，合理预期粮食品种、价格和数量，进而安排粮食生产决策，包括种植结构、种植规模、休耕安排等。

### 6.1.2　粮食流通、加工高效运转

粮食流通、加工领域要实现：①与粮食生产区域科学布局相配套的收购、调销、物流体系，建立成本节约、运转高效的物流节点网络；②在合理布局粮食生产区域的基础上，因地制宜地发展以饲料粮消耗为基础的畜禽养殖区、粮食食品加工区，通过粮食产业的科学布局降低粮食流通成本；③保障粮食流通主体之间信息的有效性；④法律法规健全，约束投机、囤积居奇、扰乱正常市

场流通秩序等不法行为。

### 6.1.3 粮食储备数量、结构合理

粮食储备领域要做到：①中央直属储备和地方储备按照世界粮农组织等国际组织的量性标准，始终保持储备库中粮食数量、质量的安全，在拥有制度化的粮食吞吐轮换机制的同时，须拥有现代、高效的操作手段；②中央直属储备的垂直管理体系，作为国家管理和干预粮食经济的行为主体，必须拥有一套行之有效的制度化运营机制，以稳定粮价和粮食供给的区域平衡、时间平衡，粮食应急调拨制度严明，以保证突发事件期间粮食的应急供应。

### 6.1.4 各环节协调发展

局部发展是整体协调的基础，实现了粮食生产、流通、储备三环节的各自稳定，然后就需要协调三者之间的发展。粮食生产是协调的基础，粮食生产决定粮食的流通和储备；粮食流通作为粮食生产价值实现的中介，是协调生产、流通与储备关系的关键，粮食流通只有适应生产的发展，才能顺利进行，粮食储备是生产和流通的接点，对生产具有导向作用，对流通具有调节作用，可以通过吞吐调节流通量。所以，粮食生产、流通、储备各环节的协调十分重要。粮食生产、流通与储备的协调问题很大程度上是各领域行为主体间的利益协调问题。粮食收购价格联系着粮农生产、粮食流通与储备，生产领域的主要矛盾指向生产者价格与粮食收购价格之间的关系；粮食销售价格联系着消费者购买行为、粮食流通与储备；消费领域的主要矛盾指向消费者价格与粮食销售价格的关系。而这些价格在本质上由粮食生产量、流通量、储备量和消费需求量共同决定。

## 6.2 粮食市场各主体利益协调的经济学分析

自2004年以来，中国已经连续七年实现粮食增产，粮食自给率高于

95%，粮食生产与进口压力不大，保证国家粮食安全的关键在于顺畅国内粮食流通渠道。2008 年上半年，面对全球性的粮食危机，包括美国、澳大利亚等主要粮食出口国在内的许多国家都出现了不同程度的粮食价格暴涨甚至粮食供需紧张现象；而在中国，恰逢粮食增产，实际情况是市场粮价稳定、粮食主产区的粮农卖粮难。究其原因，主要是中国的粮食流通渠道不畅，主产区与主销区之间的对接存在问题（龙方和曾福生，2007），粮食购销市场中生产者、中间商、终端收购分销企业、消费者之间的利益协调性差。粮食流通中的主要矛盾存在于购与销两个方面，其中购与销之间购是主要矛盾，卖粮难与买粮难之间卖粮难是主要矛盾。粮食流通作为粮食生产价值实现的中介，是协调生产、流通与储备关系的关键。从粮食流通视角解析粮食安全问题，应该从协调粮食收购市场主体和粮食销售市场主体利益两个方面做起。

## 6.2.1 粮食收购市场各主体利益协调分析

改革是对不同群体利益的大调整，分析我国改革开放后粮食流通体制改革的轨迹，十分明确的一点是：在不同时期，粮食收购市场的利益主体是不一样的。我国粮食流通体制从统购统销时代步入全面放开的市场化时代，改革对利益的调整明显逐步向粮农靠近。从 1953～1984 年的统购统销时期到 1985～1997 年的合同订购、市场收购和价格双轨制时期，再到 1998 年之后的粮食购销市场化改革时期，我国粮食流通体制的不断演进，极大地促进了我国粮食生产的发展和粮农收入的增长（刘颖，2005）。2004 年，国家开始放开粮食收购市场，直接补贴粮农，转换粮食企业机制，整顿市场秩序。在国家宏观调控下，粮食收购市场呈现出以下几个新的特点：一是国有粮食收购企业的垄断地位就此消失；二是之前一直不被国家承认的粮食经纪人得到国家认可；三是各种职能的粮食企业不断壮大，部分已发展成为能与国有粮食收购企业一争高低的大型粮食企业。而在这些新特点的背后，是粮食收购市场中各利益主体之间关系的变化。

在中国现行的粮食流通体制下，按性质和规模大小，粮食收购市场的利益主体可以分为三类：粮农、粮食经纪人、粮食收购企业。

图6-1是粮食收购市场原粮所有权流转的流程图。其中，粮农是粮食产品的供给者；相较于粮食收购企业，粮食经纪人的收购规模和经济实力要小得多，且多是兼职型的，工作时间有明显的季节性；粮食收购企业指规模比较大的专门从事粮食购销或加工的企业，包括私营粮食收购企业和国有粮食收购企业。图中，原粮所有权流转的主线是"粮农→粮食经纪人→粮食收购企业"，但是当粮食市场出现有效供给不足或者是粮食价格预期较好的情况时，粮食收购企业也会在农村设点，直接从粮农手中收粮。不过，国有粮食收购企业在农村设点与私营粮食收购企业在农村设点是不一样的：粮农将粮食卖给国有粮食收购企业，运费由粮农承担；粮农将粮食卖给私营粮食收购企业，粮农一般不需要承担运费。在原粮所有权的流转过程中，粮食收购企业有时也会充当粮食经纪人。在中国，粮食经纪人的对象比较复杂，包括个别粮农、运输户、粮食加工厂、粮贸公司、地方粮库等（马玉忠和崔晓琳，2008）。

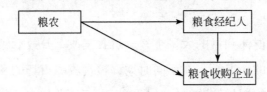

图6-1　粮食收购市场原粮所有权流转流程图

## 6.2.1.1　三大利益主体的性质和利益归属

按照利益主体的职能，粮食收购市场的利益主体可以被划分为粮农、私营粮商、国有粮食收购企业。其中，私营粮商包括粮食经纪人和私营粮食收购企业。

粮农是生产者，通过提高产量、降低生产成本和售粮费用来实现自身利益最大化，是粮食流通过程中的基础环节。

私营粮商收购的粮食称为"市场粮"，其根据自身能力和市场情况，自负盈亏，自主经营，最终目的也是实现自身利益最大化。国家和各级政府只能通过经济杠杆和政策间接调节私营粮商的生产、经营活动。

国有粮食收购企业的经营目标是实现自身利润最大化和保障国家粮食安

全。其经营的粮食主要有两部分：一是实现自身利润的"市场粮"，与私营粮商的"市场粮"具有相同性质；二是服务于国家粮食安全政策和宏观调控目标、用于保障国家粮食安全的"政策粮"（宋华盛和张旭昆，2000），包括保障国家粮食储备的"储备粮"和平抑市场粮价波动的"临时储备粮"两部分，具有公益性质。国有粮食收购企业的本质首先是公益性企业，其次才是追求利润最大化，其对经营规模和经营方式的选择必须建立在为国家管好粮食这一基本宗旨的基础上。

### 6.2.1.2　粮食收购市场利益主体关系分解

由于原粮的所有权在市场中的流转有多种渠道，最终使粮农、粮食经纪人、粮食收购企业三大利益主体之间形成了错综复杂的关系。为便于分析，本节将三者的关系分解为两类：粮农与粮食收购者的关系、粮食收购者之间的关系。

（1）粮农与粮食收购者的关系

本节将粮食经纪人和粮食收购企业归并作为粮食收购市场中的需求者，即买方；粮农则作为粮食收购市场中的供给者，即卖方。根据粮食产品的特性，市场经济条件下的粮食市场在理论上应该是非常接近完全竞争市场的，具体表现为：粮食价格是在市场竞争中形成的，买卖双方无法对其施加影响，只能接受它；商家进入粮食市场是自由的；买卖双方对粮食产品信息的掌握是对称的。理论上，在完全竞争市场中，买卖双方的利益能得到同等保护。但在现实的粮食收购市场中，买卖双方的利益是不对称的，其表现与原因是：一是粮食收购方利用粮农急于变现的心理，恶意压级、压价，特别是偏远乡镇的粮农，其种粮利益更得不到保障；二是买卖双方掌握的市场信息不对称，受文化水平低、信息不畅等因素的影响，大部分粮农对粮食市场行情的变化认识不清，最终造成交易过程中自身利益受损。总之，在粮农与粮食收购者的利益关系中，粮农多处于不利地位，其利益得不到有效保障。

（2）粮食收购者之间的关系

粮食收购者包括粮食经纪人、私营粮食收购企业、国有粮食企业，他们之间的利益关系比较复杂，不仅存在利益竞争关系，而且还存在供给者与需求者的关系。

通常情况下，粮食收购企业通过粮食经纪人从粮农手中买粮，而不直接面对粮农。但是，在粮食价格上涨、市场预期好、粮食有效供给不足的情况下，直接面向粮农的就不仅仅是粮食经纪人，还包括私营粮食收购企业和国有粮食收购企业。此时，三者之间就是典型的利益竞争关系，受益最多的自然是资金雄厚、能更准确地把握市场的那一部分经销商，而吞吐能力较小、分散的粮食经纪人则成为收购市场中的弱者，一旦决策失误就有可能被挤出市场。

粮食在市场中的流转不仅限于"粮农→经销商→消费者"这一条路线，中间的经销商环节非常复杂，一批粮食从进入市场至到达消费者手中，一般都要经过几次转卖，各个层级之间都要赚取一定的差价。例如，运输户挣取运费，粮食加工厂赚取加工费用和一定的差价，粮贸公司或国有粮食收购企业通过倒手赚取差价。在粮食倒转的过程中，各种规模的粮食收购者之间形成典型的供给者与需求者的关系，他们通过粮食进出差价和讨价还价来实现自身利润最大化。

### 6.2.1.3 三大利益主体的利益均衡：基本假设和比较静态分析

为了分析粮农、私营粮商与国有粮食收购企业三者之间的利益关系，特此构建粮食收购市场的双层市场模型。双层市场模型中不仅考虑生产者的供给行为，还考虑经营者的供给行为，不仅考虑消费者的需求行为，还考虑经营者的需求行为。

为便于分析，假设：

1）不考虑粮商内部原粮所有权的流转，粮食流转只存在粮农与私营粮商、粮农与国有粮食收购企业。

2）不考虑粮食购销企业边际交易费用递减效应，即供给曲线之间是平行的。$S_P$ 与 $S_C$ 之间的垂距表示私营粮商的边际交易费用，$S_P$ 与 $S_C$ 之间的垂距表示国有粮食收购企业的边际交易费用。交易费用包含商家利润和与交易活动相关的一切费用。

3）不考虑多级消费者，图中的消费者曲线 $D_U$ 代表的可能是最终的消费者也可能是供给者下一级的商家。

图 6-2 中 $S_P$ 为农户供给曲线；$S_C$ 为私营粮商的供给曲线，反映了其与买家（最终的消费者或下级粮商）交易时的供给行为；$S_G$ 为国有粮食收购企业的供给曲线，反映了其与买家（多为粮商）交易时的供给行为；$D_G$ 为国有粮食收购企业的需求曲线，反映了其与卖家（粮农）交易时的需求行为；$D_C$ 为私营粮商的需求曲线，反映了其与卖家（粮农）交易时的供给行为；$D_U$ 为消费者的需求曲线。为了实现经销者的利润，需要 $S_P$ 与 $S_C$ 之间的垂距和 $D_U$ 与 $D_C$ 之间的垂距相等，$S_P$ 与 $S_G$ 之间的垂距和 $D_U$ 与 $D_G$ 之间的垂距相等，且供给曲线之间的垂距决定需求曲线之间的垂距。从图 6-2 可以看出，加入了经销商的粮食收购市场，粮食价格提高了（$P_G^* > P_0$，$P_C^* > P_0$），粮食销售量减少（$Q_C < Q_0$，$Q_G < Q_0$），整体上看是不经济的。宋华盛和张旭昆（2000）的研究表明，之所以会存在多层市场，主要是由于粮食生产和消费都存在分散性、粮食生产地区与消费地区分离的特性决定的，粮食直销的可能性很小。

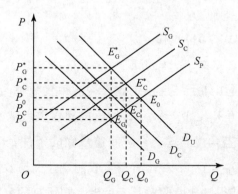

图 6-2  粮食收购市场中农户、私营粮商、国有粮食收购企业的市场均衡

图 6-2 中 $S_P$ 与 $S_G$ 之间的垂距大于 $S_P$ 与 $S_C$ 之间的垂距，即表示国有粮食收购企业的交易费用高于私营粮商的交易费用。私营粮商——消费者的均衡点为 $E_C^*$，对应的均衡价格为 $P_C^*$，均衡交易量为 $Q_C$；国有粮食收购企业——消费者的均衡点为 $E_G^*$，对应的均衡价格为 $P_G^*$，均衡交易量为 $Q_G$。

1）对于粮农而言，$P_C > P_G$ 且 $Q_C > Q_G$，即将粮食卖给私营粮商获得的价格和销售量都要大于出售给国有粮食收购企业。粮农的售粮行为是理性的，必将导致国有粮食收购企业得不到粮源，不得不转向从私营粮商处买粮，经济效益显然低于私营粮商。最终，在没有国家行政命令的保护下，国有粮食购销企业必将被淘汰出粮食市场。

2）对于粮食收购者自身而言，私营粮商的交易费用为

$$A = P_C E_C E_C^* P_C^* = Q_C \times (P_C^* - P_C) \tag{6-1}$$

国有粮食收购企业的交易费用为

$$B = P_G E_G E_G^* P_G^* = Q_G \times (P_G^* - P_G) \tag{6-2}$$

若 $A = B$，即私营粮商与国有粮商的交易费用相等：

$$Q_C \times (P_C^* - P_C) = Q_G \times (P_G^* - P_G) \tag{6-3}$$

$S_P$ 与 $S_G$ 之间的垂距、$S_P$ 与 $S_C$ 之间的垂距分别表示国有粮食收购企业的边际交易费用 $M_C$、私营粮商的边际交易费用 $M_G$。由于 $S_P$、$S_G$、$S_C$ 三线相互平行得出 $D_U$、$D_G$、$D_C$ 三线相互平行，得

$$\frac{P_G^* - P_G}{P_C^* - P_C} = \frac{M_G}{M_C} \tag{6-4}$$

由式（6-3）和式（6-4）得

$$M_G/M_C = Q_C/Q_G \tag{6-5}$$

根据上式可以得出如下结论：企业收购的粮食数量与其交易效率成正比，企业交易效率越高（$M_G$、$M_C$ 越小），收购的粮食数量越多。

3）从社会总效益角度考虑，经济效益最优的条件是 $A + B$ 取最小值，即 $A = B$，$P_C = P_G$，$Q_C = Q_G$。在国有粮食收购企业交易效率低于私营粮商的前提下，如果前者所获得的实际收益高于后者，则所有的粮食收购企业均倾向于降低粮食收购效率，即 $S_C$、$S_G$、$D_G$、$D_C$ 均向左移动，令根据式（6-5）的结论，全社会粮食收购总量会下降，粮食收购价格下降，导致粮农收益下降，国家粮食安全得不到保障。对于各方均有利的解决方式是提高粮食收购者的交易效率，使社会中交易费用降低。

根据以上分析，若粮食收购方交易效率低下，会产生以下几方面的不良影响：一是生产者剩余减少；二是粮食收购者给出的收购价格下降、收购量减

少，其在收购市场中的竞争力下降，在销售市场中的利润有限，获得的总利润减少；三是消费者面对的粮食价格高、有效供给不足，消费者剩余减少；四是社会承担的粮食收购成本上升，国家粮食安全得不到保障。

提高全社会粮食收购者的交易效率，一是通过市场竞争，优胜劣汰，循环提高市场效率；二是提供良好的粮食流通环境。政府所能做的主要体现在以下几个方面，继续放开粮食市场，强化粮食流通体制建设，加强粮食流通硬件设施配套。减少原粮流转环节，顺畅粮食流通，降低粮食流转费用，最终达到提高粮食交易效率的目的。

下面我们分析粮食最低收购价政策对各主体利益的影响。

2005 年，粮食最低收购价政策执行预案首次启动，经过多年的实践，粮食最低收购价政策进展顺利，对确保国家粮食安全战略、改善粮食宏观调控、稳定粮食生产、保护农民种粮积极性起到了明显成效（施勇杰，2007）。粮食最低收购价政策是一种包含有价格保障机制的补贴政策。当市场粮价高于由成本和利润构成的目标价格——最低收购价格时，由具有收购资格的各市场主体按照随行就市原则自主定价入市收购。当市场粮价低于最低收购价时，中储粮总公司及其委托的公司实行最低收购价政策进行托市收购，阻止粮价的过度下跌，稳定市场粮价，保护种粮农民利益。

从市场竞争的角度看，国家启动粮食最低收购价政策实质上就是在资金上支持国有粮食收购企业，增强其市场竞争能力。在粮食供给量一定的条件下，国有粮食收购企业因资金更雄厚所收购的粮食数量就会增加，而短期内，私营粮商的资金力量保持不变，其所获得的供给量就相应的减少（$S_P$ 左移至 $S_P^*$），收购价格上升至 $P_0^*$（$P_0^*$ 必须大于等于最低保护价格），如图 6-3 所示。

粮食最低收购价的实行在短期内对粮食收购市场中的消费需求（包括小型粮商和最终消费者的需求）影响很小，甚至可以忽略不计。相反的，粮食最低收购价的实行对粮农的售粮行为的影响却是迅速而巨大的。两者相比较反映在图形上就是 $D_U$ 左移的幅度要小于 $S_P$ 左移的幅度（图 6-4）。如图 6-4 所示，国家对某区域的某粮食品种实行最低价收购政策之后，私营粮商收购的粮食数量为 $Q_2$，而市场上的需求数量为 $Q_1$，粮食市场出现供不应求的情况。对

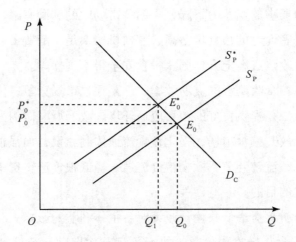

图 6-3　执行最低收购价政策后私营粮商在收购市场中的粮源变化

于私营粮商而言，$Q_2$ 这一粮食收购数量不能实现其利润最大化的目标，是一个不经济的收购量。要实现利润最大化，私营粮商就需要通过注入资金或提高交易效率以节省交易费用等方式来扩大现有的收购数量，使 $Q_2$ 向 $Q_1$ 靠拢。

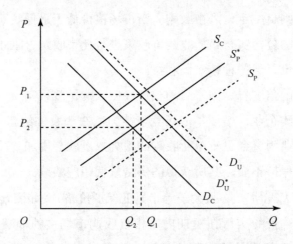

图 6-4　执行最低收购价政策后私营粮商在收购市场中的供需关系变化

私营粮商提高交易效率，就意味着 $S_C$ 线和 $D_C$ 线均向左移，粮商的边际交易费用降低。即商家在保护价压力下，为了保证自身的经济利益而考虑进一步提高交易效率。对于生产者，粮食价格上升，销售量增加，总收益是增加的；

对于私营粮商，边际交易成本降低，而收购量销售量增长，实现了效益的上升；对于消费者，整个社会的粮食价格上升，而粮食是基本的生活必需品，需求量是不会随着价格的上升而降低的，需要的购买的数量是不变的，因此，执行最低价收购政策对于消费者是不利的；全社会的交易效率提高，交易费用下降，粮农积极性得到提升，粮食安全得到保障，因此，从收购市场看，最低收购价政策的执行对全社会是有利的。

## 6.2.2　粮食销售市场各主体利益协调分析

相较于粮食销售市场，粮食流通过程的主要矛盾集中在粮食收购市场，但粮食销售市场对粮食收购市场具有极强的反作用。粮食销售一旦出现阻滞必将迅速反映到粮食收购市场中，且这种影响还具有一定的滞后期，即不仅对当年的粮食市场构成威胁，还将影响次年甚至第三年粮食生产，进而引发区域性的甚至全国性的粮食安全问题，因此，分析并理顺我国粮食销售市场中各利益主体的关系，确保不同情况下的各方利益并实现社会总利益最大化，对实现我国粮食主产区与粮食主销区间的顺利对接、保证国家粮食安全亦具有十分重要的意义。

### 6.2.2.1　粮食销售市场中的利益主体

（1）粮食销售市场中利益主体的划分

与粮食收购市场相比，销售市场存在两个主要的不同之处，一是流通对象不同，前者是原粮的所有权，后者既有原粮所有权又有成品粮所有权；二是流通环节不同，后者涉及的利益主体更为复杂。在粮食销售市场中，包含粮食收购市场的所有主体，还包括最终的消费者。为简化分析，本节考察的重点是粮食主产区与主销区之间的粮食流通、粮食主销区内部粮食流通，涉及的利益主体主要是主产区和主销区的大型粮食购销企业、销区粮食经营点（如超市等）和最终的消费者。

图 6-5 显示了粮食销售市场中粮食所有权流转的流程图。其中，粮食主产

区的"大型粮食购销企业"是跨区域粮食流通中粮食的供给方。受跨区域粮食流通成本较高和权限等条件的限制,此时的供给者指粮食收购市场中规模比较大的专门从事粮食购销或加工的企业,包括大型私营粮食收购企业和国有粮食收购企业(王薇薇和王雅鹏,2008)。粮食主销区的"粮食购销企业"包括各种规模的私营粮食购销企业和国有粮食购销企业,销区国有粮食购销企业的主要任务是储备安全粮,它是不直接面对消费者的,其吞吐粮食通常是通过大型的粮食交易所对库存粮进行拍卖,然后由私营粮商将粮食销入市场。"粮食经销点"是销区中直接面对消费者的小型私营粮商或大型粮商设立的经销点。图中"消费者"是粮食的间接消费者和最终的消费者的总称。

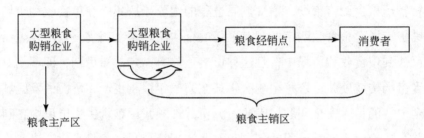

图 6-5　销售市场粮食流通图(产销区间)

图中粮食所有权流转的主线是"产区大型粮食购销企业→销区粮食购销企业→粮食经销点→消费者"。需要注意的是:①假设四个利益主体中只有"销区粮食购销企业"存在粮食所有权的自流转。②粮食主销区粮食购销企业内部存在粮食的自流转,一是国有粮食购销企业将粮食转卖给私营粮商,目的在于平衡销区粮食价格和获得相应的利润;二是私营粮商内部粮食的倒卖,目的在于获利。③图 6-5 中"粮食购销企业→粮食经销点"、"粮食购销企业→消费者"、"粮食经销点→消费者"三个环节主要描述粮食从粮食购销企业到消费者的流程,不是本研究的重点,因此,本节将粮食经销点和消费者统一起来视作粮食购销企业的下游,对粮食在其内部的流转不做研究。

(2)粮食销售市场中各利益主体的性质和利益归属

按照利益主体的职能,粮食销售市场的利益主体可以被划分为国有粮食购销企业、私营粮食购销企业、粮食经销点、消费者。

国有粮食购销企业是粮食跨区域流通的主要载体，其经营目标是实现自身利润最大化和保障国家粮食安全。其经营的粮食主要有两部分：一是实现自身利润的"市场粮"，与私营粮商的"市场粮"具有相同性质；二是服务于国家粮食安全政策和宏观调控目标、用于保障国家粮食安全的"政策粮"（李贺军，2008），包括保障国家粮食储备的"储备粮"和平抑市场粮价波动的"临时储备粮"两部分，具有公益性质。国有粮食收购企业的本质首先是公益性企业，其次才是追求利润最大化，其对经营规模和经营方式的选择必须建立在为国家管好粮食这一基本宗旨的基础上。

私营粮食购销企业经营的粮食称为"市场粮"，其根据自身能力和市场情况，自负盈亏，自主经营，最终目的也是实现自身利益最大化。国家和各级政府只能通过经济杠杆和政策间接调节私营粮商的生产、经营活动。

粮食经销点的性质类似于私营粮食购销企业，但是其规模和经营能力小得多。

消费者是粮食销售市场中需要保护的一部分，消费者获得的粮食价格合理与否是衡量国家粮食安全绩效高低的重要指标。

在粮食销售市场中，终端消费者是唯一的，但是粮食供给者却不是唯一的。本书根据粮食的特性和粮食销售方职能的不同，将大型私营粮食购销企业和国有粮食购销企业加以区分，作为粮食销售市场中的两个并列的供给方。

### 6.2.2.2　粮食销售市场中各利益主体关系分解

本节中所述的粮食销售市场与粮食收购市场其本质相同，是基于涉及的利益主体不同才进行了区分，因此，随着我国粮食流通体制改革的不断进行，粮食收购市场呈现的特点即为粮食销售市场呈现的特点，只是这些特点的深层次含义在于粮食销售市场中各利益主体之间关系的改变。

由于粮食所有权在市场中的流转有多种渠道，最终使产区大型粮食购销企业、销区粮食购销企业、粮食经销点、消费者四大利益主体之间形成了错综复杂的关系。为便于分析，本节将四者的关系分解为三类：产销区粮食购销企业之间的关系、销区粮食购销企业内部的关系、销区粮食购销企业与下游的关系。

(1) 产销区粮食购销企业之间的关系

产销区之间的衔接是决定粮食流通市场顺畅与否的关键因素，并将直接影响到产区粮农的利益和销区粮食价格的稳定，是维护国家粮食安全的重要环节。产区大型粮食购销企业与销区粮食购销企业之间的关系可以分解为两类：①两者是同一利益主体，即某一大型粮食购销企业在产区收购粮食，随后将粮食运往粮食主销区，在销区市场中充当粮食销售方。此时，产销区粮食购销企业的关系可以归为合作关系，降低运输费用和储管费用①是企业实现流通过程利润最大化的根本途径（张旭昆，1997）；②两者是独立的利益主体，即两者之间是典型的供给者与需求者关系。

(2) 销区粮食购销企业内部的关系

销区粮食收购企业包括国有粮食购销企业、规模大小不一的私营粮食购销企业，它们之间的关系比较复杂，不仅存在粮食供给方与需求方的关系，还存在利益竞争关系。

国有粮食购销企业是跨区域粮食流通的主要载体，但是在粮食主销区它们一般不直接面对粮食经销点，粮食所有权的流转主线是"国有粮食购销企业→私营粮食购销企业→粮食经销点"，国有粮食购销企业的主要任务是储备销区安全粮、通过拍卖粮食稳定销区市场粮价，因此，其主要功能在于稳定销区粮食安全。此时，国有粮食收购企业与私营粮食购销企业是典型的供需关系。

国有粮食购销企业与私营粮食购销企业之间的竞争关系主要表现在双方同为销区粮食供给方时，获益较多的自然是资金雄厚、能准确把握市场信息、粮食收购和流通成本较低的企业。

(3) 销区粮食购销企业与下游的关系

销区粮食购销企业的下游包括图 6-5 中的粮食经销点和消费者。粮食在这一环节中的流转非常复杂，一批粮食从进入市场至到达消费者手中，一般都要经过几次转卖，各个层级之间都要赚取一定的差价。在倒转的过程中，各种规

---

① 运费源于空间距离，称为空间费用；由于跨区的粮食购销企业的供需双方的交易意愿往往不是同时发生的，则交易的履约费用中便包含了商品的仓储保管费用，简称储管费用。

模的粮食经销商之间形成了典型的供需关系，他们通过粮食进出差价和讨价还价来实现自身利润最大化。在本书中，销区粮食购销企业与下游的关系不是研究的重点，需要把握的一个原则是保护消费者的利益。

### 6.2.2.3 粮食销售市场各主体利益协调的经济学分析

粮食是大宗农产品，其生产和销售具有量大、分散、区域分离的特性，粮食直销的可能性很小，因此，粮食市场中生产者与消费者不可能面对面的直接进行交易，即市场中供给者与需求者不是简单的一对一的关系，必然有专职收购与销售的粮商将生产者与消费者连接起来（宋华盛和张旭昆，2000）。专职粮食购销的粮商的经济行为是影响粮食市场价格和粮食跨区域流通的主要因素，而粮商的行为在很大程度上决定于市场中粮源的充足程度。因此，研究粮食销售市场中各主体利益的协调应分两种情况：一是市场粮源充足，二是市场粮源不足。

（1）市场粮源充足

粮食增产、市场粮源充足的情况下，跨区域的粮食销售市场可以近似地看成一个买方市场，即交易费用①主要由卖方承担，买方承担少部分交易费用。买方市场中，粮食供给方在交易谈判中的地位较弱，为使谈判协议达成往往被迫作出让步并支付大部分谈判费用；其次，供给方还要成为违约风险的主要承担者，如采用赊账销售、延期付款等方式以消化库中存粮（张旭昆和郑少贞，2000）。

具有买方市场性质的粮食销售市场中，粮食的供给曲线不再单纯地反映供给方的边际成本，而是反映了供给方的边际生产成本和边际交易成本之和（图 6-6）。图 6-6 中，虚线 $S_C$ 是没有考虑销售市场中交易费用时的供给曲线，实线 $S_{C+t}$ 是考虑了交易费用后的供给曲线，故位于 $S_C$ 的上方，两线之间的距离等于支付的边际交易费用。$S_{C+t}$ 比 $S_C$ 更陡，表明销售量越大，边际交易费用越高。虚线 $D_C$ 是没有考虑销售市场中交易费用时的需求曲线，实线 $D_{C+t}$ 是考

---

① 交易费用：本书中的交易费用指仅仅与市场经济的运行相关联的那部分费用，即交易双方的搜索费用、谈判费用以及履约费用。

虑了交易费用后的需求曲线，考虑了交易费用后商品的边际效用下降了，故 $D_{C+t}$ 位于 $D_C$ 的下方，两线之间的距离等于支付的边际交易费用。$D_{C+t}$ 比 $D_C$ 更平坦，表明购买量越大，边际交易费用越低。极端情况下（跨区域的粮食流通的交易费用全部由卖方承担），$D_{C+t}$ 与 $D_C$ 是重合的一条线（图 6-7）。

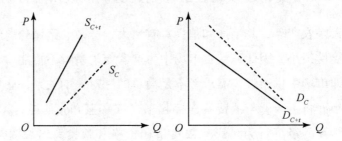

图 6-6　粮食销售市场中买方市场与传统市场供需曲线比较

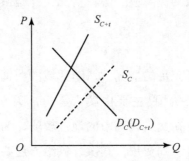

图 6-7　粮食销售市场中买方市场粮食供需图

为便于分析，本节将市场粮源充足的粮食销售市场视作一个极端的买方市场（$D_{C+t}$ 与 $D_C$ 是重合的一条线），图 6-7 为买方市场的粮食供需图。如果市场中充当粮食需求方的私营粮食购销企业扩大粮食购买量，即图 6-7 中 $D_C$ 右移，相较于传统的供需市场（$S_C$ 与 $D_C$ 组成的供需曲线），则其购买粮食的边际成本降低、利润空间增大；此时，在销售市场中充当粮食供给方的大型粮食购销企业的边际交易费用增大，利润空间降低。因此，在具有买方市场性质的粮食销售市场中，向粮食主销区提供粮食的大型粮食购销企业为了支付较少的交易费用往往倾向于降低粮食交易量。

根据以上结论，在粮食丰收、市场粮源充足的情况下，为了稳定市场粮食价格、保证"产区粮食售得出，销区居民买得起"，就必须通过降低粮食交易的边际交易费用来鼓励粮食购销企业的跨区销售粮食的积极性。否则跨区域的粮食购销企业会倾向于减少交易量，最终导致粮食主产区粮价低迷、销区粮食有效供给不足、价格攀升的现象。跨区域的粮食流通过程中，购销企业交易效率的提高可以从两方面着手：一是企业提高自身的谈判能力和讨价还价能力，降低交易中的信息搜索费用；二是国家提供良好的区域粮食流通软硬件环境，以降低粮食购销企业的空间费用和储管费用，其中软环境包括公平的市场交易机制、硬环境主要是指畅通的粮食流通通道。

另外一个应该关注的问题就是粮食主销区国有粮食购销企业的公共职能——粮食储备。目前，储备与销售市场之间已有一套临时储备粮买卖的价格"竞标"机制。存在的突出问题主要有参与竞标企业的资格把关、杜绝因追求利益而导致的粮库空虚，对于这两方面的问题，主要是要健全相关的制度，严格执行，并辅以相应的奖励、惩罚措施。

（2）市场粮源不充足

保障国家粮食安全的关键在于稳定粮食产量、市场粮食交易量和粮食储备量。市场粮源不足主要表现为市场中粮食有效供给不足，市场反应为：粮食价格持续上涨，以营利为目的的粮食购销企业在利益驱动下囤积粮食，引发市场粮食新一轮价格上涨，粮食投机商人获得高额利润；粮食主销区的间接消费者则会抢购粮食，将因粮价上涨导致的产品单位成本的上升转嫁到其最终产品中。两种市场反应的最终结果就是粮食最终消费者高价购粮、以粮食为原料的产品价格上涨甚至引发全面的价格上涨，导致严重的社会和经济后果。因此，市场粮源不足应引起关注，谨防粮食安全危机。

市场粮源不充足的情况下，跨区域的粮食销售市场可以近似地看成一个卖方市场，即交易费用主要由买方承担，卖方承担少部分交易费用。卖方市场中，粮食需求方更难找到交易对手，必须支付大量的搜索费用，且粮食需求方在交易谈判中的地位较弱，为使谈判协议达成往往被迫作出让步并支付大部分谈判费用；其次，供给方还要成为违约风险的主要承担者，如预先支付大额定金等（张旭昆和郑少贞，2000）。

　　具有卖方市场性质的粮食销售市场中，粮食的供给曲线不再单纯地反映供给方的边际成本，而是反映了供给方的边际生产成本和边际交易成本之和。图6-8中，虚线$S_C$是没有考虑销售市场中交易费用时的供给曲线，实线$S_{C+t}$是考虑了交易费用后的供给曲线，故位于$S_C$的上方，两线之间的距离等于支付的边际交易费用，但是两线之间的垂距较小，因交易费用多由买方支付，在极端卖方市场中，两线将合为一线（图6-9）。$S_C$比$S_{C+t}$更陡，表明销售量越大，粮食供给方支付的边际交易费用越低。虚线$D_C$是没有考虑销售市场中交易费用时的需求曲线，实线$D_{C+t}$是考虑了交易费用后的需求曲线，考虑了交易费用后商品的边际效用下降了，故$D_{C+t}$位于$D_C$的下方，两线之间的距离等于支付的边际交易费用，且两线间的垂距较大，因为交易费用多由买方支付。$D_{C+t}$比$D_C$更陡，表明购买量越大，边际交易费用越高。

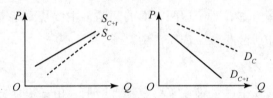

图6-8　粮食销售市场中卖方市场与传统市场供需曲线比较

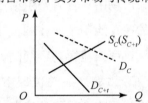

图6-9　粮食销售市场中卖方市场粮食供需图

　　为便于分析，本节将市场粮源不充足的粮食销售市场视作一个极端的卖方市场（$S_C$和$S_{C+t}$是重合的一条线），图6-9为卖方市场的粮食供需图。从图中可以看出，与不考虑买方交易费用的情况（虚线$D_C$）相比，现在的均衡价格更低，均衡交易量更少，即当买方的交易费用下降（即$D_{C+t}$右移）时，均衡交易量趋于增加、均衡价格提高。根据卖方市场的特点，粮食主销区中充当粮食供给方的大型私营粮商有增加粮食供给量的动力，即图6-9中的$S_C$右移，在合适的交易量内其获得的利润是增加的。但是随着交易量的增加，在市场中充当粮食需求方的私营粮食购销企业所支付的边际交易费用不断提高，而粮食的均衡价格却不断降低，此时，粮食购买方为了保护自身的利益必然拒绝购买更多的粮食，则供需双方的交易无法完成。根据以上结论，为了保证市场粮源不足的情况下销区粮食价格的稳定和粮食安全，必须采取措施降低粮食跨区流动中的交易费用。

市场粮源不足分为局部粮源不足和整体性的粮源不足两种情况，其表现形式不一样，预防和解决方式也不一样。

A. 市场粮源局部不充足

局部市场是相对于全国性的粮食市场而言的，局部市场粮源不充足表现为产区市场粮食不充足和销区市场粮食不充足。

1）粮食主产区粮食不充足。产区市场粮食不充足多是由于粮食减产、初级粮商囤积粮食导致的。粮食流通市场中产区是根本，产区粮食不足会引发销区粮食恐慌，促使粮食价格快速上涨，对粮食供给不足有很强的放大效应，应该引起足够重视。应对产区市场粮源不足，可以从以下几方面着手：

第一，做好预防工作，稳定粮食产量。根据年情规律，粮食生产年景往往是"两增两减一平"，即每五年时间里有两年丰产两年减产一年稳产。从 2004 年对粮食市场进行改革之后，我国已经实现了连续七年的粮食增产，因此，有必要密切关注随后几年的粮食生产情况，采取各种有效措施稳定粮食产量。另外，改革开放 30 多年来，我国粮食单产逐年提升，耕地的生产能力已经得到了比较充分的挖掘，因此想通过提高单产的方式稳定粮食生产可能性不大，需要从其他方面入手，诸如保护耕地数量、实行粮食规模化经营、产业化经营等。

第二，调整粮食购销市场秩序，严格行业制度。2004 年才被认可的粮食经纪人，经过短短的四年时间已经发展到 100 万之多，他们在为我国粮食收购作出贡献的同时，也给维护粮食市场秩序带来众多隐患。人数众多、规模小必然带来市场的无序，现有的粮食经纪人中相当部分是兼业型的，经营时间、规模均不稳定，导致粮价高时粮农手里的粮食很抢手，粮价低迷时，粮食就会积压在农民手中，两种情况都会形成恶性循环。另外粮食经纪人素质较低，对市场信息把握不准、承担社会责任的能力低，受利益驱使极容易做出危害国家粮食安全的决策。鉴于此，我国急需对粮食购销市场进行整顿，一是提高市场准入标准，强调从业者的实力、素质，从而提高粮食购销市场的经营水平；二是调整市场秩序，尽可能地减少粮食流通环节，降低交易费用，使利润更多地向生产者、消费者转移；三是严格行业制度，增强从业者的社会责任感，通过建立并坚决执行严格的赏罚制度以肃清行业风气。

2）粮食销区市场粮食不充足。销区市场粮食不充足主要原因有：产区粮食不充足引发的、粮食流通环节阻滞、粮食储备主体与流通企业协调不当等。

解决销区市场粮源不足，首先，保障粮食主产区的粮食生产，从源头解决粮食短缺问题。其次，协调好产销区之间的粮食流通。上文分析得出结论：顺畅产销区之间粮食流通的关键在于提高粮食交易效率，政府的着手点在于加强流通环节的软硬件建设。目前我国粮食流通环节存在的问题主要有硬件设施不齐备、流通渠道有限、粮食运输时间集中等，突出表现为粮食运输高峰期内运输费用上涨、运力不够、粮农手中粮食积压。相关部门应从大局考虑，扩展粮食运输渠道，综合铁路、公路、水运三方力量，完善硬件设施，加大粮食运输高峰期内产区到销区的运输力。最后，需要协调销区粮食储备主体与流通企业之间的利益关系：一是严格监控销区储备库的粮食储备量，保证城镇居民6个月的消费量；二是提升销区国有粮食购销企业应对市场粮价波动的能力，适时适量的吞吐粮食，平抑价格波动；三是通过国有粮库的粮食吞吐牵制销区市场不法粮商的囤粮行为，以吞吐带动市场价格变动，降低不法私营粮商的利益预期，迫使他们放弃囤粮行为，稳定市场价格，减小因销区市场粮食不足带来的价格异动。

综合以上分析，销区粮源不足的情况下，国有粮食购销企业在稳定价格方面的作用是非常显著的。而在粮食收购市场完全放开后，国有粮食购销企业是自主经营、自负盈亏，要稳定并强化其保护国家粮食安全的公共职能、增强市场控制能力就需要对其实行适当的奖惩，在保证库存、平抑粮价方面表现突出的应该予以奖励，相反应该追究责任。

B. 市场粮源整体不充足

整体性的粮源不足是粮食不安全的最严重状态，导致其发生的原因有来自国内粮食生产、流通、储备的问题,也有来自国际大环境的影响。一旦发生全国性的粮食有效供给不足很可能引发政治冲突。因此,应该在问题发生之前就做好各种预防和准备措施。

第一,协调粮食生产、流通和储备三者之间的关系。随着粮食流通体制改革、粮食储备制度不断演进,我国粮食生产、流通、储备在数量、质量上均取得了不小的成就,但是在三者的相互衔接、协调方面则明显做得不够。生产、流通与储备是粮食安全体系中相互作用彼此影响的三个子系统,三者协调好、配合程度高,就可以促进粮食经济的健康运行和发展,否则,就会对粮食安全造成影响。

第二,建立粮食安全预警机制。我国粮食安全体系发展时间有限,缺乏安全预警机制。粮食是市场基础物资,其价格的波动具有很强的传导效应,很小的价格上涨通过工业产品的传导便会十分惊人。目前,有关于粮食产量、储备量的标准已经制定出来,但是针对粮食流通体系的安全标准还没有,有待于进一步的研究,为预测粮食安全走势做好准备。

第三,结合粮食市场化、国际化多途径应对整体性的粮源不足。我国是人口大国,人口增长还没有达到顶峰,未来的粮食需求依旧呈刚性增长态势,需要借助市场的力量、国际力量减轻国内粮食安全压力。我国放开粮食收购市场仅仅七年时间,粮食市场化还存在很多不足之处,应该广泛借鉴国外经验不断完善粮食系统的市场化,如粮食期货市场、培育大型私营粮食企业等。但是在推行市场化的同时,还要考虑到我国人口太多,各种农业资源有限、市场体制不完善的实际情况,加强国家宏观调控能力、强化国有粮食购销企业的市场主体地位,以应对可能出现的市场失灵。

## 6.3　粮食生产、流通与储备协调机制的建立与完善

我国粮食安全状况从 1978 年改革开放到 20 世纪 90 年代中后期,总体上处于供不应求的短缺状态。在布朗关于《谁来养活中国》一文的警示下,我国政府采取多种有力措施,1996～1999 年我国粮食跨入了供求基本平衡、丰

年有余的新阶段。由于国家从 2000 年起开始缩小保护价敞开收购的范围，2003 年秋季之后的一年内，国内再度出现产不足需、粮价上涨过快的新阶段粮食不安全状况。为稳定粮食产量，国家于 2004 年出台粮食最低收购价政策，随后的五年时间里粮食产量实现稳产增产，粮食价格稳定，即使在 2008 年全球粮食危机的情况下，国内粮食价格也基本保持稳定。到 2010 年已经实现粮食产量连续七年增产，粮食综合生产能力显著提升。可见，改革开放以来我国粮食供需经历了"紧张—平衡—再紧张—再平衡"的变化过程，这种趋势可能在今后还会延续，只是偏紧状态的持续时间可能比目前更长。要稳定和保障粮食安全，必须从系统的角度多管齐下，一要重点保护和提高粮食生产能力；二要重视市场机制在粮食流通中的作用；三要注意各种政策手段的相互协调，特别要注意粮食生产、流通与储备三者之间的协调。

### 6.3.1 从宏观调控视角建立与完善粮食生产、流通与储备协调机制

#### 6.3.1.1 继续加大投入，提高粮食综合生产能力

第一，建设优质粮食产业工程。选择一部分有基础、有潜力的粮食大县和农场，建设国家优质专用粮食基地、商品粮生产基地和粮食产业带，鼓励有条件的地方适度发展连片种植。第二，建设粮食丰产科技工程。一是要进行农田基本建设，中部粮食产区重点建设旱涝保收、稳产高产基本农田；二是加快中小型水利设施建设，扩大农田有效灌溉面积，提高排涝和抗旱能力；三是扩大沃土工程实施规模，不断提高耕地质量；四是在粮食主产区进行中低产田改造和中型灌区节水改造。第三，加大科技投入，进行粮食生产技术优化，包括提高农业机械化水平，良种繁育、病虫害防治工程建设，以及优良品种和先进适用技术推广。第四，要特别增加对粮食主产区的投入，提高主产区基础建设水平。现有农业固定资产投资、农业综合开发资金、土地复垦基金等要相对集中使用，向主产区倾斜。此外，还应该推行对粮食主产县的奖励政策，针对种粮比较效益低下的实际问题，中央财政可根据粮食播种面积、产量和商品量等因素，对粮食主产区通过转移支付给予奖励和补助。最后，实施粮食战略工程，

集中力量建设一批基础条件好、生产水平高和调出量大的粮食核心产区；在保护生态前提下，着手开发一批资源有优势、增产有潜力的粮食后备产区。

### 6.3.1.2　在城镇化进程中，合理规划和调整粮食加工、储备区域布局

从中长期看，城镇化进程对粮食生产、流通、储备影响较大。需要合理规划粮食加工、储备区域布局有利于缓解因城镇化加速带来的粮食消费区域性变动和流通压力的增大。

（1）合理规划调整粮食加工布局

城市化导致了我国粮食生产重心北移，主销区粮食自给率下降，耕地资源的减少和水资源的短缺。改革开放以来，我国粮食生产区域上最大的变化是"南粮北调"变"北粮南运"。另外，由于改革开放和农村劳动力转移，我国粮食主销区迅速扩大和人口迅速增加，粮食需求量也随之快速增长，给粮食流通形成压力。粮食流通量成倍增加，大量的商品粮集中进入流通领域，对流通渠道和流通设施提出了新的要求。面对这种情况，有必要对我国的粮食加工、流通进行调整。改运原粮为运成品粮，改运粮为运粮食工业品和粮食转化品（畜产品）。一是将粮食加工业放在主产区，在粮食主产区对粮食进行加工；二是在粮食主产区建立养殖基地，就地用饲料粮喂养家禽。这一方面减轻了粮食运输量和运输成本；另一方面发展了粮食主产区的加工业和养殖业，带动主产区的劳动力就业和经济发展。

（2）合理规划粮食储备布局

我国粮食储备体系存在的问题主要有：储备地与主销区相脱离、储备点交通设施不齐备、储备品种结构不合理、粮食储备形态偏向原粮储备等，不利于降低粮食流通成本、提高储备量应急效率。可以采用的措施有：一是完善粮食主销区粮食储备机制，强调其粮食储备职能，强化其市场应急能力；二是全国铺网，密化、细化粮食储备点，建立完整的粮食储备网络，为粮食物流提供支点；三是建设水路运输设施，实现粮食储备点之间的交通顺畅，推进粮食流通途径多元化；四是提高储备粮品种结构与粮食市场需求的相关性，增加市场敏

感度高的粮食品种的储备，满足市场需求；五是保证合理的成品粮储备比例，及时应对突发事件。

### 6.3.1.3　坚持粮食流通市场化，尽快完善区域间粮食流通的软硬件措施

（1）尽量避免突发性政策因素对市场化改革目标的干扰

放开粮食购销市场等改革目标常受一些突发因素的干扰。每当粮食供求失衡时，相关的条例、文件便频频出台。1995 年粮食出现短缺迹象，政府利用行政管制，垄断收购渠道、销售市场和定价权利；1999 年粮食大丰收，规定最低限价的行政管制措施；面对粮食连年减产的局面，2004 年国家出台了一系列支农政策，如最低收购价格及相关配套政策。粮食供不应求时，垄断粮源，改革倒退；粮食供过于求时，放开市场，加大改革力度，粮食流通体制似乎永远也走不出"垄断—竞争—垄断"的怪圈。突发性政策因素对市场化改革目标的干扰，是典型的治标不治本，使改革失去了连续性、严肃性与规范性。粮食生产本身是自然再生产和经济再生产相交织的生产，供需的突发性事件在所难免，各级政府没有必要过度紧张，要尽量避免突发性事件所引起的政策因素对粮食市场化改革的干扰。

（2）尽快完善区域间粮食流通的软硬件措施

软件设施上主要是强化粮食流通制度建设，完善法律法规，建立健全开放的粮食收购市场制度。在国际粮食供需失衡、价格大幅上涨的背景下，我国东北等粮食主产区的粮食却面临销售难的问题，关键之一就在于我国的粮食销售环节不畅。一是粮食转运环节多，层层利益盘剥，交易效率低下，粮农和消费者利益受损严重；二是长期以来我国运输政策都是"重铁路、轻水运"，粮食流通中物流设施跟不上。因此，在硬件设施建设上，首先要实现粮食运输途径多元化，建立铁路、公路、水运等多种方式并行的运输体系。其次要强化粮食运输的及时性、高效性、低成本性，目前我国铁路运输紧张，公路运输成本又很高，抑制了粮食收购企业的收购积极性，最终反映到生产环节就是粮农有粮卖不出，销区粮食价格上涨，形成区域性的粮食不安全。国家可以通过政策补

贴、介入建设等方式建设完善粮食流通的硬件设施。

1）政府加大政策扶持力度，加强统筹规划和网络布局，引导粮食物流健康发展。根据国家和区域性粮食物流"十一五"发展规划的要求，在商品粮生产基地进一步组织区域性、市县级粮食物流规划，深化细化专项规划，建立实施机制，以确保规划的有效实施。在粮食物流规划的基础上，做好各级粮食物流布局工作，建立粮食物流的本地中心、区域中心和全国性中心的三层布局架构，以各级物流中心作为节点，建设粮食物流网络，完善粮食物流体系。加强政策的衔接与协调，及时研究制定或调整完善相关的地方性法规和政策。要加大财政资金扶持力度，积极争取国家粮食物流试点项目及资金，以注入资本金、直接贴息、转贷入股等方式扶持建设。国家和地方财政每年应安排一定的粮食物流发展专项资金，用于全国性和区域性的粮食物流基础设施建设。

2）按照市场机制原则推进投资和经营主体多元化，建立粮食物流产业的投资多元化体系。按照政府引导、企业主体、市场运作的原则，建立粮食物流项目投资和经营主体的多元化机制。通过市场运作，拓宽投资渠道，多层次、多方位吸收国内外资金，加快粮食物流体系建设。对一些信息系统、检验检测系统、粮食专用码头和铁路专用线等重要的公益性基础设施项目，在国家给予一定投资补助的基础上，鼓励社会投资参与建设。与此同时，鼓励各类主体参与粮食物流项目经营管理，合理竞争，共同发展。

3）完善物流企业布局，加大沟通和服务力度，形成大中小协作配套的粮食物流企业发展格局，以促进粮食物流的整体协调发展。粮食物流规划与管理涉及多个部门和多个行业，必须坚持整体协调的发展方针，加大沟通与服务力度，营造一个相互合作发展的氛围，推进粮食物流的发展。对于跨区域的粮食物流项目，各地方政府要加强相互沟通合作；铁路交通等部门要大力配合散粮运输的需要，发展散粮火车运输、粮食班轮运输等散粮运输。充分利用信息网络技术，着力建设各级各类粮食物流数据库系统，加快粮食物流公共信息平台和商务平台建设，为粮食物流企业提供及时有效的服务。按照现代企业制度的要求，采用联合兼并、重组等方式，将更多的企业、更多的资源整合在一起，组建几个跨区域、跨行业的大型粮食物流企业，促进传统的粮食运输、加工、批发和仓储等企业的联合。同时培育发展一批专业性强的中小物流企业，形成大中小协作配套的物流企业发展格局。

### 6.3.1.4 优化中央和省两级粮食储备制度

1998 年 4 月以来，国务院先后下发了进一步深化粮食流通体制改革方面的一系列文件，在"四分开、一完善"中明确指出：储备粮是国家宏观调控粮食市场的主要手段和物质基础，粮食丰年多收、歉年抛出，进行有效的丰歉调节。要使储备粮与企业经营性粮食在管理上彻底分开，必须进一步完善中央和地方两级储备制度，建立中央储备粮的垂直管理体系。但是我国现行的中央、省、市州、县四级粮食储备体制中存在着各主体利益不一致的问题，出现利益竞争时，各主体首先考虑的是自身的利益，中央与地方的利益摩擦削弱了储备的政策效应。例如，市场粮价波动，并且其持续上涨幅度超过市场承受能力时，中央动用专项储备粮向市场抛售以平抑粮价，但是这种行为可能会引起地方粮食部门实际操作中逆向收购，这种反应会使得地方政府在相关决策中获益，客观上造成了"搭便车"现象。如何协调中央与地方两级收购主体之间的利益关系成为这一问题解决的主要难点。

第一，规范粮食市场管理。价格是粮食流通过程中各主体的利益基础，所以作为产生粮食购销价格的粮食收购市场，也称为整个粮食市场体系的基础。利益的纷争源于粮价之根本，形成公平合理的粮食市场价格在一定程度上可以规范以市场为导向的各流通主体的行为。规范市场管理，形成合理有效的粮食价格形成机制，进而通过粮农与市场收购主体的博弈形成合理的粮食价格，就可以免去许多因为粮食价格异常与波动而带来的利益争夺，中央储备与省级储备也能得到更好的协调。

第二，适当采用国家粮食储备代理制度。据有关部门测定，如果我国要保证国内的粮食安全，则要保持几百亿千克的粮食储备，如此庞大的粮食储备，不仅需要庞大的粮食储备仓库，更是需要众多粮食专储的管理人员和巨额储备收购资金。不仅需要耗费巨大的专储成本，而且粮食储备效益及其所刺激形成的积极性也不太可观。建议采用国家粮食储备代理制度，选择一批符合专项储备粮条件和要求的仓储企业，为国家储粮。中央与省级粮食局与承包专储粮储备的企业属于委托代理关系，作为委托方的中央与省级粮食局要向作为代理方的收储企业支付相关代理费用，并给予后者一定的配合工作。只有采取委托代理机制，才能使粮食储备工作在达到既定效率的同时，使得相关费用发生的额度最为可观。

### 6.3.1.5　完善粮食应急制度

粮食作为人们生活的基础消费品，其需求价格弹性很小，需求量呈刚性。市场中粮食价格稍有上涨或者发生突发性的灾害事件，就会引发粮食恐慌，甚至引起社会物资全面价格上涨和严重的社会问题。因此，稳定市场粮价对于市场物价的稳定和社会安定都有着重要意义，有必要建立粮食应急制度，以应对粮食安全突发事件，稳定市场。

第一，完善的粮食应急储备体系。一是确定合理的储备量。粮食的储备规模必须科学而合理，既要防止各个储备环节规模过小而可能满足不了应急供应，效应过小，又要防止应急储备规模过大造成资源的浪费，严格按照产区储备 3 个月的粮食，销区储备 6 个月的粮食，整体上粮食储备量占消费需求量的 18% 的 "3、6、18" 的量化标准来进行储备量控制。二是合适的储备结构。首先要结合当地的优势与实际情况进行考虑，尽量做到因地制宜，对于粮食储备的结构，既要针对本地的生产资源优势和生产品种的优势，发挥本地优势，尽量避免本地劣势，又要考察当地群众的消费需求习惯，做到储备粮结构与需求结构相吻合。其次是保证一定的成品粮储备比率，使原粮储备与成品粮共举，达成真正保障粮食应急安全的基础。三是完备的储备分布。在选取储备分布方案的时候，人口分布状况及交通状况等要素是考虑的必要条件。首先要有便利的运输条件，其次是要满足覆盖面完备的要求，既要追求经济效益又要实现全面的安全。

第二，优良的粮食应急运输体系。粮食应急运输是粮食应急物流的最主要环节，是确保特殊情况下粮食有效供给的中间环节。为了在突然和不可预知的事件发生之后，在最短的时间内，以最快捷的流程和最安全的方式来进行应急保障，必须在以下几个方面给予考虑：首先，合理布局运输网络，追求经济效益最大化和安全双重目标。其次，运输路线采取直线型，降低经济耗费并实现时间空间上的最大节约。最后，交通运输方式的选择问题。当前我国运输方式主要是依赖铁路，海运、公路运输能力的可挖掘空间很大，在选择的时候可以采取最能发挥地区优势的交通运输方式，前提是保证能在第一时间内将粮食安全的运输到现场。

### 6.3.1.6　加强粮食市场管理，建立健全粮食流通领域的法制建设

当前，我国粮食流通领域的管理仍然处于发展时期，粮食流通市场管理仍然存在许多问题。诸如各个粮食流通主管部门分工界限不清、分工范围不完整、缺乏相互配套的管理方法等，导致粮食流通市场多头管理，存在管理真空。另外，一些粮食购销企业一定程度上也有贪污腐败的现象。均威胁到了我国粮食流通市场的健康运行。

由此可见，目前粮食市场不规范的重要原因是因为我国粮食流通领域的法制建设相对落后，制度法规不完善所导致。只有加强制度法规的建立，才能更好地规范粮食流通各主体的行为，使粮食市场秩序保持有序状态。一方面，要建立完备的法律体系，对粮食流通领域各行为主体的行为要做到有制度可遵循，有法律可依从，有法律可约束；另一方面，必须以粮食市场规范为中心，在粮食市场的主体界定、行为规范和管理监督等方面分别制定专门法规，进而建立一个保证粮食市场有序运作的法律体系。

在加强立法的基础上，还应赋予粮食部门管理市场的权利，以达到提高粮食部门执法效能。将一系列粮食部门与工商管理部门在市场管理中的范围、职责、分工程序等方面用法规形式加以明确。

### 6.3.1.7　按市场经济原则建立粮食产销区供销协作机制

我国粮食产销区内部及相互间的利益主体存在很大的矛盾，利益分配不均衡。目前，粮食购销正在全面市场化，加强产销间的合作与协调，是深化粮食流通体制改革的重要部分，也是全面建设小康社会、统筹协调区域发展的重要

方面。为此，中央政府应积极运用经济、法律手段和必要的行政手段来协调两者间的紧张关系：根据市场经济的要求和规律建立利益协调机制，通过制定相关优惠政策，充分调动产销区政府和企业，提升其建立供销协作的积极性；通过大力提供公共产品和服务，充分发挥市场在粮食资源配置中的主导作用；除此之外，还要加强市场监管，为公平竞争提供良好的环境，并对破坏产销衔接、扰乱正常经济秩序的不法行为依法给予严厉的惩罚。粮食产销区之间则必须坚持以市场为导向，以经济利益为纽带，依据政府的正确引导，形成多元化的协作关系，才能有效保证长期稳定供销协作关系的形成和发展。具体来说，应该要做到以下几点：

（1）依据市场经济规则着实建立有效的经济利益驱动机制，指导地方政府之间建立友好协作关系

由于在粮食交易过程当中，主产区的利益过多地向主销区转移了，因此，可以建立主销区对主产区投资式的粮食产销协作。可以在各级省政府的指导下，让主销区在主产区建立粮食生产基地，对主产区的粮食生产进行技术和基础设施建设投资，并对于主产区在其境内建立的粮食基地给予优惠。这样既保证了主产区的粮食生产能力，缓解了库存压力，又使主销区充实了地方粮食储备，增强了省级政府调控能力，确保当地粮食市场稳定供应。也可以让主销区直接到主产区承包土地，建立商品粮生产基地。

通过调整中央财政对地方的粮食风险基金补助比例，辅以其他经济手段和政策措施筹集一定资金，支持粮食主产区，以维护主产区利益、加强其生产能力建设。例如，可以监督产销区签订协作合同，并分别从粮食产销区的粮食风险基金中支出部分资金，作为合同的履约风险金，以便对遵守供销协议的一方给予奖励，对违反协议的一方给予惩罚。在政府通过对粮食产销区的粮食供需状况作了详细调查之后，确定各地区常年粮食余缺数量，然后同地方政府协商共同确定基数，作为其年度调入或调出数量的考核指标。同时，为促进市场竞争、防止买方或卖方垄断粮食市场，允许多个主销区和主产区之间交叉签订粮食供销协作合同。年度结束后，根据考核指标和各个地区实际完成情况给予必要的奖惩。

（2）加快粮食市场建设并通过各种渠道建立并完善信息化服务

为了提高市场机制配置粮食资源的效率，必须建立统一、开放、竞争、有序的粮食大市场，而这样也有利于政府对宏观经济的运行调控。具体要做到以下两点：首先，为了加大对粮食批发市场建设的扶持力度，除了政府直接投资以外，政府还要鼓励社会各界出资出力，使投资渠道多元化，并且出台一系列相关优惠政策鼓励社会力量参与粮食批发市场建设，不断提升与完善粮食批发市场的功能。其次，采用因特网、组织化等形式加强信息化服务，及时将粮食供需、价格等信息发布，正确引导粮食的生产、流通和消费。

（3）制定优惠政策，建立长期稳定的粮食产销协作关系

在粮食运输方面，对履行供销协作合同的粮食，铁路、交通部门要优先安排运力。建立粮食运输"绿色通道"，减免向运粮车收取过桥过路费，保障省际粮食流通顺畅。在信贷方面，农业发展银行要对粮食供销协作提供贷款支持和便捷的跨省结算服务。对开展跨省粮食产业化经营的企业，农业发展银行也要根据企业的风险承受能力积极提供必要的信贷支持。对到主产区建立粮食生产和收购基地的销区企业，可享受国家农业产业化优惠政策。对到主销区建立加工和销售网络的产区企业，要给予一定补贴和税收等方面的优惠。

## 6.3.2　从微观主体视角建立与完善粮食生产、流通与储备协调机制

### 6.3.2.1　多方面提升粮农生产积极性

（1）进一步加强粮食直补力度

国民经济连年的高速增长和国家财政收入的大幅度上升已经从根本上增强了国家把握全局的能力，结束了国家要依靠从农业中提取有限剩余来支持工业发展的历史，完成了国家政权建设对农业的提取任务。在这样的背景下，国家必然要考虑恰当地处理与农民的关系，借助国家财力，加大财政转移支付来直接打造国家与农民之间的新型关系模式。粮食直补政策的实施标志着国家调整了处理与农民关系的方式，改变传统的"国家—乡村基层组织—农民"的三角关系为"国家—农民"的直接关系，强化了自身直接与民众打交道的能力。

粮食直补政策的实施在各个不同的省份有不同的操作办法，按户头人数、户有承包地亩数、实际种植面积数等补贴不一，实际效果也不一样。调研中种粮农民普遍反映应该实行"谁种粮，就把补贴发放给谁"，而不是直接补给土地承包者，这样才能真正提高农民种粮积极性，粮食直补的社会效益才能显现。各地应该在重视政策实践效果的基础上继续探索切合本地实际情况的操作办法，把粮食直补政策看做是持续改善国家与农民关系的政治任务来完成，逐步增加直补款金额，不断增强农民对政府的信心指数，为国家政策实施创建良好的社会基础。

（2）加快土地流转的实践探索，寻找合适的农民合作路径，逐步建立和完善农业保险体系，确保种粮农民的经济收益

当前，种粮比较效益低，大量农村青壮年劳动力外流，单纯依靠留守村庄的妇女、儿童、老人自然不能保证耕地的有效利用和单位面积土地的产出水平。所以，当务之急是在坚持家庭联产承包责任制的基础之上，加快探索土地流转合作的可能路径，实现土地的适度规模经营，保证种粮的农民能够获得最起码与外出务工均等的农业利润，扭转青壮年农民精英集体"逃离"农村的现状，使农业成为农民精英可以施展抱负的新领域。此外，如果要实现土地的规模经营，经营大户的抗风险压力必然会进一步的加大，对农业保险的需求将更加迫切。所以，要保护农民种粮积极性，保证种粮农民的收入，使农民能够放心进行生产结构的调整，就必须建立农业的保险机制，在维护国家粮食安全的意义上，它比粮食直补更加重要和急迫。

（3）继续实行粮食最低收购价政策，同时不断对其进行完善

至 2004 年执行粮食最低收购价政策以来，理论界对其一直是褒贬不一。根据前述分析，最低收购价政策的执行对于生产者、经营者都是有利的，还有利于保障国家粮食安全。我国人口众多、耕地逐年减少、单产增长潜力有限、历史问题导致了我国农民种粮比较收益低下，因此，我国中长期的粮食安全任务非常繁重。如何保持农民利益、提高种粮积极性、稳定粮食产量，是政府在保证粮食安全上的首要任务，从这个角度看，实行最低保护价收购政策是很有必要也是必需的。在看到有利面的同时，还要注意最低收购价政策在制定、实

施中还存在一定的问题，有待于进一步完善的地方。一是灵活合理地控制最低收购价政策实行的范围；二是综合各个粮食品种的生产成本、产量、国内和国际价格、消费者承受能力等因素制定最低保护价格，形成良好的联动机制；三是规定各个品种托市收购的最大量，保证一般经营者的利益，防止价格上涨过快；四是健全收粮、放粮机制，防止中储粮集团出现变相的"囤积"行为；五是限制中储粮的垄断地位，尝试培育多个大型的最低收购价执行主体。

### 6.3.2.2　大力发展订单农业，鼓励粮食购销主体与粮食生产对接

提高生产者与收购者之间交易效率最有效的方法之一就是减少原粮所有权倒转次数，直接由粮农到唯一的中间商到消费市场。一是增加收购商的利润，二是将更多的利润留在农村。在市场中，农户与经销商之间最大的区别就在于双方对于市场信息的把握和谈判能力。在我国，农民由于获取信息的渠道和文化水平有限等因素的影响，对市场信息的把握能力要远低于精明的商人，因此，我国的粮食收购市场可以近似地看做买方市场。

发展订单农业对于保护农民利益是十分有利的，一是可以降低谈判资本，二是降低粮食销售风险，三是不存在买方市场和卖方市场之分，交易成本可以在买卖双方之间实现均衡最小化。对于粮食收购企业，订单农业可以降低交易成本，大规模的、稳定的粮源是降低边际交易费用的关键途径。在我国订单农业发展还处于初级阶段，主要是由于农业的弱质性，相应的农业保险体系没有建立，导致粮食收购企业缺乏积极性。政府应该从农民和保险两方面着手，一是要帮助农民提高在市场中的谈判能力和信息掌握能力，二是要为订单农业保驾护航，制定相关的措施和优惠政策促进订单农业的实施。

### 6.3.2.3　健全粮食购销市场准入制度，培育大型粮食购销企业

在我国粮食购销企业只有两类，一是国有粮食购销企业，二是粮食经纪人。把后者称为粮食经纪人而不称为企业，主要是由于其经营规模有限。截至2008年7月，作为我国粮食流通体系链条重要一环的粮食经纪人已经超过100万，在很多地方，他们被称为"粮贩子"。不可否认的是他们在粮食流通体系中的作用

十分重要，是不可去掉的一环。但是他们为追求利润而发生的囤积粮食、压级压价、违法倒卖等行为又给我国粮食市场健康发展带来了一系列隐患。

2004 年 7 月 16 日，由国家粮食局与国家工商总局联合颁发的《粮食收购资格审核管理暂行办法》，对规范粮食收购市场、维护正常粮食流通秩序，有着重要的历史性意义。国家粮食局按照《粮食流通管理条例》及行政许可法的规定，确定了国家粮食机关办理粮食收购许可证的程序，对是否受理粮食收购业务等制定了法律文书格式和规定，并对在国家工商总局登记注册的法人与经济组织进行受理粮食收购资格许可并颁发粮食收购资格证书，各省及地、市、区也根据当地情况制定了相应的具体实施办法。

粮食收购市场准入制度的建立，有利于发挥国有粮食购销企业的主渠道作用，同时对维护粮食市场秩序及保护农民利益方面，有着积极作用。但是，由于制度的不完善、体制的不健全，我们应当看到，该规定在发展的过程中仍然存在一些缺陷：在管理粮食收购过程中，政府的行为干预与市场化的经济形势产生了一定矛盾，粮食收购市场准入制度的要求仍然存在过窄的问题。政府在流通环节准入阶段首先表现为行政管制，各项环节层层审批也加大了市场寻租的机会。其次，我国市场准入限制也存在着对象管制问题，对国有之外的经济主体，集体、外资、民营等经济主体，尤其是民营企业，在市场准入方面存在歧视问题。

经济理论与经济发展实践表明，粮食流通市场逐渐走向放开，市场化是粮食流通进步的趋势，更是其发展的有效途径。所以，粮食收购市场应当适当引入竞争机制，并进一步放松和取消部分粮食收购市场准入的行政审批，打破市场壁垒，实现要素的自由流动，改变部分主体垄断经营严重的现状，逐步形成管理规范、统一的市场准入制度，在粮食流通体制改革的过程中适当放宽粮食收购市场准入的资质条件，鼓励非国有经济尤其是民营企业参与到粮食收购环节中来。此外，建立健全粮食市场准入制度，提高市场准入门槛，以提升经营者的整体社会责任感，然后依靠市场力量对经过筛选的"粮食经纪人"队伍进行整合，最后对那些信誉好、效率高的规模比较大的企业进行帮扶，培育一批市场竞争能力强的大型粮食收购企业，稳定国内粮食收购市场，最终达到健全市场、降低政府财政负担的目的。

### 6.3.2.4　化解历史包袱，加快国有粮食购销企业产权制度改革

现行的体制存在着两重性，在现实中政府与市场的职能经常难以区分，职责的不明确，直接导致了多种问题的存在。一方面，政府采用传统的直接而单一的行政手段，甚至用直接控制和干预的方法对国有粮食购销企业进行管理；另一方面，这些国有粮食购销企业因历史发展的惯性而成为政府的附庸，没有完整、独立的产权与经营自主权，难以做到自主经营，导致企业经营机制呆板，发展空间狭小、历史包袱沉重，表现最突出的就是"老粮、老人、老账"问题。例如，湖北省粮食购销企业"老人问题"解决资金缺口较大，当前企业分流"老人"所需资金缺口高达6.26亿元，如安置下岗职工8830万元；各种工资欠款5.26亿元；各种保险欠款等1200万元。

"老粮"问题会直接导致粮食风险基金支出。政府相关部门必须对粮食购销企业老粮库存、价格进行锁定，制定周密的"老粮"销售处理办法，并将按实际情况制定的销售计划落到粮食购销企业实处，在每个阶段进行严密的监督。在这个过程中，可以采取一定的激励措施，鼓励企业超额完成任务。对年末考核超额完成销售计划的企业，不仅按照年末实际库存进行核定下一年的库存基数和销售任务，并且给予一定的物质奖励或者优惠政策进行鼓励；而对于没有完成任务的粮食企业，按照销售计划核定下一年库存基数与销售任务，并对其销售状况进行指导、规划，刺激下一年的销售任务完成。

关于"老人"问题，除了给予粮食购销企业一定补助资金以外，政府更重要的是进行政策疏导与支持企业内部进行管理创新。企业内部工作人员首先要进行整合：现有工作人员中对于自愿解除劳动关系的职工进行依法解除，而对距离法定退休年龄不足五年的，采取企业内部退养的措施，对距离法定年龄超过五年的职工实行协议保留养老保险关系，逐步脱钩；重新招纳劳动力时择优录取，采取考试、考核制度，竞争上岗，严格控制新职工进入门槛；为了保障员工的合法权益及避免事后产生合同纠纷、资金纠纷，对于离开企业的职工，做到结清补偿金和历史拖欠，并对其再就业或者人事管理给予方便。

对于"老账"，应采取坚定不移的审计和清理工作。对国有粮食购销企业，最好进行异地交叉审计，包括老粮财务账、老粮库存数量及成本、陈化粮价差亏损账等账务，进行严格的审计并对其进行彻底清理，为国有粮食购销企业轻装上阵、参与市场竞争创造有利条件。

### 6.3.2.5　强化国有粮食购销企业的市场主体地位，发挥其市场主渠道作用

鼓励粮食收购市场多元化，强化市场竞争是粮食市场的必由之路。但是粮食市场不同于一般的商品市场，关乎国家经济政治安全各个方面。在目前情况下，绝大部分私营粮商缺乏社会责任感，营利是唯一目的。2004年粮食收购市场完全放开之后，国有粮企的垄断地位随之结束。但是其粮食储备的社会职能仍然存在，一方面保证国家的粮食安全，另一方面通过适时的粮食吞吐来平抑市场价格的波动，稳定市场粮价。因此，国有粮企的重要地位是不可撼动的。另外，肩负调控粮食市场、稳定粮食价格、保证粮食供应的重任，已经成为新形势下粮食安全有效载体和工具的国有粮食购销企业，在粮食流通环节中占据着主渠道的地位。首先，既然是国家为保障粮食安全进行宏观调控的载体，国有粮食购销企业对粮食流通市场拥有绝对的控制力，并根据粮食种植情况与市场情况，进行平抑粮食安全事件；其次，国有粮食购销企业必须拥有均衡的战略布局，对从中央到地方的四级储备都应留有充足的"占据点"；最后，国有粮食购销企业应适时发展壮大，成为支柱企业，真正发挥粮食流通主渠道作用，从一定程度上改变当前诸多企业实力弱、规模小、分散经营的现状。

为了强化国有粮食购销企业的市场主体地位，更好地发挥国有粮食购销企业主渠道作用，必须增强企业实力，对现有国有企业进行战略性重组。第一，提高企业经济效益，国有粮食购销企业是市场的中坚力量，要努力提高其经济效益，使主渠道作用真正做到名副其实；第二，实行粮食购销企业的产权制度改革。要使国有企业真正发挥主渠道的作用，必须使其拥有产权清晰、责权明确，通过发展维护其主导地位。

# 第7章 我国粮食生产、流通与储备协调机制建立问题调查分析

## 7.1 河北省粮食生产调查报告

### 7.1.1 引言

实体经济层面，粮食的生产量不足以支撑粮食的消费量，即"供小于求"，导致粮价飙升，反过来引起粮食的盲目生产。作为理性"经济人"，农民在进行粮食生产决策时，投入与产出是基本衡量指标，因此，对粮食作物的投入产出效益进行分析具有实际意义。保证我国粮食安全的基础是"造血"而非"输血"，即为高效的投入产出而非盲目的增产。本报告结合河北省粮食种植的基本情况，以1997~2005年种植业生产成本收益为研究对象，从粮食种植的投入、产出及投入产出效率分析河北省粮食作物的投入产出特征。

### 7.1.2 粮食生产投入分析

#### 7.1.2.1 研究的指标与计算方法

粮食种植的投入主要表现为生产成本，其计算公式如下：

$$生产成本 = 物质与服务成本 + 人工成本$$

在计算中均以亩折价计算，单位是元。其中，物质与服务成本主要指粮食生产中各种物质投入的折价总和（包括种子、有机肥、化肥、农药、机械作

业、排灌、生产用电等）和生产服务支出总和（包括各类固定资产折旧，如薄膜、竹棚、农机具和小拖拉机折旧、小农具购置费、销售费用等）；人工成本主要指粮食生产中各种劳动投入总和，包括播种、施肥、施药、灌溉、日常管理、收获等过程的人工投入。

### 7.1.2.2　生产成本分析

从图 7-1 可以看出，河北省粮食生产成本在 2003 年以前平稳中略有升降，在 2004 年粮食生产成本显著提升。如前所述，粮食的生产成本主要是由粮食生产过程中的物质和服务费用以及人工成本构成，进一步分析其生产成本主要构成部分的变动，就可以发现粮食生产成本出现大幅波动的具体原因。

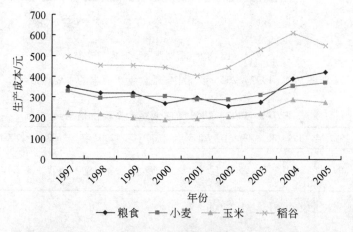

图 7-1　1997～2005 年河北省主要粮食作物生产成本

从粮食生产成本主要构成部分的变动趋势可以看出，人工成本以及物质和服务费用在 2004 年均有明显的上升。这主要是由于 2003 年中央一号文件国家对于粮食生产的重视以及各种惠农政策的实施，加之 2004 年粮食价格上涨，种粮收益有较大程度的提高，对农民们的种粮积极性有较大的刺激作用，使得农民投入在粮食生产的投入较之上年有所增加（图 7-2）。人工成本的上升主要来源于人工平均工资的上涨以及用工数量的增加（2004 年和 2005 年每亩用工数量分别上升了 19.74% 和 7.6%）。而物资及服务费用的上升，受 2004 年和 2005 年生产资料价格大幅增长的影响，分别上升了 10.6% 和 8.3%，本书所考察的年份中分别创最高和次高（表7-1）。人工成本以及物资和服务费用构成了粮食生产的主要成本，两者的综合作用进一步强化了粮食生产成本上升的幅度。

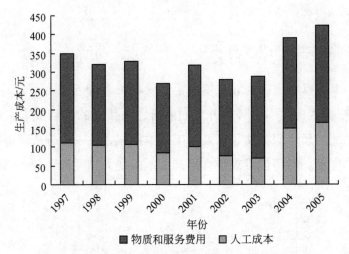

图 7-2　1997～2005 年河北省粮食生产成本的主要构成

**表 7-1　1997～2005 年农业生产资料价格指数**

| | 1997 年 | 1998 年 | 1999 年 | 2000 年 | 2001 年 | 2002 年 | 2003 年 | 2004 年 | 2005 年 |
|---|---|---|---|---|---|---|---|---|---|
| 农业生产资料价格指数 | 99.5 | 94.5 | 95.8 | 99.1 | 99.1 | 100.5 | 101.4 | 110.6 | 108.3 |

资料来源：《河北农村统计年鉴》（2006 年）

图 7-1 中，进一步比较河北省三种粮食作物的生产成本，从年际波动来看，1997～2005 年间小麦和玉米的生产成本最为平稳，稻谷则波动较大；从生产成本的数值来看，玉米的生产成本最低，稻谷最高，几乎是玉米生产成本的两倍，而小麦居于两者之中，这说明种植不同作物的投入成本存在较大差别的。

## 7.1.3　粮食生产产出分析

产出指标包括总产量和总产值，均以每亩折价计算。本书所研究的总产量主要指主产品产量，单位是千克。总产值指农作物生产中产出品的货币价值，

单位是元，计算公式为

$$总产值 = 产品总产量 \times 产品价格$$

从变动幅度来看，1997 ~ 2005 年，河北省粮食平均每亩产量年际间有所波动，但幅度不大。相比之下，每亩总产值则年际波动幅度很大，如 2000 年比 1999 年下降 31.2%，2004 年比上一年提高 68.7%。从总产值的计算公式来看，总产值的大幅波动原因主要来自于产品产量和产品价格两个方面综合变动情况。尽管图 7-3 显示每亩产量波动较小，但由于产品价格的同向变动，两者的相乘作用会极大地拉动其产值的波动幅度，这一点可以从表 7-2 中的数据变化看出。与此同时，不能忽略农产品价格的变动因素。

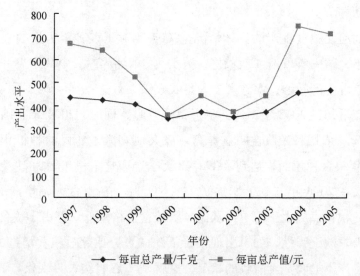

图 7-3　1997 ~ 2005 年河北省粮食每亩产出水平

表 7-2　1997 ~ 2005 年河北省粮食每亩总产值、产量和成产品物价指数

|  | 1997 年 | 1998 年 | 1999 年 | 2000 年 | 2001 年 | 2002 年 | 2003 年 | 2004 年 | 2005 年 |
|---|---|---|---|---|---|---|---|---|---|
| 每亩总产值/元 | 667.93 | 639.93 | 522.66 | 359.37 | 443.55 | 372.34 | 442 | 745.79 | 712.93 |
| 每亩产量/千克 | 435.13 | 425.12 | 406.21 | 341.8 | 370.8 | 350.7 | 373.1 | 457.5 | 466.1 |
| 农产品价格指数（上年 = 100） | 95.5 | 92 | 87.8 | 96.4 | 103.1 | 99.7 | 104.4 | 113.1 | 101.4 |

资料来源：根据《河北农村统计年鉴》（2006 年）相关数据整理而得，粮食为小麦、玉米、稻谷三种粮食作物按面积的加权平均数

　　其次，从图 7-3 中曲线的变动方向来看，每亩产量和每亩产值的趋势走向基本一致，但在 2005 年出现了逆反现象——2005 年每亩粮食产量提高了 2 个百分点，然而每亩粮食总产值却下降了 4 个百分点。这一反常走势可用蛛网理论来解释。农业生产者总是以当期的市场价格为标准来预期下一期的收益，并以此来安排来年的粮食生产。然而，粮食市场价格仅仅反映当前的供求关系，而在未来一定时期内供求关系可能发生的变化并不能反映出来。当农民发现价格走势对自己不利时，已经安排了的粮食生产规模在中途很难改变（因为粮食的生产周期较长）。农业生产者以现有的市场价格标准来预期未来的收益，往往就会陷入"蛛网困境"，即表现出：产量增大，收入减少，生产赶不上市场价格变动的节奏。

　　联系到河北粮食生产的具体情况，2004 年对于以种粮为生的农民来讲是幸福的一年，这一年可谓"政策好、人努力、天帮忙"。中共中央一号文件着重强调了粮食生产问题，实施了多种惠农政策，且这一年风调雨顺，粮食获得大丰收，产量超过 2003 年，达到将近 100 万吨，同时，2004 年我国粮食价格上涨近 30%，农民种粮收益明显提高，极大地刺激了农民的种粮积极性。因而，2005 年粮食种植面积达到了 392.68 万公顷，比上一年增加 21.44 万公顷，粮食总产量在 2004 年基础上增加了 118.5 万吨。在粮食大幅增产的情况下，导致市场的粮食供应大于需求，从而导致粮食价格降低。但由于粮食是一种必需品，其需求缺乏弹性，如果出现粮价下跌的百分比超过粮食增产的百分比，则就出现增产不增收甚至减收的状况，这就是"谷贱伤农"现象。

　　有资料显示，2005 年粮食市场出现的主要问题是收购旺季小麦、稻谷、玉米收购价格出现较大幅度下降。7～10 月冬小麦收购旺季，各种小麦国有粮食企业平均收购价为每百斤 70.35 元，同比下降 5.03%；7～9 月早籼稻收购旺季平均收购价为每百斤 71.47 元，同比下降 4.60%；10～12 月，晚籼稻、玉米平均收购价分别为每百斤 73.41 元、52.88 元，同比分别下降 5.34%、6.74%。在国家出台小麦临时收储政策和启动籼稻最低收购价预案影响下，籼稻、小麦价格下降势头才得到有效遏制，并逐步趋于平稳（朱险峰和魏莉，2006）。

## 7.1.4　投入与产出的关联分析

投入与产出的关联指标主要包括两类：第一类成本收益指标，用来表示农民从农作物生产中所得到的每亩纯收益。2004 年国家取消农业税，因此 2004 年以前，用每亩减税纯收益来表示，从 2004 年开始则用每亩纯收益表示。计算公式分别为

每亩减税纯收益 = 每亩总产值 −（每亩生产成本 + 期间费用 + 每亩税金）

每亩纯收益 = 每亩总产值 −（物质服务费用 + 人工成本）+ 每亩补贴

成本收益指标能够很好地反映出投入产出效益，但是却不能反映出不同投入水平的影响。所以，还需要引入第二类指标——效率指标。该指标用每亩成本纯收益率表示，反映粮食生产中每一元钱的投入最后能够得到多少收益。同样，因为种粮税收制度的变化，前后的计算公式有所不同。

2004 年以前的计算公式为

每亩成本纯收益率 = 每亩减税纯收益/（每亩总产值 − 每亩减税纯收益）

从 2004 年后计算公式为

每亩成本纯收益率 = 每亩纯收益/（每亩总产值 + 每亩补贴 − 每亩纯收益）

### 7.1.4.1　成本收益指标分析

首先，从图 7-4 中曲线的波动情况来看，1997 ~ 2005 年粮食每亩纯收益先减后增，从 1997 ~ 2005 年直线下降，在 2000 年到达低谷后，从 2001 年开始回升，至 2004 年又达到一个小波峰。

其次，从三种主要粮食作物的亩生产纯收益曲线比较来看，种植玉米的每亩生产纯收益高于小麦。在波动程度上，稻谷最为剧烈，玉米和小麦则相对变动平缓；在走势上，三种主要粮食作物大部分年份一致，但在粮食每亩纯收益下降的主要年份，走势会有不同，这也说明了农民的种粮决策在一定程度上影响着其收益。如果决策正确，在丰年能够得到较大收益，歉收年份即使有亏损，也能够使亏损最小。

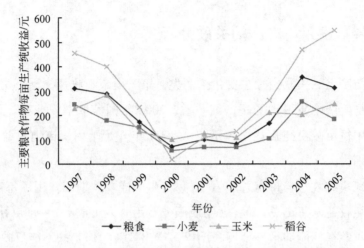

图 7-4    1997～2005 年河北省主要粮食作物每亩生产纯收益

## 7.1.4.2    成本收益的效率指标分析

每亩生产纯收益反映出农民从事粮食生产每亩的收益水平，但是却没有考虑到每亩的投入水平。在收益一定的条件下，理性的"经济人"会考虑如何用最小的投入得到同样的产出。而引入效率指标即每亩成本纯收益率能够更加客观地比较三种主要粮食作物的投入产出效率。原因在于消除了投入规模的影响，客观地反映粮食作物生产中单位投入最后能够得到的收益。从图 7-5 可以

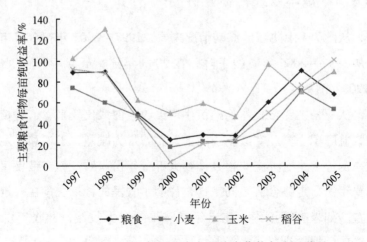

图 7-5    1997～2005 年河北省主要粮食作物每亩纯收益

看出，三种作物的投入产出率波动程度基本相同，从平均水平来看，稻谷和小麦大致处在同一个水平，但稻谷的波动程度比小麦较大；玉米的平均投入产出率最高，几乎是稻谷和小麦的两倍。

由此可见，在三种主要粮食作物中，河北的玉米相较于另两种粮食作物具有明显的比较优势，应当适当扩大玉米的播种面积，提高生产效益。小麦是河北省粮食作物中比较优势较大的农产品。事实上，河北省既是我国小麦主产区之一，也是我国优质小麦产区，河北省小麦播种面积约占全国总播种面积的10%，发挥河北小麦比较优势，稳定小麦播种面积、努力提高小麦单产是河北省抓好粮食作物生产的必然选择。稻谷比较优势最低，应相应调减和压缩稻谷生产。

## 7.1.5　结论

通过引入粮食生产的生产成本、总产量、总产值、每亩纯收益以及每亩纯收益率等指标对河北省粮食生产的投入、产出及两者的关联进行分析，可以得出以下结论。

### 7.1.5.1　粮食作物的投入

粮食作物的生产成本在 2003 年以前平稳中略有升降，但在 2004 年和 2005 年因人工投入的增加以及生产资料价格的增长而有较大增长；具体到每一种主要粮食作物，玉米的生产成本最低，小麦次之，而稻谷最高，几乎是玉米生产成本的两倍。就波动性而言，小麦和玉米的生产成本最为平稳，稻谷则波动较大。

### 7.1.5.2　粮食作物的产出

河北省粮食平均每亩产量年际间波动幅度较小，而每亩总产值则因产量与价格等因素的综合作用而出现较大的年际波动。就走势而言，每亩产量和每亩产值的升降趋势基本一致，但在 2005 年出现了逆反现象，这主要是粮食生产者以上一期的市场价格和种粮收益为标准来安排下一期的种植，从而陷入"蛛网困境"。

### 7.1.5.3　粮食作物的投入与产出间的关联

1997～2005 年 9 年间河北省粮食作物每亩纯收益经历了"波峰—波谷—波峰"的过程。就三种主要粮食作物而言，河北省玉米种植最具比较优势，小麦居中，稻谷的比较优势最低。

总体而言，河北省粮食作物的种植要在稳定粮食播种面积的基础上，着力调整优化品种结构和区域布局，提高粮食质量和效益。

1）稻谷。在河北，种植稻谷的比较优势最低，且对水资源的需求较大，应适当压缩稻谷的生产，以缓解农业用水的紧张压力并提高粮食种植的总体生产效益。

2）小麦。河北省是我国优质小麦的产区，发挥河北小麦比较优势，是河北省抓好粮食作物生产的必然选择。在稳定小麦总量、满足全省人民生活需要的基础上，应当适当增加种植面积并调整小麦种植布局。对山地丘陵地区、黑龙港沿海等一些严重缺水地区，建议适当压缩小麦种植面积，扩大抗旱、耐盐碱的经济作物和杂粮作物。对生产条件好，适宜小麦种植且产量高、成本相对较低的京广、京山沿线地区，应促进其稳定发展。就小麦的品种和品质而言，要根据市场需求调整其品种结构和品质结构，以大力发展优质面条、馒头、水饺专用小麦为主，以适当发展优质面包小麦为辅。依靠科技，提高单产，稳定总产，大力推广节水栽培、精量半精量播种、配方施肥、病虫害综合防治等配套技术，降低生产成本，提高种植效益。

3）玉米。三种粮食作物中玉米的比较优势最大，应适当增加其种植面积，并根据市场变化，适时调整。在水资源短缺的张家口、承德、太行山区、黑龙港地区，建议适当压缩玉米种植面积，扩大抗旱粮食作物、经济作物的种植面积。就玉米品质和品种而言，应该根据资源特点，在不同地区发展不同用途的玉米品种，扩大优质、专用型玉米品种比重（代冬芳和俞会新，2006）。

## 7.2　湖北省粮食生产发展与大户经营调查报告

2008 年，我国农业生产在遭遇了南方冰雪冰冻等不良气象灾害影响，经历了全球能源价格上涨拉动的生产资料涨价与成本上升的冲击、国际生物燃料乙醇发展引发的粮食供求矛盾冲击、市场投机资本进入粮食期货市场引发的价格冲击的背景下，依然夺得了连续五年增产的好收成，总产量达到 5282 亿千克，使得全国在面对全球金融危机不断扩展和蔓延的形势下显得非常从容，经济运行依然平稳，社会依然安定团结。但是，我们也应该充分认识到我国的粮食生产主要资源——耕地、水的供给日益紧缺，在金融危机冲击下主要农产品价格下行，农民种粮收益减少，生产积极性受到影响等粮食安全的潜在性危机依然存在的局势。湖北作为我国中部的农业大省和重要的粮食生产基地，必须按照中央提出的"稳粮、增收、强基础、重民生"的要求，积极创造条件，发展粮食生产，为确保国家粮食安全作出应有的贡献。

### 7.2.1　湖北粮食：发展的潜力和隐患并存

#### 7.2.1.1　从历史和发展的角度看，湖北粮食生产发展潜力巨大

2007 年湖北粮食总播种面积 434 万公顷，总产量达到 2287.4 万吨，出现了恢复性的增长。但是，湖北粮食仍然有潜力。一是粮食总产量与历史产量最高年 1997 年的总产 2634.4 万吨比还有 35 万吨的潜力。二是从粮食播种面积和生产结构调整的角度看有潜力，尽管 2007 年湖北粮食播种面积达到 434 万公顷，比 2003 年扩大了 55.54 万公顷，但比 1997 年仍然减少 81.65 万公顷。同时湖北的鄂西北地区是小麦的主要生产区，长期以来都是利用冬闲地生产小麦，历史上，1984 年小麦面积曾达到 138.45 万公顷，而 2007 的小麦播种面积仅 85.7 万公顷，比 1984 年少 52.75 万公顷，还有很大的播种面积潜力可挖。三是粮食单产提高有潜力，全省粮食单产历史最高年 2004 年是 377 千克/亩，而 2007 年全省的水稻平均单产是 500.6 千克/亩，江汉平原地区的水稻单

产一般都可以达到 650 千克/亩，有的典型田块可以达到 750 千克/亩，潜力很大。四是水利资源的潜力，目前，随着工业化、城市化的推进，我国原来的粮食主产区和增长中心逐步从长江中下游地区向北方的黄淮海平原、松嫩平原、黄土高原转移，而这些新的增长中心有一个致命性的障碍因素就是水资源缺乏，如在华北平原生产 1 千克小麦需要消耗 1 立方米的水，而这一地区的水资源可供给量人均还不到 2000 立方米。所以，要进一步增产很难。恰恰相反，湖北的优势则主要是水资源充足，增产粮食具有水资源供给的优势和潜力。

### 7.2.1.2 从资源供给和生产经营角度看，湖北粮食生产发展有隐患

一是农耕地资源供给的隐患。首先是耕地面积在逐年减少。1996～2006年，湖北耕地面积从 334.93 万公顷减少到 320.17 万公顷，净减少 14.76 万公顷，相当于一个中等县的面积。其次是用于粮食生产的耕地在减少。由于种粮比较效益低下的原因，湖北近几年来在生产结构调整中大力推进水产养殖业和林果业发展，使一些耕地退出了粮食生产。再次是出现了弃耕和季节性的抛荒。一些农民受外部利益的吸引，外出打工，又没有把耕地有效地流转给他人耕种而出现弃耕抛荒现象；还有一些农民认为种粮不赚钱，改双季稻为单季稻，改冬季种小麦为撩荒，出现了季节性抛荒。

二是农民种粮积极性不高的隐患。在市场经济条件下，农民种粮的积极性主要来源于利益的刺激。如果利益期望值得不到满足，或者种粮的比较效益不高，农民必然会调整生产结构和生产要素投入取向，放弃或者减少粮食生产。据湖北省农业厅综合调研处在襄阳区黄集镇陶湾村调查，2007 年种小麦每公顷投入 375 千克复合肥价值 1125 元，投入 750 千克尿素价值 1425 元，农药225 元，机耕费 1125 元，加上 202.5 千克种子价值 600 元，总计支出 4500 元/公顷。当年小麦产量 6000 千克/公顷，价格 1.38 元/千克，种小麦收入 8280元/公顷，扣除 4500 元支出，每公顷纯收入 3780 元。2008 年每公顷小麦投入复合肥 375 千克价值 1800 元，投入尿素 750 千克价值 1650 元，农药 375 元，机耕费 1500 元，加上 202.5 千克种子价值 810 元，每公顷支出 6135 元。当年

小麦产量 6127.5 千克/公顷，比上年增产 127.5 千克/公顷，价格 1.44 元/千克，比上年增加 0.45 元，种小麦每公顷收入 8820 元，比上年增加 540 元，但扣除 6135 元的支出以后，每公顷纯收入仅 2670 元，比上年反而减少 1110 元。一方面增产不增收，影响了农民对从事粮食生产的积极性；另一方面种一亩小麦，辛苦半年，一亩地的收入不足 200 元，仅相当于在外务工三天的工资收入，更何况一亩小麦从种到收需要投工 7~8 天，若按照打工收入每天 60 元计算，种一亩小麦仅人工就要亏近 300 元。所以，种粮收益不高直接影响了农民生产粮食的积极性。据调查，2008 年冬季，在鄂西北地区出现了大片大片的冬闲地。

　　三是技术供给的隐患。在耕地、水等资源禀赋既定的条件下，粮食生产的发展主要依赖于科技进步。但是，近年来在粮食品种方面，没有出现过如杂交水稻那样增产特别明显、群众易接受的新品种；在栽培技术、病虫害防治技术方面，由于受教育程度较高的农村青壮年劳动力向非农产业大量转移，以致技术的应用、推广受到梗阻；在技术推广力量配置方面，湖北实行了"以钱养事、以事养人、养事不养人"的新机制，农技推广人员和政府农业主管部门形成了一种合同雇佣关系，以致基层农技推广人员人心不稳，没有长远打算，基层新生农业科技力量难以补充，推广网络体系难以形成，粮食生产发展在技术供给层面具有潜在性的危机和隐患。

## 7.2.2　增产粮食是国家和湖北省自身发展的需要

### 7.2.2.1　湖北粮食生产在国家区域布局和粮食安全体系中居重要地位

　　从国家整体的角度看，①在农业领域的具体区域布局及分工：在东部地区建立高效出口创汇农业区，在中部地区建立粮棉集约经营主产区，在西部地区建立高效生态农业保护区。在粮食生产的品种结构上也做出了具体的分工布局，湖北被列为国家的水稻主产区。因此，从服从国家整体布局和区域分工的角度看，湖北必须积极发展粮食生产和增产粮食。②随着改革开放的深入推进，国家越来越深刻的认识到，要保持国民经济的长期稳定持续发展，必须对原来的倾斜支持东南沿海、倾斜支持工业、倾斜支持出口创汇战略进行调整，特别是面对世界性金融危机的冲击和蔓延，国家已经多次提出要加强基础设施建设，有效地扩大内需，重点支持农业和农村经济发展，把保证国家粮食安全、解决好十几亿人口的吃饭问题作为头等大事来抓。湖北作为我国中部的农业大省和粮食生产大省，历史上长期属于我国长江中下游的粮食增产中心，"湖广熟、天下足"一语道破了湖北在国家粮食安全体系中的重要位置。当前，浙江、广州等沿海省份因工业化过程中土地非农化超速而已无地可种的背景下，湖北没有理由不发展粮食生产和增产粮食，也没有理由不为国家制定的新增 500 亿千克粮食生产能力工程作出贡献。

### 7.2.2.2 湖北的气候资源优势和城市化及人民生活水平提高的需要，决定了湖北必须积极发展粮食生产

从湖北自身发展需求的局部角度看，湖北雨热同季，最适宜于水稻生产，全省 180 多万公顷水田，如果能够在江汉平原实现稻稻油的三熟制和在鄂中、鄂北岗地实现麦稻两熟制，则亩产到吨还是有把握的。第一，湖北 2007 年的人口是 6070 万人，按 3‰的增长率计算，到 2015 年大约有人口 6250 万人，比现在增加 180 万人，满足新增人口的粮食需求，需要增产 7.5 亿千克粮食。第二，城镇化速度的加快，人民生活水平的提高，人们食物结构的调整，使得肉蛋奶的消费需求增加，而增加肉蛋奶首先得增加饲料粮。目前在畜牧业生产技术不断提高的情况下，大约生产一斤肉类需要消耗 2 千克粮食，生产 0.5 千克蛋类需要消耗 1 千克粮食，生产 1 千克奶需要 0.5 千克粮食。2007 年湖北的城镇化率是 44.3%，按照城镇化率每年提高 1 个百分点计算，到 2015 年湖北的城镇化率为 52%以上，届时湖北有城镇人口 3300 万。按照每个城镇居民年消耗 35 千克肉、20 千克蛋、20 千克奶（2006 年的实际消费水平为肉 29.15 千克、蛋 15.2 千克、奶 14.1 千克）计算，加上农村居民的生活水平提高，届时仅饲料粮需求增加一项，湖北需增产 22.5 亿千克粮食。第三，为了保证农民收入的增加，国家出台了一系列有利于粮农收入增长的补贴政策，使得种粮成

为农民收入的重要来源之一。据分析，湖北 2008 年粮食总产是 222.5 亿千克，乡村人口人均生产粮食 650 千克，农民人均纯收入是 4656.38 元，而全国 2008 年粮食总产是 5250 亿千克，乡村人口均生产粮食 721.5 千克，农民人均纯收入是 4761 元，湖北比全国人均少产 71.5 千克粮，少收入 105 元，其中湖北农民从粮食生产中少获得的收入为 120 元。如果湖北粮食总产能达到历史最高水平 263.5 亿千克，则湖北人均产粮可达到 750 千克，仅粮食生产一项就可以使农民增收 250 元，超过全国农民人均纯收入水平。所以，从增加收入的角度讲，湖北需要增产粮食。同时，在湖北通过增产粮食而增收也是有可能的。据省农业厅在荆门、荆州、襄樊等地的调查，如果农民合理组织生产结构，实现稻稻油、稻稻肥、稻麦生产，一亩地年生产粮食扣除物质费用后的收入可以达到 1000 元左右。

## 7.2.3　实现粮食生产大户经营是促进粮食生产发展的有效途径

综上所述，湖北省需要增产粮食，且湖北省粮食有增产的潜力和条件。但是，当前由于受种粮比较效益较低的影响，农民缺乏生产粮食的内在动力和积极性。如果能够通过有效的政策措施和经营途径，促进粮农收入增加，实现粮食生产发展与农民增收双赢，则粮食生产潜力可以挖掘，在国家新增 500 亿千克粮食综合生产能力的工程中，湖北实现 2015 年比历史最高年 1997 年新增 50 亿千克粮食的目标任务（总产达到 268.5 亿千克）是完全有可能的。

### 7.2.3.1　粮食生产经营典型大户收入高

据调查，粮食生产经营大户的生产收益较高，是实现粮食增产和农民增收双赢的一条有效途径。湖北大治市大箕铺镇后反村种粮大户侯安杰，2008 年承包土地 1353.3 公顷，除去林果和蔬菜面积 200 公顷外，种粮 1100 多公顷，全部种植优质稻新品种，平均每公顷达到 6000 千克以上，粮食总产 680 万千克，所产稻谷全部由黄石市国家粮食储备库订单收购，收购价 2.6 元/千克，总产值为 1768 万元。在生产投资和农用生产资料价格上涨的情况下，每亩投资约为 770 元，总投入达到 1309 万元，纯收益为 459 万元，每公顷纯收益 4050 元。笔者在鄂州市调查，2008 年种植水稻 3.3 公顷以上的经营大户，夫妻两人一年的经营纯收入都在 3 万元以上。

### 7.2.3.2　粮食生产经营大户具有较高的优势

分析粮食生产经营大户粮食产量高、收益好的原因，主要是因为种粮大户具有以下几个方面的优势。第一，具有规模效益优势。由于粮食大户实现了规模经营，他们可以在生产过程中更多地采用机械化作业，以批发价购得生产资料；在产品出售时形成相对较强的交易谈判能力，进行订单销售或期货交易，从而获得较高的市场销售价格和较多的收入。同时，由于种粮大户的生产经营规模大，在社会以户为单元评价农民的收入状况、富裕程度和认同农民的经营能力的背景下，种粮大户的规模聚集优势更为突出。虽然有的种粮大户的单位面积的收入并不比一般农户高，但家庭经营的总收入几倍于、甚至数十倍于其他农户，如侯安杰 2008 年的纯收入是 459 万元。第二，具有技术优势。种粮大户一般都是种田能手，具有较好的粮食生产经营方面的科技知识和基本技能。同时，他们也十分重视在粮食生产中引用新品种、应用新技术。如粮食生产大王侯安杰，2008 年所种的 1133.3 公顷水稻全部采用了优质稻新品种，自己拥有 4 台大型拖拉机、6 台联合收割机、8 台旋耕机、95 台机动喷雾器，11 台套水泵，在生产过程采用了较多的新技术和机械化作业，种粮生产效率高、技术含量高。第三，具有充分利用市场环境的优势。种粮大户一般都能较好利用市场信息和市场环境。由于其粮食生产的市场化程度高，生产资料全部从市场中获得，劳动力大部分从市场上雇佣，产品绝大部分在市场中销售，生产经营与市场结合十分紧密。因此，他们十分关心市场信息，也能较好地利用市场手段来规避市场风险。例如，粮食生产经营大户在种水稻之前会与有关企业和收购部门签订购销合同，实现订单生产、订单销售。

### 7.2.3.3　粮食生产实行大户规模化集中经营将是一种趋势

第一，我国在实行家庭承包经营责任制时，基本上采取的是按人均分土地、按户进行承包经营的方式，由于一个村集体的土地有远有近、质量有好有劣，因而最终形成了一户承包经营 7~8 亩土地，一户的土地又分成 7~8 块的小规模分散经营的局面。致使科学种田、机械作业等规模效应难以发挥，每年户均种粮纯收入只有 2000 元左右，与大户经营相比，收入少、效益低，种粮积极性受到严重影响。所以，规模经营成为农民增加经营收益的有效途径。第二，由于种粮收益低，农户为了获得较多的收入，青壮年劳动力纷纷弃农务工，向城市第二、第三产业转移，他们在外务工的收入每天一般都在 60 元左右，一个劳动力一个月的务工收入就等于全家种粮一年的收益。这就带来了两个问题：一是耕地闲置或兼业化粗放经营，耕地资源浪费严重；二是有知识、有文化的青壮年劳动力受比较利益的诱使外出打工，老人、妇女留在家中种粮，粮食生产新技术难以推广，产量收入水平难以提高，有偿转让和流转土地于大户成为提高土地经营效率，让有能力的农民在家安心务农的唯一选择。第三，在市场经济条件下，利益机制是对耕地资源实行有效保护的重要机制。土地实行种粮大户集中经营，提高了土地利用效率，增加了产量、降低了成本，获得了较为可观的收益，从而无形地提高了土地的资源价值和资本价值，可以从经济层面上有效地遏制土地非农化流转和土地经营权所有者的利益流失，有效地保护农耕地。所以，可以推断，随着城乡一体化的推进，进城务工农民收入渠道的稳定和社会化保障程度的提高，小规模分散经营的格局将逐步被淘汰，粮食生产大户规模经营将成为未来粮食生产发展的主流和趋势。

### 7.2.4　推进粮食经营大户发展的问题与障碍

尽管粮食生产经营大户有一定的优势，有良好的生产收益及效率，可以实现粮食增产与农民增收的有机结合和双赢，但是要推进粮食生产大户经营，发展粮食生产经营大户，在目前还存在一系列实际问题和困难。

#### 7.2.4.1　土地流转困难，规模经营大户不易形成

一是政策上对农业的保护和实施的多项补贴，使一些农户不愿意把土地流

转给他人种植。近几年来，国家为了提高农民种粮的积极性，在减免了农业税以后又先后实施了种粮农民直接补贴、农民购置农机具补贴、良种补贴、农业生产资料综合补贴、粮食按保护价收购及粮食保护价连年提高等一系列惠农政策，在湖北一亩地一年的各项补贴达到 70 多元，一部分农民认为只要守住承包地，就是自己不种地照样可以得到国家补贴。因此，他们宁愿让土地荒芜，也不愿意转包给他人。二是农民在外打工的收入不稳定、就业有风险，土地对农民仍然具有社会保障功能。农民工在非农产业就业大多是一种临时性的雇佣关系，失业风险很大，收入极不稳定。特别是 2008 年的金融危机，使一部分农民工在城市失业而返乡，更进一步固化了农民对耕地的保障功能的认识，即使自己低效益经营土地甚至亏本经营土地，也不愿意把土地流转给他人耕种。三是土地流转租金的确定困难，阻碍了土地顺利向种粮大户集中和流转。由于土地质量有差异，各地实行土地第二轮承包时的形式有差异，有的按人均分；有的按口粮田和承包田分开；有的农户从集体中承包土地时是有偿的，而有的则是无偿的，以致土地在农户之间的流转租金多少很难确定。同时，流转又是一种自愿行为，无论是地方政府还是经营大户都难以规定流转租金标准及支付形式。目前，对土地流转租金的支付有的是以现金支付，有的是以实物支付；有的是耕种前支付，有的是收获以后支付，以致土地流转金标准难以形成和阻碍土地合理流转。另外，政策效应使得种粮收益逐年提高，许多农户便纷纷抬高土地流转价格，导致种粮大户的土地经营成本加大，甚至到了难以承受的地步；有的农户甚至撕毁合同，收回原来已经转包出去的土地，使种粮大户解体。四是土地流转期不确定，也阻碍了经营大户的长远发展。由于土地流转是一种自愿行为，流转多长时间完全由转出转入双方通过讨价还价而确定，许多农户怕吃亏，因此，流转合同一年一签，这样就导致了经营大户的短期行为。他们怕原承包土地的农户随时要回土地而不愿向土地增加投入，更不愿增加诸如水利灌溉、土地平整这样的农田基本建设投入和固定资产投入。以上诸多因素共同导致了大户经营效益难以发挥，种粮大户难以形成和稳定发展。

### 7.2.4.2 种粮大户融资困难，生产经营风险相对较大

农村金融体制改革以后，农户贷款的主要渠道是农村信用合作社，而从农

业银行获得的贷款很少，连续几年的统计表明，农户从农业银行获得的贷款不到农业银行贷款总额的 10%。因为现在的贷款多是抵押贷款，农行的贷款多贷给成立了公司、可以用公司资产作抵押的农户。而种粮大户的土地是通过流转租赁他人的，更何况农户的土地本身只有使用权，属于不完全产权，根本不可能用以抵押贷款，这就从资金投入上障碍了种粮大户的发展。种粮大户经营规模大，在经营中化肥、农药、种籽的投入总量大，所需资金多，加上租赁土地的租金，没有足够的资金，则规模经营难以实现。同时，农业产业具有自然和市场的双重风险，而且自然界的干旱、冰雹、洪涝灾害、病虫害都具有很大的不确定性和不可抗逆性，规模越大，风险越大，如遇灾害，相应的损失也越惨重。

### 7.2.4.3　社会化服务滞后，生产成本持续上升，阻碍种粮大户的发展

种粮大户的经营实际上是由自耕农式的传统经营向现代化的企业经营的一种转型，与一般农户相比更需要社会化服务。如果在耕作、植保、收获、销售各个环节有良好的社会化服务，其经营就会更加方便有效。然而湖北自农业技术推广服务体系改革，实行"以钱养事、以事养人"以来，农业社会化服务一方面向市场化运作的有偿服务转变；另一方面从根本上解体了农机站、农技推广站等社会化服务机构。种粮大户需要服务时往往找不到相应的服务，阻碍了规模经营的实现。此外，近几年来农资价格连年上涨，人工费用逐年提升，土地租金逐年抬高，使种粮大户的生产经营成本不断增加，利润空间越来越小，也在某种程度上阻碍了种粮大户的发展。

### 7.2.5　实现粮食生产大户经营的对策与建议

粮食生产大户经营具有较好的生产效益，可以有效地协调粮食生产与粮农增收的矛盾，有利于粮食生产发展保障国家粮食安全。因此，建议给予支持，积极发展。

### 7.2.5.1 实行土地经营问责制度，促进土地合理流转

目前，我国农村的基本经营制度是家庭承包经营责任制，但是实际上，农民有承包经营土地的权利，而没有经营土地的责任。农民从集体承包到土地以后，是否经营、经营好坏无人过问。也就是说在土地经营问题上权利和责任是不对等的，以致土地抛荒撂荒、粗放经营、兼业化经营时有显现。我国是一个人多地少、耕地资源稀缺的国家，只有充分利用耕地资源进行粮食生产，方可保证粮食安全。据此，笔者建议建立土地经营问责机制。对于不耕种土地、不流转土地、不用心有效地经营土地和有意无意浪费土地的土地承包人，追究其相应的经济责任和法律责任，以保证农地农用、地尽其力。首先，各级政府要根据土地质量等级和当地的生产环境状况确定不同质量类型的耕地产量最低指标，对于达不到指标要求的生产经营者给予相应的经济处罚，如减除补贴、减少土地承包面积等；其次，建立合理的土地流转机制，让达不到产量指标要求的生产经营者把土地流转出来；最后，农民土地的向外流转，新的种粮大户的形成，就意味着一部分农民成为失地农民，要解决好这部分人的社会保障问题。我们相信，农村社会保障水平提高之日，社会保障制度完善之时，也就是土地流转加快，粮食生产经营大户形成之时。

### 7.2.5.2 加强农业社会化服务体系建设，降低和防范粮食生产经营大户的经营风险

农业社会化服务水平和程度是农业现代化水平高低的重要标志，一个发达的现代农业，绝对不是自给自足的农业，也绝对不是一个封闭的农业和什么都要经营者亲自动手操作的农业。在其生产过程中必然有一系列的交易行为，必然需要有更多的人为其服务，可以说没有强大的社会化服务体系及其服务功能的存在，就不可能有规模经营的存在，也就不可能有现代农业的发展。据此，我们必须建立健全农业社会化服务体系，以促进粮食生产经营大户的发展。首先，要加强农业科技社会化服务体系建设，为粮食生产经营大户提供诸如良种、测土配方施肥、病生害防治、农业产业经营管理等技术服务；其次，要加

强生产环节和作业过程的社会化服务，让粮食生产经营大户有条件把机耕、机播、机收交给机械作业公司，把病虫害防治交给植保公司，把粮食销售交给营销公司；再次，要推进农作物灾害保险制度，建立政策性保险和财政补助相结合的粮食生产风险防范救助机制、粮食灾害风险转移分摊机制，降低粮食生产经营大户的风险损失；最后，要积极推进合同农业和粮食期货市场的发展，对于粮食生产大户来说，由于粮食商品率高，市场风险特别大，如果能够在生产前签订销售合同，实现订单生产，进行期货交易，则可以有效地降低甚至化解市场风险，防止因市场粮食价格波动给生产经营者带来的损失。

### 7.2.5.3　加大政策扶持力度，推进粮食生产经营大户发展

城市化的推进、工业化水平的提高，将会使更多的农民转移到城市和非农产业部门，粮食生产规模化大户经营将成为一种趋势和历史的必然，我们试想一下，如果我们的城镇化率达到70%，农村人口下降到30%，我们还能实行千家万户小规模分散经营吗？因此，各级政府要顺应历史的潮流和发展的趋势，要有超前意识，对粮食生产经营大户进行积极引导、政策扶持。首先，政府要鼓励和引导土地合理有效的流转，支持鼓励农民自愿流转土地，约束土地抛荒、季节性撂荒、粗放经营等行为，加强对土地承包经营法和土地流转政策的宣传，让种粮大户能够得到更多的土地；其次，要对粮食生产经营大户进行政策扶持，借鉴美国的粮食生产无追索贷款的经验，允许粮食生产大户以粮食作抵押，从农业银行获得生产经营所需的资金。对于粮食大户购买农机具、良种的补贴要优先、优惠，以促进其生产成本降低和生产经营水平的有效提高，保护其从事粮食生产经营的利益；再次，要有效地加强农业基础设施建设的投入，粮食既是一种特殊的商品，又是重要的战略性物资，具有很强的社会属性和公共产品属性，政府要从保证社会稳定、强化公共服务的高度出发，加大对农田基本建设的投入。对于粮食生产经营大户兴修农田水利、平整土地等有关基础建设的投资要给予高额补助，以便有效地促进粮食综合生产能力的提高和粮食生产经营大户发展。

# 7.3 湖南省粮食流通调查报告

## 7.3.1 湖南省粮食安全现状

湖南是农业大省，自然条件优越，水稻产量居全国第一。人均耕地仅0.85亩，远小于全国人均耕地面积，但仍享有"湖广熟，天下足"之美誉。湖南粮食安全不仅关系到湖南6700多万人口的安居乐业，还关系到全国粮食安全的大局。

### 7.3.1.1 粮食生产呈恢复性发展趋势

1952年，湖南省粮食产量为103亿千克，在20世纪70年代初粮食产量达到150亿千克，80年代中期，产量大幅度增加到250亿千克以上。1997年，湖南省粮食产量增至最高为295亿千克，1999年后虽以年均2.9%的速率逐年递减，但年际间波动较小，仍处于可调控的安全范围内，2003年减至244亿千克，人均粮食占有量367千克。2004年，粮食产量得到了恢复性增长，粮食总产达到281亿千克，同比增加37亿千克，增长15.16%；粮食亩产达到376千克，同比增加16千克，增长4.4%；全年粮食种植面积506.94万公顷，比上年增加53.961万公顷，增长11.9%，优质稻种植面积191.57万公顷，增长37.3%，占水稻种植面积的比重为47.9%，比上年提高8.5个百分点。2005年粮食总产量为285.6亿千克，增长1.6%，全省粮食播种面积521.52万公顷，增长2.6%，其中稻谷播种面积415.8万公顷，增长3.1%。优质稻种植面积占稻谷种植面积的比重为53.6%，同比提高5.7个百分点。2006年粮食总产量为290亿千克，增长1.5%，全省粮食播种面积529.542万公顷，增长1.5%，其中稻谷播种面积420.222万公顷，增长1.1%。

### 7.3.1.2 粮食供求基本趋于平衡

粮食消费主要包括口粮消费、饲料用粮食、工业用粮和种子用粮，其中，口粮消费是大头。2004 年，全省的粮食产量较上年有大幅度增加，粮食产量为 281 亿千克，比上年增加 15.16%，扭转了连续 5 年粮食生产滑坡的局面。2004 年全省粮食消费量 280.38 亿千克，比上年增加 14.77 亿千克，增幅 5.56%。2004 年粮食消费结构和粮食消费品种如表 7-3 和表 7-4 所示。

**表 7-3　2004 年粮食消费结构**

| 粮食消费种类 | 城镇人口口粮 | 农村人口口粮 | 饲料用粮 | 工业用粮 | 食品、副食及酿造业用粮 | 种子用粮 |
|---|---|---|---|---|---|---|
| 粮食消费量/亿千克 | 33.97 | 138.17 | 97.27 | 3.45 | 3.79 | 3.73 |
| 百分比/% | 12.11 | 49.28 | 34.69 | 1.23 | 1.35 | 1.33 |

**表 7-4　2004 年粮食消费品种**

| 粮食消费品种 | 稻谷 | 小麦 | 玉米 | 大豆 | 其他 |
|---|---|---|---|---|---|
| 消费量/亿千克 | 225.53 | 6.25 | 25.11 | 7.29 | 16.2 |
| 百分比/% | 80.44 | 2.23 | 8.95 | 2.60 | 5.78 |

2005 年，湖南省粮食产量为 285.6 亿千克，比上年增加 1.6%，全省粮食消费量 293.1 亿千克，比上年增加 12.72 亿千克，增幅 4.54%。2005 年粮食消费结构和粮食消费品种如表 7-5 和表 7-6 所示。

**表 7-5　2005 年粮食消费结构**

| 粮食消费种类 | 城镇口粮 | 农村口粮 | 饲料用粮 | 工业用粮 | 食品、副食及酿造业用粮 | 种子用粮 |
|---|---|---|---|---|---|---|
| 粮食消费量/亿千克 | 35.3 | 138.8 | 105.4 | 3.45 | 8.6 | 5 |
| 百分比% | 12 | 47 | 36 | 1 | 3 | 1 |

**表 7-6　2005 年粮食消费品种**

| 粮食消费品种 | 稻谷 | 小麦 | 玉米 | 大豆 | 其他 |
|---|---|---|---|---|---|
| 消费量/亿千克 | 231 | 5.8 | 30.3 | 9.7 | 16.3 |
| 百分比% | 79 | 2 | 10 | 3 | 6 |

综上所述，湖南省 2004 年粮食产量比消费量多 0.62 亿千克，产需平衡略有结余，2005 年粮食消费量比产量多 7.5 亿千克，需求略高于供给。由此可见，近几年来湖南省粮食供求相差不大，基本趋于平衡。

### 7.3.1.3 全省城乡居民的恩格尔系数下降、生活水平提高

2006 年全省实现国内生产总值 7493.17 亿元，增长 12.1%。按常住人口计算，人均生产总值为 11 830 元，增长 10.5%。全省城镇居民人均可支配收入达 10 504.67 元，增长 10.3%，扣除价格因素，实际增长 8.6%，城镇居民人均消费支出 8169.3 元，增长 8.9%，扣除价格因素，实际增长 7.2%，其恩格尔系数为 34.9%，下降 0.9 个百分点。农村居民人均纯收入 3389.81 元，增长 8.7%，扣除价格因素，实际增长 7.6%。农村居民人均生活消费支出 3013.05 元，实际增长 8%，其恩格尔系数为 48.6%，下降 3.4 个百分点。最低收入户人均可支配收入 3511.07 元，增长 18.2%，扣除价格因素，实际增长 16.4%。恩格尔系数的普遍下降，说明湖南省人民的生活水平日渐提高，在有充足粮源保障的前提下，湖南省的粮食消费安全是有保障的。

## 7.3.2 湖南省粮食流量与流向分析

湖南省位于长江中游，地处大陆中部，作为内陆省份和全国的粮食资源大省，粮食物流主要依托于公路、铁路、水路三大交通运输方式。根据湖南省历年国有粮食企业的粮食物流量统计资料和近 3 年社会粮食供需平衡统计调查资料（由于湖南省自 2001 年起开始实行粮食购销市场化改革，购销主体多元化，因此粮食物流量的统计对象由国有粮食企业变为包含国有粮食企业在内的社会粮食企业），分析全省粮食物流量的特征。

### 7.3.2.1 1995~2006 年国有粮食企业粮食物流量分析

1995~2006 年湖南省国有粮食企业进、出省粮食物流量如表 7-7 和图 7-6 所示。可以看出湖南省 1995~2006 年，其粮食物流量呈上升趋势，特别是出

省粮食物流量增长趋势明显，且从湖南省流出的粮食物流量远远大于从全国其他省份流入（包括进口的粮食物流量）。要说明的是：1995 年和 1996 年入湘粮食物流量较大，原因是当时为解决东北地区出现的"卖粮难"，中央统一安排将东北三省玉米调往南方各省储存保管；2002 年以来国有粮食企业出、入湘物流量有所降低，原因是湖南省继 2001 年放开早籼稻购销市场后，2003 年又放开了中晚籼稻购销市场，随之而来的是粮食收购主体的多元化，从而导致国有粮食企业在粮食经营中的比重一度显著下降。

表 7-7　1995～2006 年湖南省国有粮食企业进、出省粮食物流量（单位：万吨）

| 项目 | 1995年 | 1996年 | 1997年 | 1998年 | 1999年 | 2000年 | 2001年 | 2002年 | 2003年 | 2004年 | 2005年 | 2006年 |
|---|---|---|---|---|---|---|---|---|---|---|---|---|
| 出湘物流量 | 45.3 | 38.8 | 37.2 | 107.0 | 147.8 | 175.3 | 186.5 | 147.4 | 138.5 | 114.9 | 113.2 | 109.7 |
| 入湘物流量 | 85.3 | 77.1 | 47.6 | 38.1 | 40.9 | 38.7 | 34.6 | 26.1 | 19.2 | 21.4 | 16 | 14 |
| 合计 | 130.6 | 115.9 | 84.8 | 145.1 | 188.7 | 214.0 | 221.1 | 173.5 | 157.7 | 136.3 | 129.2 | 123.7 |

资料来源：湖南省粮食局粮食流通统计资料（1996～2007 年）

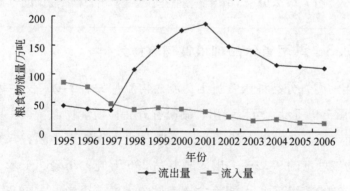

图 7-6　1995～2006 年湖南省国有粮食企业进、出省粮食物流量

## 7.3.2.2　湖南省全社会粮食物流量分析

2003～2007 年湖南省全社会粮食企业进、出省粮食物流量如表 7-8 和图 7-7 所示。可以看出，从 2004 年开始，湖南进、出省粮食物流量均已达 300 万吨以上，总量已达 700 万吨左右。2005 年由于湖南省首次启动稻谷最低保护

价收购，收购的粮食粮权归中央所有，由中央择机安排销售，当年为了不打压粮价，到年底才逐步安排销售，所以当年湖南稻谷销往省外的数量有所减少。

表 7-8　2003～2007 年湖南省全社会进、出省粮食物流量　（单位：万吨）

| 项目 | 2003 年 | 2004 年 | 2005 年 | 2006 年 | 2007 年 |
|---|---|---|---|---|---|
| 出湘物流量 | 296.8 | 391.6 | 328 | 285 | 334 |
| 入湘物流量 | 277.3 | 334.3 | 339 | 347 | 322 |
| 合计 | 574.1 | 725.9 | 667 | 632 | 656 |

资料来源：湖南省粮食局社会粮食供需平衡调查统计资料（2004～2008 年）

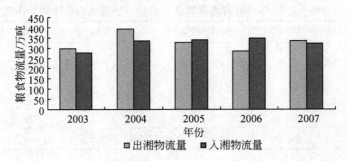

图 7-7　2003～2007 年湖南省全社会进、出省粮食物流量

### 7.3.2.3　湖南省分品种粮食物流量分析

2007 年湖南省分品种粮食流出、流入物流量如表 7-9、表 7-10、表 7-11 和图 7-8、图 7-9 所示。可以看出，湖南省分品种粮食物流特征主要表现在以下几个方面：稻谷形成出入的顺差，2007 年出省物流量中稻谷 328 万吨，占出湘粮食物流总量的 98.2%，出入顺差达 296 万吨；小麦、玉米、大豆等品种形成出入逆差，2007 年入湘粮食物流量中小麦、玉米、大豆 287 万吨，占入湘粮食物流量的 89.1%，其出入逆差达 281 万吨。综上所述，可以得出湖南省分品种粮食物流有以下特征：

1）湖南出湘粮食物流量大于入湘物流量，年净输出粮食在 20 世纪 90 年代保持在 100 万～150 万吨，近年来维持在 50 万～60 万吨。

2）湖南作为稻谷主产省，粮食输出主要以稻米为主，年输出物流量在 300 万吨以上。

表 7-9　2007 年湖南省分品种粮食流出、流入物流量　（单位：万吨）

| 项目 | 稻谷 | 小麦 | 玉米 | 大豆 | 其他 | 合计 |
|---|---|---|---|---|---|---|
| 出湘物流量 | 328 | 5 | 0 | 1 | 0 | 334 |
| 入湘物流量 | 32 | 48 | 168 | 71 | 3 | 322 |

资料来源：湖南省粮食局社会粮食供需平衡调查统计资料（2008 年）

表 7-10　2004、2007 年湖南省分品种出湘物流量　（单位：万吨）

| 年份 | 稻谷 | 小麦 | 玉米 | 大豆 | 其他 | 合计 |
|---|---|---|---|---|---|---|
| 2004 | 381 | 3 | 1 | 1 | 3 | 390 |
| 2007 | 328 | 5 | 0 | 1 | 0 | 334 |

资料来源：湖南省粮食局社会粮食供需平衡调查统计资料（2005、2008 年）

表 7-11　2004、2007 年湖南省分品种入湘物流量　（单位：万吨）

| 年份 | 稻谷 | 小麦 | 玉米 | 大豆 | 其他 | 合计 |
|---|---|---|---|---|---|---|
| 2004 | 106 | 53 | 127 | 43 | 5 | 334 |
| 2007 | 32 | 48 | 168 | 71 | 3 | 322 |

资料来源：湖南省粮食局社会粮食供需平衡调查统计资料（2005 年、2008 年）

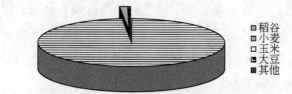

图 7-8　2007 年湖南省分品种粮食流出物流量

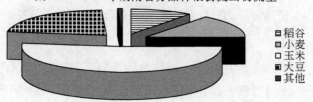

图 7-9　2007 年湖南省分品种粮食流入物流量

3）湖南对于小麦、玉米、大豆等品种的粮食需求不能自给，需要从外省调入，年调入量在 250 万吨以上。

4）湖南省为粮食物流大省，进、出省粮食物流量很大，且呈逐年上升趋势。由此可见，湖南省粮食现代物流在未来的发展中，其物流总量将呈增长趋势，这说明其粮食物流发展潜力非常大。但是进出省的物流量差距很大，不平衡状态仍然存在，应当引起足够的重视。

### 7.3.2.4 湖南省粮食物流流向分析

根据 2006 年和 2007 年湖南省社会粮食供需平衡调查统计资料，湖南省进、出省粮食流向是：

1）湖南出省粮食主要流向广东、广西，是湖南稻米外销的主要市场，占80%以上；10%左右流向湖北、江西、福建；约5%流向云南、贵州；流向其他地区的物流量在2%以下。

2）湖南粮食流入量的42%来自河南、河北、山东，34%来自东北三省和内蒙古地区，主要是从这些省份购进湖南自产不足的小麦、玉米、大豆；流入量的16%来自湖北、江西和安徽，湖北、江西主要是稻谷的跨省收购，而从安徽则是购进部分小麦和杂粮；来自其他地区的在10%以下。

根据《"十一五"湖南粮食宏观调控体系建设规划》，在"十二五"及未来 5~10 年湖南进、出省粮食流向格局仍然是维持现有状况，即粮食出省物流主要是稻米销往广东、广西等省（自治区），且稻米外销市场有望开拓；粮食入省物流主要是从东北、河南、河北等省购进小麦、玉米、大豆粮食品种，粮食流向格局不会有大的变化。

## 7.4 四川省粮食储备调查报告

四川位于中国西南部，长江上游，北连青海、甘肃、陕西，东临重庆，南接云南、贵州，西衔西藏，辖区面积48.5万平方千米，是中国第五大省。作为西部 12 省市中唯一的粮食主产省，研究四川粮食储备，对西部粮食安全保护以及国家整体粮食安全战略目标都有着极其重要的意义。

### 7.4.1 四川粮食储备在国家粮食安全体系中居重要地位

四川省位于我国西南部，受自然条件的限制，其周边省区（青海、甘肃、陕西、重庆、云南、贵州、西藏）多为粮食销区或产销平衡区。考虑到四川的区位特点和生产条件的优势，国务院把四川确定为西部 12 省市中唯一的粮食主产省。四川的粮食储备，不应单单只看其对四川本身的重要性，还应把四川放在西南乃至西部唯一主产粮省的地位去看，放到在必要时候承担起西南地区粮食供求平衡部分责任的地位去看。

### 7.4.2 四川的粮食安全形势较为严峻

#### 7.4.2.1 四川粮食生产的周期性强，年际产量波动大

1978～1984 年为四川省粮食生产发展阶段，粮食总产由 319.65 亿千克增至 407.95 亿千克，年递增 4.1%；1985～1988 年为滑坡阶段，总产量年递减 1.2%；1989～1992 年为恢复性发展阶段，年增速为 3.4%；1992～1994 年为再度滑坡阶段，总产量年递减 2.3%；1995～1999 年再度实现稳定增长，并于 1999 年达到历史顶峰 366.84 亿千克。但是自 1999 年粮食出现丰产以后，四川连续 6 年出现粮食减产的局面。1999～2003 年年均减产 123.6 万吨，年均减幅 3.77%，比全国高 0.9 个百分点。2004 年（总产量 332.65 亿千克）和 2005 年（总产量 341.04 亿千克）出现了恢复性增长，但与 1999 年（总产量 366.8 亿千克）相比，仍分别就减产 34 亿千克和 25 亿千克之多。2006 年因灾产量降到 324.98 亿千克，比 1999 年减产 41 亿千克之多。四川粮食产量的年际间波动大对粮食储备提出了较高的要求，需要有充足的粮食储备来调节余缺。

#### 7.4.2.2 省内区域性供给不平衡

省内各市州粮食供求呈非均衡性，有的市州自给，有的市州有余，有的市州严重缺粮。川西平原、川东北川西南丘陵区，粮食产量和人均占有量高，而盆周山区、川西北高原及其他民族地区，特别是少数民族聚集的三州地区，即甘孜、阿坝、凉山三州，粮食产量低而不稳，人均占有水平低，是全省粮食不安全和贫困的主要区域。要保障省内粮食不安全地区的粮食消费，必须有充足

的储备粮以供区域性调节所用。

### 7.4.2.3 品种结构性矛盾突出

四川水稻产量高而稳定，小麦次之，玉米产量极小且不稳定。1979~2007年，全省玉米单产减产的年份为13年，减产频率为44.82%。四川是全国13个粮食主产区之一，四川主要的粮食产品是稻谷，除了满足自身需求外，还有一部分销往省外，主要是周边的云、贵、渝及西藏等地。四川不仅是人口大省，也是生猪生产、酿造业大省，粮食消费需求量大。从目前已有数据来看，四川省的口粮基本可以实现自给，但是工业用粮、饲料用粮仍存在很大的缺口。而缓解粮食作物的品种结构性矛盾的一个重要方式就是通过粮食储备进行调节。

## 7.4.3 四川省粮食储备的政策目标选择

粮食储备是粮食安全系统中的重要组成部分，也是我国当前粮食流通体制改革的重要内容。粮食储备政策目标既是粮食储备政策的核心，也是制定粮食储备各项相关政策的出发点和目的。因此，确定合理的粮食储备政策目标，对于充分发挥粮食储备的作用，提高粮食储备的运行效率和效益，无疑具有极强的理论和现实意义。

在国际性的研究报告中，粮食储备（主要指政府储备）的基本目标被归纳为四个：①粮食安全目标；②稳定收入目标；③稳定价格目标；④提高效益目标。这四项目标在具体的储备方案中一般都要有所取舍，但是具有普遍的理论意义。

在粮食储备的多重目标中，粮食安全供给是主导目标，价格、收入、效益是衍生目标。然而在我国的粮食储备实践中平抑市场价格和稳定生产者收入却成了粮食储备的主要目标。欧美发达国家的经验均表明，如果将建立储备视为平抑市场粮价，并且主要是维持生产者价格及限制消费者价格的手段，那么政府无疑会背上沉重的财政包袱，并且由于季节差价的缺失或过小，会使得市场商业组织对周转性储备失去兴趣，最终导致政府不仅要承担后备储备的责任，而且要负担周转储备的成本，中国多年来的实践恰恰证明了这一点。所以，政府建立后备性储备——专项储备的目标首先应是以丰补歉、确保歉收年份粮食供应的安全，而价格目标和收入目标应当让位于相应的价格政策、市场政策和收入支持政策。

作为我国西部地区唯一的粮食主产区，四川省的粮食储备不仅关系着省内粮食安全，还关系着其周边省区的粮食安全。所以，在考虑四川粮食储备政策目标时，我们应该从两个层面出发：一方面，四川的粮食储备的首要目标是以丰补歉、确保歉收年份的四川粮食供应安全，即粮食安全目标；另一方面，四川的周边省区，如云南、贵州、西藏、青海、甘肃等省区，受地理、自然条件以及人口等因素的影响，粮食产量波动较大，且多为粮食主销区，从四川调粮要比从东北地区等其他粮食主产区调粮无论从时间上还是成本上都要经济许多。所以，四川粮食储备的目标，首先应该是保障四川省的粮食安全，在完成这一目标之后，根据四川的地理区位的重要性，考虑四川承担西南地区粮食供求平衡的责任。

四川省的地方粮食储备主要是从第一个层面，即保障四川的粮食安全来考虑粮食储备。四川粮食"十二五"发展规划中提出，四川应该坚持"基本口粮省内自己有余，工业用粮缺口依靠市场调节"的基本原则，保持全省粮食供求平衡。即"十二五"期间，四川全省粮食储备应保持"十一五"期末175万吨的规模，其中省级储备105万吨，市县储备70万吨。加强粮食基础设施建设，到"十二五"期末，四川省粮食仓容保持在适应购销需要的1000万吨左右。这是四川省根据省情和粮食安全"省长负责制"制定的关于粮食安全和粮食储备（省级粮食储备）的目标。四川粮食储备的第二个层面即平衡西南地区的粮食供给目标，属于国家专项储备（中央）项目。

## 7.4.4　四川省粮食储备目标实现的政策建议

四川粮食安全的首要目标是保障四川粮食供给，其次是实现价格稳定，并提高农民收入和经济效益。为实现以上目标，必须调整和完善以下几方面的相关政策和措施。

### 7.4.4.1 合理确定储备规模

一个省的粮食储备的合理规模，取决于该省区以及周边地区粮食波动的周期及波动的落差、储备本身的效率与储备亏损的支付能力以及国家财政状况、粮食生产的机会成本等多种因素。总体来讲，须考虑以下三个因素。

（1）安全界限

安全界限就是粮食储备规模要能确保粮食产量在因为自然灾害、政策约束和投资轻农化等因素而出现周期性波动并处于波谷以及其他紧急情况时的粮食稳定供给。为此，要考虑三种因素：一是常年产量和一个波动周期内最低产量间的差额，它是确定合理的国家专项储备粮储备规模的重要依据。同时要考虑粮食减产所持续的时间间隔，粮食减产持续的时间越长，储备规模应适当扩大。二是粮食产量波动的一个周期内的波峰与波谷的落差，它是确定合理的粮食储备重要依据。三是紧急情况下的粮食需求增量的大小。

（2）经济界限

经济界限取决于政府对粮食储备亏损的支付能力。这里有两种情况：①储备粮销售时实行顺价销售的价格政策，有适量的销售毛利。这里又分为两种情况：第一，如果政府着眼于储备盈亏平衡，那么达到储备盈亏平衡点的储备数量就是确定国家后备储备粮储备规模的重要依据；第二，如果政府给予粮食储备一定的补贴，那么粮食储备的规模就可以适当扩大。②储备粮销售时实行购销同价甚至购销价格倒挂的价格政策，销售后就没有毛利，粮食储备的全部流通与保管费用就必须由政府全额补贴，此时，粮食储备的规模就完全取决于政府的财政支付能力。

（3）资源界限

资源界限是只有当库存粮食的费用小于或等于外调或进口粮食的费用时，储备才是合理的。从理论上讲，如果发展粮食以外的产品更有利，就可以减少省内粮食库存，采用部分储粮外调或进口的方式达到粮食安全。但是，这并不等于说当粮食储备费用大于外调或进口粮食费用时就不必进行储备，因为这涉及三个相关条件的约束：第一，进口粮食的外汇支付能力；第二，国内粮食生产的机会成本水平与国际粮价的比较、粮食与非粮食生产项目的比较；第三，外调或进口粮食渠道的稳定或波动状况。

### 7.4.4.2　调整储备粮品种结构

目前，四川储备粮食的品种是小麦、玉米和稻谷，这已经考虑了小麦稻谷和玉米之间存在的可替代性。从稳定粮价和提高储备粮经济效益的角度来看，需要解决品质和结构的问题。根据联合国粮农组织秘书处推荐的指标，按不同谷物估算，各品种储备量应达到年平均消费量的比率为：小麦 25% ~ 26%，大米 14% ~ 15%，粗粮 15%，即小麦、大米、粗粮的储备量分别占总储备量的比例应约为 46%、27%、27%。这是就全国范围而言的，对于不同的地区，这个比例应该有所不同。四川省口粮消费主要以稻谷为主，而饲料粮、工业用粮消费多以玉米为主，所以应多储存稻谷和玉米，稻谷、玉米、小麦的储备量在总储备量中所占的比例应该分别为 45%、35%、20%。另外，要重点储存优质品种，特别是稻谷，储存符合口粮消费要求的优质稻品种。

### 7.4.4.3　完善储备粮运行机制

要实现储备粮稳定价格和经济效益的目标，提高储备粮的运行效率，就必须改革储备粮的管理体制，完善储备粮的运行机制。首先，要改变目前粮食储备层次较多的状况，将市县级的粮食储备上收到省级政府，实现中央和省两级储备管理体制，以免产生"内耗"。其次，要建立正常的储备粮吞吐调节机制，灵活地参与粮食市场的流通。为此，政府必须确定一个市场粮价的正常波动幅度，在这个幅度范围内，储备粮可以直接参与市场流通。当市场粮价降到最低价格线时，要立即停止储备粮的销售，并及时增加储备粮的收购；而当市场粮价达到最高价格线时，则要立即停止储备粮的收购，并及时抛售储备粮。

### 7.4.4.4　增强和改善仓储能力

储备粮能否发挥作用的一个重要问题是仓储能力。从总体上看，我国目前的仓储能力是比较弱的，一方面表现为总体储存规模不够大，另一方面表现为仓储技术水平比较落后。这两方面问题导致储备粮食的吸储能力弱，同时也影响了储备粮的运行效益和运行效率。比如，我们目前的仓储保管基本上还停留在依靠清洁卫生来保护粮食的常规储藏方法，冷藏技术、气调储藏以及计算机在粮食储藏决策过程中的应用等尚未有实质性的进展，使得长江以南地区缺乏保管玉米、优质晚稻等品种的能力，且储备成本也相对过高。因此，国家在投资增加粮食仓库建设的同时，既要注重"量"的扩大，也要在提高储粮技术水平上增加投资，使粮食仓储设施和储粮技术在"质"方面有显著的提高。

### 7.4.5　四川省粮食理论储备规模的测算

根据上述影响粮食储备规模确定的因素，确定粮食储备规模的较为简单的方法有以下两种。

#### 7.4.5.1　采用联合国粮农组织确定的标准

联合国粮农组织确定的标准，即粮食储备量应达到粮食年消费量的17% ~ 18%。这个标准是国际通行的，需要指出的是，联合国粮农组织提出的17% ~ 18%是指结转储备占年消费量的比重，结转储备包括后备储备和周转储备两部分，其中后备（专项）储备占5% ~ 6%。因为社会粮食消费量的数据难以获得，本节采用人均粮食占有量400千克来估算四川粮食储备规模。2007年四川省常住人口为8217万人，测算社会粮食需求量为3251万吨，后备储备粮在四川的储备规模应为163万 ~ 195万吨。这与四川粮食"十一五"规划要求的175万吨的储备规模相吻合。

#### 7.4.5.2　根据生产周期界限确定四川粮食储备规模

在一个较长的时段内观察粮食产量，其丰产、平产、歉产表现有一定的时间周期，这种周期性反映在粮食供给过程中是以丰补歉以期达到供求平衡。季节性规律使一个季节的减产和供需矛盾，在下一个收获季节到来时可以消除或得到缓解。所以，周期性界限就是把一个周期内平均产量和歉年产量之间的差额作为储备的基础，并考虑粮食减产所持续的时间间隔，以保证供求平衡。如图 7-10 所示，1982 ~ 2006 年的 25 年里四川粮食生产经历了 6 个波动周期，其中最长的是 1994 ~ 2000 年，最短的是 2001 ~ 2002 年，平均每一个生产波动周期为 4.2 年。2003 ~ 2006 年是最近一个周期，本节以该周期计算出平均产量为 3292.2 万吨，最低产量是 2003 年的 3183.3 万吨，两者差额为 78.7 万吨。因此，按此方法确定的四川储备粮规模为 78.7 × 4 = 314.8 万吨。

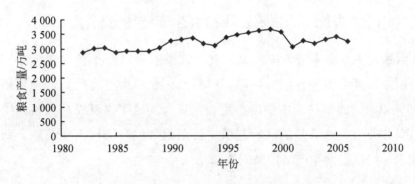

图 7-10　四川省粮食储备规模趋势图

# 7.5　江西省粮食生产、流通与消费协调调查报告

江西是农业大省，也是全国 13 个粮食主产省之一，有着粮食生产的区位比较优势、规模优势和综合优势，是新中国成立以来从未间断的两个粮食调出省之一。因此，加强江西省粮食生产与消费协调机制研究对促进中国整个粮食市场的良性运行具有重要的意义。

## 7.5.1　"十五"时期江西粮食生产波动性分析

### 7.5.1.1　"十五"时期江西粮食生产动态

新中国成立以来，江西粮食生产先后经历了粮食短缺、供求平衡、粮食过剩、粮食滑坡四个阶段。"十五"期间，江西粮食的播种面积、总产量、总产值均以 2003 年为转折点，经历了两个特征明显的阶段，总体趋势是先下降后上升。第一阶段：2001～2003 年，三项指标都出现了较大幅度的下滑，年平均降幅分别达 2.4%、3.4% 和 1.6%。其中粮食播种面积在 2003 年降到了改革开放以来的最低点，粮食总产量和总产值也相应地大幅度下降，其主要原因在于 2003 年江西遇到了罕见的旱灾，导致粮食大面积减产。第二阶段：2003～2005 年，三项指标均出现了较大幅度的上涨，分别比 2003 年上升了12.3%、24.3% 和 51.6%。

### 7.5.1.2 "十五"期末江西粮食生产结构分析

江西粮食主要由早稻、中稻及一晚、二季晚稻以及旱粮（包括小麦、大豆等）组成，其中稻谷（包括早稻、中稻及一晚和二季晚稻）占全部粮食产量的 90% 以上，而旱粮（主要由小麦、大豆及其他作物组成）在粮食中的比重在 10% 以下。经过五年的跌宕起伏，江西粮食生产结构不断调整，到"十五"期末，江西粮食生产结构如表 7-12 所示。

表 7-12    2005 年江西粮食生产结构

| 指标 | 早稻 | 中稻及一季晚稻 | 二季晚稻 | 旱粮 |
|---|---|---|---|---|
| 播种面积/公顷 | 13 430.7 | 4 145.7 | 14 300.7 | 2 720.7 |
| 单产/(千克/公顷) | 5 186 | 6 707 | 5 485 | 14 481 |
| 总产量/万吨 | 696.45 | 278.06 | 784.34 | 48.46 |
| 占粮食总产量百分比/% | 38.5 | 15.4 | 43.4 | 2.7 |

资料来源：《江西统计年鉴》（2006 年）

可以看出，2005 年江西二季晚稻的产量在粮食总产量中所占的比重最大，达到 43.4%，其主要原因是二季晚稻成熟期晚，市场价格高，市场需求旺盛；其次是早稻，占 38.5%，这和江西的气候条件以及种植传统有关；其他粮食作物产量在粮食总产中所占的比重比较小，均低于 20%。

### 7.5.1.3 "十五"时期后两年江西粮食增产的政策因素分析

引起粮食增产的影响因素有很多，如农业和粮食政策、农业生产条件的改善、粮食市场价格提高、气候条件适宜以及资本投入增加等因素，就"十五"

后两年来讲，江西粮食增产主要得益于政策因素的影响。一是经济政策，主要包括粮食流通体制的改革、减除农业税和实施对粮食生产"三补"政策等，在粮食增产增收中的政策效应显著。二是加大了政府对粮食生产的宏观管理，如加大粮田保护力度和耕地整理，实施粮食丰产工程、水稻测土施肥等，提高了粮食综合生产能力。

尽管如此，上述政策实施的现实效果与预期效应间还存在一定的差距。一方面，不具规模效应的小户分散经营使得农户种粮纯收入低于兼业户收入，农户种粮收入增长的空间十分有限，部分小规模农户种粮积极性难以持续，农户在土地、劳力、资金等要素投入呈现非农化趋势。另一方面，受农业信贷、农业保险、农地产权不完整等"制度缺失"的影响，种粮大户的规模化生产正面临新的挑战，诸如农业产业化服务体系不健全、粮价不稳定、农资价格上涨压力大、与小规模农户存在利益博弈等。

## 7.5.2　"十五"时期江西粮食流通分析

粮食流通是实现粮食从"田头到餐桌"的关键环节。"十五"时期，江西省对粮食流通体制进行了积极稳妥的改革，加快了国有粮食购销企业的转制，强化了粮食市场的建设和监管，健全了粮食储备体系，促进了粮食生产和流通的发展。近年来江西省稻米优质率大为提高，周边销区粮贩纷纷来赣收购，特别有些地区、有些品种实行了定单生产，上市就高价售空。

### 7.5.2.1　"十五"时期江西粮食流通体制改革

"十五"时期是完善江西粮食流通体制的关键五年，2004 年，江西省政府出台了《江西省人民政府关于进一步深化粮食流通体制改革的实施意见》，积极稳妥地推进粮食流通体制改革，并在解决"老人、老粮、老账"等制约国有粮食企业改革发展的关键问题上实现了历史性的突破，取得了阶段性的明显成效。

1）粮食流通体制改革市场化步伐加快。一是比较彻底地放开零售环节，不同所有制形式的粮商均可进入市场，逐步形成了平等竞争的市场格局；二是经过申请批准，龙头企业和饲料加工企业，可以收购保护价范围的原粮；三是对粮食市场实行灵活控制，农村小粮贩十分活跃，促进粮食收购市场主体多元化发展，2003 年在上饶、抚州、赣州三个设区市实行中晚稻粮食购销和市场放开。

2）国有粮食系统转制加快。在国有粮食系统逐步实施了以产权制度改革为核心的改革：一是政企分离，实行"一局两司"，粮食局代表政府对粮食流通和粮食企业进行行政管理，粮食收购公司主要从事粮食收储和调拨等政策性业务，粮食经营公司从事市场经营业务；二是改革企业产权制度，对部分经营不善的粮食经营企业实行拍卖、租赁、承包、股份合作等不同形式的改革；三是实施置换粮食企业产权和置换粮食企业职工身份的"两个置换"为主要内容的改革，避免了企业之间、职工之间在改革中的不平衡矛盾，保证改革顺利进行。

3）粮食市场结构变化明显，多元市场主体不断壮大。虽然国有粮食企业仍然是粮食收购的主渠道，但已不占优势，多元收购主体不断出现和壮大。在江西粮食收购市场中，粮食加工龙头企业、原国有粮食企业职工经营工厂、私营加工厂、流动小贩、农村合作经济组织等收购主体已占据半壁江山。在粮食加工和销售环节，非国有企业已占绝对优势。

4）产销联系不断加强，粮食产业化经营快步推进。一方面按照收购、储存、加工、销售一条龙经营的要求，将收购、加工、销售企业整合为一个统一的整体，并逐步向贸工农一体化、购销加规模化的粮食集团企业发展；另一方面改变收原粮、储原粮、卖原粮的单一经营模式，大力发展粮食加工，向精深加工发展，实现粮食增值经营。各地采用"公司＋基地＋农户"的经营模式，走"生产基地经营购销一体化"的粮食产业化经营之路，大力发展"订单"粮食，推进产业化经营。

## 7.5.2.2 江西粮食流通存在的问题

1）国有粮库收购的主渠道作用未能很好发挥。近年江西农民售粮越来越依赖于粮食加工企业上门收购或自行到农贸市场销售，虽然粮食卖到了好价钱，但对粮食持续稳定增长存有疑虑。

2）国有粮库稻谷收购品种优劣未分，品种收购价差异较小。早籼稻（标准品）最低收购价与中晚籼稻（标准品）最低收购价仅相差 2 元/50 千克，而在实行最低收购价之前，两者之间的收购价差一般在 4～6 元/50 千克。江西省早籼稻收购价格接近或超过中晚籼稻的收购价格，这既与优质优价的基本规律不符，也易使农民产生惜售心理，出现"卖跌不卖涨"的现象，损害农民利益。

3）粮食最低收购价政策没有顾及粮食企业的利益。粮食流通关键在于搞活国有和非国有的粮食企业经营机制，尤其要发挥粮食企业入市的积极性。据调查，南昌县、永修县的大多数粮食加工企业经营粮食利润微薄，从事粮食经营加工的企业，粮食价格越是上涨，经营粮食的风险越大，在收购时越是显得谨慎，几乎不会存粮，多采取边收购、边加工、边销售的方式。这种谨小慎微的入市态度，不利于粮食流通市场保持长久的平稳发展，更不利于农民在充分竞争的市场中获得更多利益。

4）国有粮食收储企业面临着购得进销不出的压力。粮食购销市场放开之后，国有粮食收储企业因人员多、费用高、历史包袱重、机制不活等，价格竞争优势丧失，其在粮食零售市场中的市场份额逐渐萎缩，面临着购得进销不出的压力。

## 7.5.3　"十五"时期江西粮食消费分析

### 7.5.3.1　江西粮食消费的特点

粮食消费的主要方式有口粮、饲料用粮、加工用粮、贸易用粮、种子用粮以及损耗等，其中口粮是最主要的粮食消费途径，另一重要途径是饲料用粮。由于近年来食品、医药等工业的迅速发展，加工用粮成为粮食消费中仅次于口粮和饲料用粮的又一重要消费渠道。"十五"期间，江西粮食消费呈现以下特点：①人均口粮消费量逐年下降，但口粮消费总量平缓增加；②饲料用粮平稳增长；③加工用粮不断增加；④贸易用粮所占比重逐渐攀升，粮食出口量增加；⑤种子用粮较为稳定。

### 7.5.3.2 影响江西粮食消费的主要因素

1）人口增长是影响口粮消费最主要的因素。人口数量是影响粮食消费数量的重要因素，甚至是决定性因素，虽然长期的计划生育政策使得人口增长率逐年降低，但江西人口的年平均增长率仍达 9‰，因人口增加而增加的口粮消费量大于因饮食结构改变而减少的口粮消费数量，最终导致口粮消费总量不断增加。

2）人们生活水平的提高和粮食结构性过剩推动饲料用粮消费。影响饲料用粮消费的因素主要包括人们对肉类产品的需求和粮食供求形势的变化。"十五"时期，随着经济的发展，江西居民的收入水平和生活水平得到了较大提高，人们对肉蛋奶类食品的需求量越来越大，极大地促进了畜牧业的迅速发展。而畜牧业生产的快速发展是以配套的饲料业发展为先决条件的，从消费的角度来看，饲料用粮消费的迅速增加是由强大的需求拉动的。另一方面，粮食由短缺转为基本平衡、丰年有余，为饲料业的发展奠定了基础，为实现饲料粮向肉、蛋、奶等营养食品的转化提供了条件。

3）生活节奏加快及食品工业的迅速发展拉动加工用粮消费。随着人们的生活节奏日益加快，对食品加工业、酿造业等行业的消费需求拉动较快，导致工业用粮消费增长迅速。在食品酿造业中味精、白酒和方便食品的生产消费对粮食消费拉动较多，仅酒业生产用粮就占整个工业用粮的70%之多。

4）国内外多重因素影响贸易用粮消费。影响江西粮食出口的原因是多方面的，主要因素是粮食产量，丰收年份出口增加，歉收年份出口减少。"十五"时期前三年，江西粮食产量大幅度减少，在满足国内消费的前提下所剩不多，用于出口的贸易量有所减少；"十五"时期后两年粮食大幅增产，加上江西的对外贸易日益活跃，贸易粮的比重增加幅度较大。但由于江西粮食的品质、价格等优势较小，江西贸易用粮在全国贸易用粮中的比重徘徊不前。

5）粮食播种面积直接影响种子用粮消费。种子用粮主要因播种面积不同而有所差异，"十五"时期前三年，江西粮食种植面积逐年萎缩，种子用粮也大幅度下降，后两年随着播种面积的增加，种子用粮的消费随之幅度增加。另外由于江西的机械化程度不高，基本上是采用机械化和人畜结合的播种方式，没有达到精量播种，现阶段粮食播种量约为每公顷平均用种 90 千克。此外，因农业结构调整，退耕还林、还草，以及建设用地的迅速增长，导致粮食种植面积大幅度下降，种子用粮数量有所减少。

## 7.5.4　江西粮食供需平衡及其预测分析

### 7.5.4.1　"十五"时期江西粮食供需特点

1）粮食供给总量有余。江西粮食生产总体处于比较平稳的状态，粮食总产量维持在 1500 万～2000 万吨，年社会消费量约 1500 万吨左右，人均粮食占有量维持在 380～430 千克，年余粮 100 万吨以上。

2）品种结构矛盾突出。江西耕地以水田为主，水稻是江西粮食生产的优势所在，稻谷年总产占粮食总产的 90% 以上，是大米调出省；而小麦、玉米、大豆等旱粮作物随着消费需求的增加，供需缺口较大。据不完全统计，"十五"时期江西从外地调入小麦约 200 万吨、玉米 500 万吨，而到 2010 年全省将需小麦 110 万吨、玉米 240 万吨左右，缺口大约在 200 万吨左右。

3）地区供需差异较大。受自然条件和地域经济发展水平的影响，江西省的区域之间存在着粮食供需不平衡的状况。宜春、吉安、抚州、南昌、上饶是粮食生产县主要分布区，粮食自给有余；鹰潭、新余、萍乡、景德镇等地粮食生产条件较好，但属于工业重点区域，城镇化水平较高，粮食供求基本平衡；九江、赣州山区县较多，属于缺粮区域。

"十五"时期江西耕地面积的减少，粮食产量波动较大，而人口的自然增长、城镇化建设速度的加快、工业用粮和饲料用粮需求量的增加，给江西粮食总量平衡带来了潜在性难题，若不采取有效措施，江西粮食将有可能从粮食富余省逐步转变为基本自给省，甚至出现粮食总量短缺。

### 7.5.4.2 江西粮食供给预测

江西作为产粮大省，粮食生产一直处于供大于求的状态，除了满足本省粮食需求外，相当一部分供给了国内其他地区。影响粮食供给的因素很多，如国家的粮食政策、粮食生产技术的推广应用情况、粮食市场价格的波动等，因此粮食供给量的预测也十分复杂，本节在分析有关数据的基础上，运用时间序列对未来江西粮食产量作一个尝试性的预测。

**表 7-13　1986～2005 年江西粮食总产量统计表**　（单位：万吨）

|  | 1986 年 | 1987 年 | 1988 年 | 1989 年 | 1990 年 |
|---|---|---|---|---|---|
| 总产量 | 1 453.77 | 1 562.77 | 1 535.43 | 1 589.62 | 1 658.2 |
|  | 1991 年 | 1992 年 | 1993 年 | 1994 年 | 1995 年 |
| 总产量 | 1 625.7 | 1 566 | 1 517.1 | 1 603.5 | 1 607.4 |
|  | 1996 年 | 1997 年 | 1998 年 | 1999 年 | 2000 年 |
| 总产量 | 1 766.3 | 1 767.7 | 1 555.5 | 1 732.7 | 1 614.6 |
|  | 2001 年 | 2002 年 | 2003 年 | 2004 年 | 2005 年 |
| 总产量 | 1 600 | 1 549.5 | 1 450.3 | 1 803.4 | 1 853.86 |

数据来源：《江西统计年鉴》（2006 年）

为了更科学地预测江西未来年份粮食的总产量，选取江西 1986～2005 年共 20 年的数据（表 7-13）作为样本，运用时间序列预测法进行预测。以年份 $t$ 为自变量，粮食总产量 $y$ 为因变量，运用 SPSS13.0 软件中的曲线估计法分析得到两者的函数关系式：$y = 1330.15 \times e^{0.074t}$，运用该模型预测得到 2010 年江西粮食总产量约为 2043.41 万吨。

### 7.5.4.3 江西粮食需求预测

粮食需求主要包括口粮、饲料用粮、种子用粮、工业用粮等，现根据有关数据通过时间序列预测得到 2010 年江西粮食需求量，如表 7-14 所示。

**表 7-14　2010 年江西粮食需求预测表**　　　　（单位：万吨）

| 年份 | 口粮 | 饲料用粮 | 种子用粮 | 工业用粮 | 合计 |
|---|---|---|---|---|---|
| 2010 | 897 | 503 | 262 | 42 | 1 704 |

通过上述预测得到，到 2010 年，江西粮食供给量将达 2043.41 万吨，粮食需求约为 1704 万吨，供需余额约为 339.41 万吨。这说明到"十一五"期末，江西粮食仍处于供大于求的状态，这对于全国粮食市场的稳定将发挥极其重要的作用。

## 7.6　河南省粮食生产、流通与储备协调调查报告

### 7.6.1　河南省农业生产条件

#### 7.6.1.1　区位条件

从我国发展粮食生产的战略布局来看，西部地区由于退耕还林还草必须减少一部分耕作面积，东部发达地区因为工业化加速发展，种粮比较效益低下而加快了产业结构调整步伐，原有耕地向其他经济价值高的产业转变。发达地区的一部分粮食生产者变为纯粹消费力量，加上欠发达地区的外来人口大量涌入成为新增消费群体，以及本身由于购买力的提高而增加了对粮食直接、间接的消费需求，使得这些地区成为我国粮食的主销区，也使得中部粮食主产区今后发挥国家粮食安全堡垒的作用更加突出。河南省是一个农业大省，粮食生产在国民经济中占有举足轻重的地位，自 1998 年粮食总产首次突破 4000 万吨之后，连续 8 年稳定在该水平之上，2006 年河南省的粮食产量占全国粮食产量的 10.07%。如图 7-11 所示，河南省粮食生产取得的巨大成就，不仅使全省人民的温饱问题得到解决，生活水平逐步提高，而且为国家的粮食安全作出了重大贡献。

### 7.6.1.2 资源优势

河南省具有发展农业生产无可比拟的资源优势。河南纬度适中，古有"中州"、"中原"之称，因大部分地区位于黄河以南，故称河南。2006年底，全省总人口9392万人（列全国第一），其中农业人口6342万人，占总人口的67.53%。河南省具有发展农业生产的良好条件。首先，有充足的光热资源。河南地处亚热带向暖温带过渡地区，气候兼有南北之长，温和而四季分明，日照充足，降水充沛。全省年降水量600～1400毫米，自南向北递减。无霜期为190～230天，日照时数1740～2310小时，光照温热条件宜于多种动植物生长繁殖。其次，拥有肥沃的土地资源。全省耕地面积为811.3万公顷，居全国第三位。广阔的黄淮海平原和高低不平的丘陵山区的绝大多数土地上都有深厚土层和营养元素含量丰富的土壤。最后，拥有丰富水资源。境内有黄河、淮河、汉水、海河四大水系，大小河流1500多条。全省流域面积在100平方千米以上的河流有490多条，其中1000平方千米以上的有60多条，超过5000平方千米的有16条。大中小型水库2394座，水库容量267亿立方米，加上地下水资源，全省水资源总量年平均达430亿立方米。

近年来，河南农业经济取得的成就十分突出。河南是农业大省，粮、棉、油等主要农产品产量均居全国前列，是全国重要的优质农产品生产基地。2006年，全省粮食总产达到5010万吨（列全国第一）。其中，小麦产量2822.7万吨（列全国第一）。为适应市场新形势下社会消费需求，全省2005年种植4039万亩优质强筋小麦，可向社会提供加工专用小麦近1376万吨，并在随后的几年时间内不断扩大优质强筋小麦的播种面积。2006年棉花总产达到83万吨（列全国第3位），可向社会提供30万吨商品棉；油料总产480万吨（列全国第一），其中花生产量367.5万吨，油菜籽产量84.7万亩，芝麻产量25.8万吨。同时，也是全国重要的畜产品生产基地。2006年全省肉类总产量达736.5万吨，禽蛋产量400.8万吨，奶产量154.1万吨。2006年，农、牧、渔业比上年增加237.13亿元，全省农民人均纯收入达到3261元。1980～2004年河南粮食产量如图7-11所示。

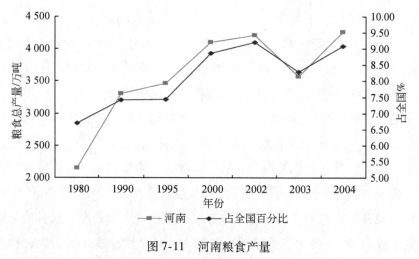

图 7-11 河南粮食产量

资料来源:《河南省农业统计年鉴》(2005 年)

### 7.6.1.3 政策环境优势

中部崛起给河南农业发展带来新机遇。农业是河南最重要的产业之一,其中粮食生产在全国占有举足轻重的地位。和中部其他省份一样,河南在中部崛起战略中有一个不能回避的"三农问题",这也恰好为全省推进农业现代化和农民增收提供了一个难得的历史契机。在目前我国主要农产品供求实现总量大体平衡的重大转折期,河南农业发展整体水平还比较低,农业产业结构矛盾突出,农民收入水平低下等诸多深层次问题有待解决。

### 7.6.1.4 存在的问题

人口负担、农民增收和粮食安全是河南中部崛起无法回避的三大问题。河南有近 7000 万农民,截至 2006 年年底,全省农村劳动力资源总量为 6342 万人,富余劳动力达 3000 万人,目前已转移到第二、第三产业 1500 万人,还有 1500 万人的转移任务;更为严峻的是,每年还要新增富余农村劳动力 100 万人。随着经济结构调整不断推进,对转移农村劳动力素质要求越来越高。而现有农村劳动力中,高中以上文化程度的仅占 10.94%。河南的农民收入问题主要表现在三个方面。首先是农民收入增长缓慢:1997~2004 年,8 年内农民人均纯收入年均增长仅为 5.6%；2006 年全省农民人均纯收入 3261 元，比全国平均水平 3587 元低 326 元。其次是城乡居民收入差距拉大：1997 年城乡居民收入之比为 2.36∶1，2006 年达到 3.01∶1；1997 年城市与农村居民收入差距是 4029.4 元，2006 年扩大到 6549 元。最后是农民增收任务艰巨。按照全省小康规划，到 2020 年农民人均纯收入要达到 8000 元，每年必须保持 7.4% 的增幅，2006 年农民收入虽然增长较快，但有较多的不可比因素，农民持续增收的长效机制还未建立起来。作为农业大省，粮食是河南的优势产业，政府从保障国家粮食安全的高度开始下大力气巩固和发展粮食生产。河南从 2005 年起，连续三年将现有的中央和省级农业综合开发土地治理项目资金、扶贫信贷资金的 70% 集中投向 24 个粮食产量超过 5 亿千克、商品粮超过 3 亿千克、耕地面积超过 130 万亩的产粮大县和中低产田面积超过 100 万亩的粮食增产潜力大县。农田水利、农业结构调整、农业基本建设、国有土地出让用于土地开发的资金等农业项目，都向产粮大县倾斜。使这些产粮大县的农业基础设施和农业生产条件在几年内有望得到明显改善，农业和农村经济结构明显优化，农业综合生产能力明显提高，县域经济实力明显增强。但这是一个复杂的系统工程，需要解决错综复杂的矛盾才能够顺利实施。

## 7.6.2　粮食产业与农民增收的关系

### 7.6.2.1　粮食主产区农民收入中种植业是其收入主要来源

粮食主产区农民收入中种植业是其收入主要来源之一，所占份额最大。而种植业收入中，粮食收入份额又相对较高。以 2003 年为例，粮食主产区农民户均总收入平均为 14 432.29 元，其中，工资性收入为 3500.34 元，占 24.25%，是收入的主要来源之一；来自种植业的收入为 6442.27 元，占 44.64%；其中粮食收入比重较高，约占种植业收入的 95%，是农民收入的最重要来源；来自林业、牧业和渔业的收入比重分别为 0.007%、14.7% 和 1.58%。河南省作为粮食主产区之一，除具有上述特征之外，在相邻省份中，也是种植业收入最多的省份（表 7-15）。

表 7-15　1997～2002 年全国和部分主产省农村居民种植业的收入情况

单位：亿元

|  | 1997 年 | 1998 年 | 1999 年 | 2000 年 | 2001 年 | 2002 年 |
|---|---|---|---|---|---|---|
| 全国 | 6 433.12 | 6 044.06 | 5 138.77 | 4 470.16 | 4 662.16 | 4 501.11 |
| 河南 | 507.01 | 473.05 | 429.92 | 396.70 | 424.35 | 414.60 |
| 湖南 | 364.75 | 312.40 | 275.48 | 267.71 | 278.13 | 246.33 |
| 湖北 | 342.95 | 292.09 | 247.84 | 214.57 | 220.27 | 201.59 |
| 安徽 | 364.86 | 305.69 | 280.11 | 239.10 | 257.53 | 272.30 |
| 江西 | 230.12 | 183.52 | 175.14 | 156.16 | 164.80 | 152.59 |

由于农民收入的主要部分来自于种植业，粮食收入占整个粮食主产区农民户均总收入的 42.4%，因此，国家在提高粮食主产区农民收入时，粮食直补政策的效果十分显著。增加粮食产量同农民增收关系密切。但也可以看出，农民收入中来自种植业的比重在逐渐降低。

### 7.6.2.2　粮食产业的发展，有利于保障我国粮食安全

从粮食安全的概念看，粮食安全和农民增收是同一问题的两个方面，粮食安全和农民增收更是密切相关（王雅鹏，2006）。由于我国人口众多，近年的粮食消费需求量有 5 亿吨之多，目前世界粮食库存只有 1.6 亿吨，年均市场贸易量不足 2 亿吨，即使我们把世界上的贸易粮全部买光，也只能养活 40% 的中国人。所以，中国的粮食安全依靠国内、依靠农民生产粮食来保证安全是唯一的选择。这就要求我们要保证农民生产积极性，从而增加粮食产量。而现实中，粮食产量的增加和安全水平的提高，对农民增收有直接的推动作用。据中央财经领导小组调查，2004 年因粮食直接补贴和减负等各项政策措施，东北三省粮食主产区农民人均纯收入增加了 150 元左右。

## 7.6.3　粮食生产、流通与储备相协调与农民增收的关系

### 7.6.3.1　河南省粮食生产优势

我国的粮食作物主要有稻谷、玉米、大豆、小麦，其分布有明显的地域

性。在稻谷种植上，我国主要有早籼稻（9 个省、自治区种植，包括湖北、河南、福建、安徽、江西、广东、广西、海南、浙江）、中籼稻（10 个省、直辖市种植，包括湖北、重庆、江苏、陕西、安徽、四川、河南、湖南、贵州、福建）、晚稻（9 个省、自治区种植，包括湖北、江西、湖南、安徽、福建、广西、广东、浙江、海南），粳稻（16 个省、自治区、直辖市种植，包括辽宁、湖北、山东、江苏、吉林、宁夏、安徽、河北、黑龙江、河南、山西、浙江、天津、上海、云南、内蒙古）和谷子（6 个省种植，包括甘肃、陕西、山西、河南、河北、黑龙江）。

河南省稻谷种植主要有中籼稻、粳稻、谷子。分析其成本收益率如下。

由表 7-16 可知，河南省种植中籼稻比较效益高。其成本纯收益率在 10 省（直辖市）中居于首位，每 50 千克减税纯产值排序也居于第一位。成本纯收益率高于全国平均水平 60.75 个百分点。每 50 千克减税产值比全国平均水平高 14.63 元。

表 7-16　中籼稻生产效益区域差异比较

| 生产区 | 税金/(元/公顷) | 含税成本/(元/公顷) | 减税纯效益/(元/公顷) | 成本纯收益/% | 每50千克减税产值/元 | 成本纯收益率排序 | 每50千克减税纯产值排序 |
|---|---|---|---|---|---|---|---|
| 全国平均 | 491.70 | 5 700.45 | 1 726.65 | 30.29 | 12.94 | — | — |
| 河南 | 450.75 | 3 855.75 | 3 510.30 | 91.04 | 27.57 | 1 | 1 |
| 湖南 | 443.10 | 5 197.65 | 2 105.25 | 40.50 | 15.03 | 2 | 3 |
| 湖北 | 643.65 | 5 420.55 | 2 076.15 | 38.30 | 14.84 | 3 | 4 |
| 重庆 | 595.50 | 6 048.00 | 2 158.35 | 35.69 | 14.42 | 4 | 6 |
| 安徽 | 469.35 | 5 127.75 | 1 699.20 | 33.14 | 16.00 | 5 | 2 |
| 江苏 | 545.10 | 5 642.10 | 1 834.80 | 32.52 | 14.52 | 6 | 5 |
| 四川 | 457.95 | 6 362.85 | 1 759.20 | 27.65 | 11.32 | 7 | 7 |
| 陕西 | 470.85 | 5 338.95 | 1 316.55 | 24.66 | 10.85 | 8 | 8 |
| 福建 | 403.35 | 5 724.45 | 942.00 | 16.46 | 7.24 | 9 | 9 |
| 贵州 | 437.40 | 7 516.95 | 634.20 | 8.44 | 4.58 | 10 | 10 |

资料来源：《中国农产品成本收益资料汇编（2004）》整理得

由表 7-17 可知，河南省种植粳稻的比较效益较低。在上述 14 个省（区）成本纯收益率排序第 13 位，每 50 千克减税纯产值排序第 12 位。成本纯收益率低于全国平均水平 23.92 个百分点，每 50 千克减税产值比全国平均水平低 5.49 元。

### 表 7-17　粳稻生产效益区域差异比较

| 生产区 | 税金<br>/(元/公顷) | 含税成本<br>/(元/公顷) | 减税纯效益<br>/(元/公顷) | 成本纯<br>收益/% | 每50千克减<br>税产值/元 | 成本纯收<br>益率排序 | 每50千克减税<br>纯产值排序 |
|---|---|---|---|---|---|---|---|
| 全国平均 | 410.85 | 6 384.75 | 3 520.20 | 55.13 | 24.30 | — | — |
| 安徽 | 452.85 | 4 733.25 | 4 132.80 | 87.31 | 32.74 | 1 | 1 |
| 内蒙古 | 298.65 | 5 223.00 | 4 450.35 | 85.21 | 30.91 | 2 | 2 |
| 湖北 | 555.45 | 4 799.25 | 4 052.70 | 84.44 | 30.91 | 3 | 2 |
| 辽宁 | 708.60 | 6 444.30 | 4 612.80 | 71.58 | 28.30 | 4 | 6 |
| 浙江 | 342.45 | 6 349.95 | 4 398.00 | 69.26 | 30.61 | 5 | 4 |
| 江苏 | 506.55 | 6 520.05 | 4 297.35 | 65.91 | 29.31 | 6 | 5 |
| 宁夏 | 453.30 | 7 198.95 | 4 513.50 | 62.70 | 25.03 | 7 | 7 |
| 黑龙江 | 425.10 | 4 704.15 | 2 733.15 | 58.10 | 21.00 | 8 | 10 |
| 河北 | 443.70 | 7 775.10 | 3 918.75 | 50.40 | 21.78 | 9 | 8 |
| 云南 | 312.60 | 7 050.15 | 3 300.75 | 46.82 | 21.11 | 10 | 9 |
| 吉林 | 498.60 | 5 535.75 | 2 482.20 | 44.84 | 17.87 | 11 | 13 |
| 山东 | 515.55 | 7 229.10 | 2 892.60 | 40.01 | 20.31 | 12 | 11 |
| 河南 | 378.30 | 6 451.80 | 2 031.75 | 31.21 | 18.81 | 13 | 12 |
| 山西 | 344.85 | 5 661.00 | 1 735.80 | 30.66 | 15.88 | 14 | 14 |

资料来源:《中国农产品成本收益资料汇编（2004）》整理得

从表 7-18 可以看出，河南省谷子生产效益具有很高水平。成本纯收益率较高。高于黑龙江、山西、河北、陕西和甘肃。河南省谷子成本纯收益率高于全国平均水平 88.69 个百分点。种植谷子具有很高的比较优势。

### 表 7-18　谷子生产效益的区域差异比较

| 生产区 | 税金<br>/(元/公顷) | 含税成本<br>/(元/公顷) | 减税纯效益<br>/(元/公顷) | 成本纯<br>收益/% | 每50千克减<br>税产值/元 |
|---|---|---|---|---|---|
| 全国平均 | 313.05 | 2 773.95 | 1 880.85 | 67.8 | 31.55 |
| 河南 | 436.05 | 2 779.5 | 4 349.7 | 156.49 | 63.43 |
| 黑龙江 | 339.3 | 2 147.25 | 2 567.25 | 119.56 | 42.52 |
| 山西 | 221.1 | 288.9 | 1 770.3 | 61.32 | 26.96 |
| 河北 | 458.25 | 2 680.5 | 1 486.8 | 55.47 | 23.66 |
| 陕西 | 393.15 | 2 976.9 | 862.8 | 28.98 | 15.23 |
| 甘肃 | 30 | 3 038.4 | 382.2 | 12.58 | 8.72 |

资料来源:《中国农产品成本收益资料汇编（2004）》整理得

小麦主要分布在河南、新疆、河北、山西、西藏、山东、黑龙江、江苏、内蒙古、安徽、甘肃、陕西、云南、宁夏、湖北、四川、贵州、重庆18个省（自治区），从表 7-19 中可以看出，河南省小麦种植比较效益极高，在上述 18 个地区中，成本收益率居于首位。在成本收益率为正的河南、新疆、河北、山西、西藏、山东、黑龙江、江苏、内蒙古、安徽、甘肃 11 个区域中，河南省比其他 10 个地区至少高 25 个百分点，高于全国水平 50 个百分点以上。种植小麦具有极高的比较效益。

表 7-19    小麦生产效益的区域差异比较

| 生产区 | 税金/（元/公顷） | 含税成本/（元/公顷） | 减税纯效益/（元/公顷） | 成本纯收益/% | 每 50 千克减税产值/元 | 成本纯收益率排序 | 每 50 千克减税纯产值排序 |
|---|---|---|---|---|---|---|---|
| 全国平均 | 329.25 | 4 457.85 | 191.25 | 4.29 | 2.33 | — | — |
| 河南 | 425.40 | 3 763.65 | 2 223.00 | 59.07 | 23.92 | 1 | 1 |
| 新疆 | 203.40 | 4 681.20 | 1 617.25 | 35.81 | 14.64 | 2 | 2 |
| 河北 | 418.95 | 4 644.75 | 1 564.80 | 33.69 | 14.63 | 3 | 3 |
| 山西 | 358.80 | 3 949.50 | 1 146.00 | 29.02 | 13.04 | 4 | 5 |
| 西藏 | 0.00 | 5 753.40 | 1 652.55 | 28.72 | 12.51 | 5 | 6 |
| 山东 | 514.95 | 5 174.40 | 1 440.90 | 27.85 | 13.51 | 6 | 4 |
| 黑龙江 | 315.15 | 2 683.05 | 564.30 | 21.03 | 9.53 | 7 | 7 |
| 江苏 | 416.55 | 4 080.15 | 802.35 | 19.66 | 8.90 | 8 | 9 |
| 内蒙古 | 465.45 | 5 240.85 | 946.30 | 18.05 | 9.26 | 9 | 8 |
| 安徽 | 378.90 | 3 440.55 | 560.25 | 16.28 | 7.88 | 10 | 10 |
| 甘肃 | 338.70 | 5 279.25 | 519.90 | 9.85 | 5.43 | 11 | 11 |
| 陕西 | 416.70 | 4 258.20 | -10.65 | -0.25 | -0.13 | 12 | 12 |
| 云南 | 185.55 | 3 819.45 | -401.90 | -10.50 | -6.45 | 13 | 13 |
| 宁夏 | 195.60 | 4 686.60 | -663.45 | -14.16 | -8.68 | 14 | 14 |
| 湖北 | 528.90 | 3 822.45 | -1009.80 | -26.42 | -16.57 | 15 | 15 |
| 四川 | 407.55 | 4 836.45 | -1388.10 | -28.70 | -20.40 | 16 | 16 |
| 贵州 | 238.20 | 3 662.55 | -1057.05 | -28.86 | -25.64 | 17 | 18 |
| 重庆 | 370.95 | 4 496.10 | -1361.85 | -30.29 | -24.42 | 18 | 17 |

资料来源：《中国农产品成本收益资料汇编（2004）》整理得

玉米主要分布在河北、宁夏、辽宁、新疆、山西、内蒙古、山东、黑龙江、吉林、河南、甘肃、云南、陕西、湖北、广西、贵州、四川、江苏、安徽

19 个省（自治区），从表 7-20 可以看出，在上述 19 个省（自治区），河南省玉米成本纯收益率居于第 10 位，每 50 千克减税纯产值排名第 8 位。河南省种植玉米的成本纯收益率高于全国平均水平近 60 个百分点。每 50 千克减税纯产值比全国平均水平高 12.31 元，种植玉米具有较高的比较优势。

表 7-20　玉米生产效益的区域差异比较

| 生产区 | 税金 /（元/公顷） | 含税成本 /（元/公顷） | 减税纯效益 /（元/公顷） | 成本纯 收益/% | 每 50 千克减 税产值/元 | 成本纯收 益率排序 | 每 50 千克减税 纯产值排序 |
|---|---|---|---|---|---|---|---|
| 全国平均 | 321.60 | 4 482.90 | 1 675.20 | 37.37 | 14.35 | — | — |
| 河北 | 400.05 | 3 298.05 | 3 181.65 | 96.47 | 26.66 | 1 | 1 |
| 宁夏 | 134.55 | 3 962.85 | 3 711.30 | 93.65 | 24.49 | 2 | 2 |
| 辽宁 | 422.55 | 3 688.65 | 3 138.90 | 85.10 | 22.89 | 3 | 4 |
| 新疆 | 237.90 | 4 810.20 | 4 048.50 | 84.16 | 21.20 | 4 | 5 |
| 山西 | 278.70 | 3 888.15 | 2 851.35 | 73.33 | 20.60 | 5 | 6 |
| 内蒙古 | 292.80 | 4 213.65 | 3 054.90 | 72.50 | 19.59 | 6 | 7 |
| 山东 | 512.10 | 4 233.30 | 3 016.05 | 71.29 | 23.54 | 7 | 3 |
| 黑龙江 | 336.60 | 2 939.10 | 1 590.75 | 54.12 | 15.23 | 8 | 11 |
| 吉林 | 394.80 | 4 263.90 | 2 255.55 | 52.90 | 16.33 | 9 | 9 |
| 河南 | 400.05 | 3 549.15 | 1 719.45 | 48.45 | 19.04 | 10 | 8 |
| 甘肃 | 357.75 | 6 785.55 | 2 813.70 | 41.74 | 15.79 | 11 | 10 |
| 云南 | 189.60 | 5 094.75 | 1 073.40 | 21.07 | 9.91 | 12 | 12 |
| 陕西 | 366.15 | 4 030.20 | 553.80 | 13.74 | 6.07 | 13 | 13 |
| 湖北 | 445.80 | 5 339.40 | 518.40 | 9.71 | 5.14 | 14 | 14 |
| 广西 | 145.80 | 4 589.55 | 352.20 | 7.67 | 3.98 | 15 | 15 |
| 贵州 | 205.65 | 5 302.65 | 46.05 | 0.87 | 0.51 | 16 | 16 |
| 四川 | 420.60 | 5 934.00 | 31.35 | 0.53 | 0.29 | 17 | 17 |
| 江苏 | 506.70 | 4 233.45 | −80.70 | −1.91 | −1.26 | 18 | 18 |
| 安徽 | 326.70 | 3 066.75 | −631.95 | −20.61 | −14.93 | 19 | 19 |

资料来源：《中国农产品成本收益资料汇编（2004）》整理得

大豆主要分布在河北、辽宁、山东、吉林、湖北、陕西、内蒙古、黑龙江、陕西、河南、安徽、重庆、江苏、云南 14 个省市区，从表 7-21 可以看出，在上述 14 个省（区），河南省种植大豆的成本纯收益率排序居于第 10 位，每 50 千克减税纯产值排序居于第 7 位，总体排名居于中间。成本纯收益率比全国平均水平低 19.52 个百分点，每 50 千克减税纯产值比全国平均水平低 10.03 元，比较优势相对较弱。

表 7-21    大豆生产效益的区域差异比较

| 生产区 | 税金/（元/公顷） | 含税成本/（元/公顷） | 减税纯效益/（元/公顷） | 成本纯收益/% | 每 50 千克减税产值/元 | 成本纯收益率排序 | 每 50 千克减税纯产值排序 |
|---|---|---|---|---|---|---|---|
| 全国平均 | 394.2 | 2 870.55 | 2 626.5 | 91.5 | 70.37 | — | — |
| 河北 | 558.15 | 3 058.65 | 4 608 | 150.65 | 104.68 | 1 | 1 |
| 辽宁 | 404.4 | 928.3 | 4 380 | 149.57 | 83.88 | 2 | 3 |
| 山东 | 478.2 | 948.55 | 4 084.8 | 138.54 | 90.44 | 3 | 2 |
| 吉林 | 333.75 | 3 054.45 | 3 661.05 | 119.86 | 71.43 | 4 | 5 |
| 湖北 | 728.55 | 3 317.55 | 3 351 | 101.01 | 72.06 | 5 | 4 |
| 陕西 | 354.3 | 2 201.85 | 2 081.1 | 94.52 | 66.05 | 6 | 8 |
| 内蒙古 | 238.65 | 2 926.35 | 2 689.2 | 91.9 | 70.35 | 7 | 6 |
| 黑龙江 | 347.7 | 2 626.05 | 2 255.25 | 85.88 | 61.69 | 8 | 10 |
| 陕西 | 264.45 | 3 067.8 | 2 529.45 | 82.45 | 62.75 | 9 | 9 |
| 河南 | 436.5 | 2 149.2 | 1 546.95 | 71.98 | 66.34 | 10 | 7 |
| 安徽 | 366.3 | 2 325.3 | 1 271.4 | 54.68 | 49.6 | 11 | 13 |
| 重庆 | 339 | 3 230.4 | 1 684.35 | 52.14 | 50.13 | 12 | 12 |
| 江苏 | 503.85 | 3 394.5 | 1 413.45 | 41.64 | 52.46 | 13 | 11 |
| 云南 | 165.15 | 3 039.6 | 1 134.3 | 37.32 | 41.38 | 14 | 14 |

资料来源：《中国农产品成本收益资料汇编（2004）》整理得

综合分析各种粮食作物的生产效率可知，河南省的稻谷、小麦、玉米、谷子生产在全国范围内具有较强的比较优势，大豆平均收益率低于全国水平。从河南省的各种作物种植收益率上看，谷子＞大豆＞小麦＞玉米＞稻谷，但是，由于在河南省粮食总产量中，小麦、玉米、稻谷产量多（图 7-12）所占比例大，如表 7-22 所示，农民有常年种植的习惯，因此，宜保持该种植习惯，努力提高小麦、玉米、稻谷的单产及品质，加大农业科研力量，促进优良品种的

推广与应用。从增加农民收入的角度，可适当的在适宜种植大豆、谷子的区域
扩大种植面积，以增加农民收入。河南省主要农产品收益比较如表 7-22 所示。

表 7-22　河南省主要农产品收益比较

| | | 成本纯收益/% | 每 50 千克减税产值/元 | 总产量/万吨 |
|---|---|---|---|---|
| 稻谷 | 中籼稻 | 30.29 | 12.94 | 240.17 |
| | 粳稻 | 31.21 | 18.81 | |
| 谷子 | | 156.49 | 63.43 | 8.90 |
| 小麦 | | 59.07 | 23.92 | 2 292.50 |
| 玉米 | | 48.45 | 19.04 | 766.31 |
| 大豆 | | 71.98 | 66.34 | 56.67 |

资料来源：《中国农产品成本收益资料汇编（2004）》整理得

1949~2004 年河南省小麦、水稻、玉米、大豆产量如图 7-12 所示。

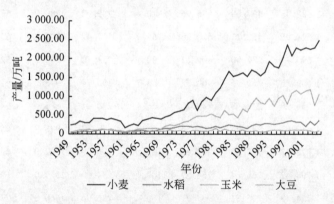

图 7-12　1949~2004 河南省小麦、水稻、玉米、大豆产量

### 7.6.3.2　河南省农产品与农民增收的相关分析

为分析出粮食产品对农民增收的影响效应，本节选取河南省 16 种农产品
作为分析变量，包括小麦、水稻、玉米、大豆、红薯、蔬菜、棉花、油料、油
菜籽、花生、芝麻、烟叶、水果、猪牛羊肉、禽蛋、水产品产量，分别计作
$X_1 \sim X_{16}$，对于农民收入选取农民人均纯收入作为变量，计作 $y$ 进行分析。数
据如表 7-23 所示。

表7-23　农产品与农民人均纯收入数据表

| 年份 | 农民人均纯收入/元（y） | 小麦/万吨（$X_1$） | 水稻/万吨（$X_2$） | 玉米/万吨（$X_3$） | 大豆/万吨（$X_4$） | 红薯/万吨（$X_5$） | 蔬菜/万吨（$X_6$） | 棉花/万吨（$X_7$） | 油料/万吨（$X_8$） |
|---|---|---|---|---|---|---|---|---|---|
| 1978 | 104.71 | 868.00 | 195.00 | 469.00 | 69.5 | 367.00 | 614.0 | 22.42 | 24.16 |
| 1979 | 133.56 | 969.00 | 161.00 | 478.50 | 79.5 | 317.50 | 593.0 | 19.84 | 36.87 |
| 1980 | 160.78 | 890.37 | 177.86 | 533.23 | 92.0 | 352.42 | 575.0 | 40.62 | 46.20 |
| 1981 | 215.57 | 1 083.50 | 204.50 | 480.5 | 154.0 | 285.00 | 584.0 | 35.50 | 55.99 |
| 1982 | 216.74 | 1 220.15 | 175.20 | 436.45 | 74.5 | 218.40 | 474.0 | 32.04 | 44.16 |
| 1983 | 272.00 | 1 455.75 | 217.85 | 629.85 | 128.0 | 344.75 | 525.0 | 63.24 | 51.52 |
| 1984 | 301.17 | 1 653.00 | 239.10 | 523.20 | 97.1 | 258.80 | 565.0 | 86.89 | 52.50 |
| 1985 | 328.78 | 1 528.23 | 226.34 | 537.26 | 103.2 | 208.62 | 655.0 | 54.73 | 96.18 |
| 1986 | 333.64 | 1 567.92 | 206.29 | 437.05 | 74.9 | 178.21 | 670.0 | 39.86 | 98.99 |
| 1987 | 377.72 | 1 625.98 | 197.69 | 676.96 | 110.4 | 232.92 | 780.0 | 57.00 | 136.57 |
| 1988 | 401.32 | 1 520.95 | 162.21 | 600.26 | 69.9 | 217.47 | 846.0 | 63.71 | 96.70 |
| 1989 | 457.06 | 1 695.13 | 232.80 | 809.63 | 80.1 | 235.10 | 893.0 | 52.72 | 118.48 |
| 1990 | 526.95 | 1 639.86 | 269.96 | 960.52 | 86.7 | 253.74 | 913.2 | 67.61 | 152.29 |
| 1991 | 539.29 | 1 554.28 | 242.93 | 849.10 | 66.1 | 230.91 | 885.0 | 94.77 | 127.62 |
| 1992 | 588.48 | 1 650.67 | 278.73 | 806.56 | 62.0 | 249.49 | 978.9 | 65.85 | 133.60 |
| 1993 | 695.85 | 1 922.13 | 287.80 | 947.10 | 105.0 | 296.20 | 1262.0 | 66.01 | 204.50 |
| 1994 | 909.81 | 1 798.42 | 268.84 | 754.27 | 109.1 | 254.00 | 1527.0 | 62.81 | 225.00 |
| 1995 | 1 231.97 | 1 754.18 | 295.82 | 957.77 | 106.7 | 286.04 | 1660.8 | 77.00 | 298.00 |
| 1996 | 1 579.19 | 2 026.76 | 314.79 | 1 038.34 | 91.1 | 303.01 | 2165.3 | 73.57 | 278.46 |
| 1997 | 1 733.89 | 2 372.35 | 342.87 | 807.71 | 95.2 | 225.76 | 2493.7 | 79.00 | 276.66 |
| 1998 | 1 864.05 | 2 073.53 | 369.68 | 1 096.33 | 112.1 | 294.29 | 3098.2 | 72.84 | 312.13 |
| 1999 | 1 948.36 | 2 291.46 | 332.95 | 1 156.58 | 115.2 | 294.58 | 3392.4 | 70.73 | 349.25 |
| 2000 | 1 985.82 | 2 235.95 | 318.82 | 1 074.97 | 115.8 | 291.64 | 3981.8 | 70.38 | 392.55 |
| 2001 | 2 097.86 | 2 299.71 | 202.72 | 1 151.4 | 107.6 | 272.74 | 4310.0 | 82.77 | 362.49 |
| 2002 | 2 215.74 | 2 248.39 | 336.45 | 1 189.76 | 97.8 | 266.94 | 4680.0 | 76.49 | 419.83 |
| 2003 | 2 235.68 | 2 292.50 | 240.17 | 766.31 | 56.67 | 141.50 | 4510.4 | 37.67 | 309.90 |
| 2004 | 2 553.15 | 2 480.93 | 358.22 | 1 049.95 | 103.5 | 203.99 | 5237.5 | 66.67 | 408.75 |

续表

| 年份 | 农民人均纯收入/元（y） | 小麦/万吨（$X_1$） | 水稻/万吨（$X_2$） | 玉米/万吨（$X_3$） | 大豆/万吨（$X_4$） | 红薯/万吨（$X_5$） | 蔬菜/万吨（$X_6$） | 棉花/万吨（$X_7$） | 油料/万吨（$X_8$） |
|---|---|---|---|---|---|---|---|---|---|
| 1978 | 104.71 | 7.43 | 6.50 | 10.18 | 29.95 | 47.11 | 44.00 | 10.23 | 2.47 |
| 1979 | 133.56 | 12.85 | 13.39 | 10.56 | 18.03 | 52.37 | 53.10 | 12.01 | 2.30 |
| 1980 | 160.78 | 13.39 | 24.76 | 8.00 | 18.89 | 43.55 | 53.02 | 15.86 | 2.91 |
| 1981 | 215.57 | 19.55 | 18.51 | 17.75 | 38.89 | 52.30 | 48.23 | 16.31 | 3.00 |
| 1982 | 216.74 | 25.21 | 13.91 | 5.00 | 49.87 | 46.63 | 51.55 | 16.75 | 3.25 |
| 1983 | 272.00 | 20.38 | 20.20 | 10.91 | 32.95 | 58.67 | 47.99 | 21.41 | 3.78 |
| 1984 | 301.17 | 11.97 | 31.22 | 9.27 | 39.95 | 41.01 | 54.77 | 31.38 | 4.89 |
| 1985 | 328.78 | 21.34 | 60.30 | 14.46 | 53.89 | 53.33 | 67.47 | 37.15 | 6.37 |
| 1986 | 333.64 | 31.60 | 53.68 | 13.66 | 29.00 | 61.23 | 74.18 | 37.32 | 6.61 |
| 1987 | 377.72 | 45.32 | 76.28 | 14.86 | 40.25 | 77.84 | 80.27 | 43.55 | 7.62 |
| 1988 | 401.32 | 8.60 | 76.44 | 10.98 | 53.17 | 74.81 | 95.59 | 50.43 | 9.39 |
| 1989 | 457.06 | 22.62 | 89.36 | 6.36 | 45.35 | 76.75 | 111.26 | 53.62 | 9.83 |
| 1990 | 526.95 | 31.87 | 106.05 | 14.25 | 40.86 | 63.92 | 123.66 | 59.58 | 10.48 |
| 1991 | 539.29 | 21.38 | 93.78 | 11.74 | 45.98 | 63.67 | 141.31 | 73.81 | 10.77 |
| 1992 | 588.48 | 23.36 | 95.23 | 13.37 | 45.80 | 87.79 | 152.86 | 79.28 | 11.55 |
| 1993 | 695.85 | 30.58 | 155.89 | 17.90 | 38.90 | 125.12 | 180.14 | 95.58 | 13.83 |
| 1994 | 909.81 | 28.70 | 179.85 | 16.37 | 23.91 | 170.54 | 222.38 | 125.28 | 15.84 |
| 1995 | 1 231.97 | 43.51 | 233.65 | 20..67 | 22.26 | 211.66 | 295.86 | 140.01 | 18.09 |
| 1996 | 1 579.19 | 41.11 | 218.62 | 18.16 | 27.69 | 247.26 | 306.80 | 154.54 | 20.51 |
| 1997 | 1 733.89 | 41.97 | 218.33 | 15.47 | 41.60 | 269.26 | 346.23 | 201.40 | 23.88 |
| 1998 | 1 864.05 | 33.85 | 258.76 | 19.10 | 31.06 | 312.60 | 402.57 | 229.34 | 27.02 |
| 1999 | 1 948.36 | 31.39 | 292.85 | 24.54 | 28.40 | 349.42 | 426.20 | 251.80 | 28.83 |
| 2000 | 1 985.82 | 33.76 | 335.88 | 21.99 | 27.60 | 364.73 | 452.90 | 270.00 | 32.17 |
| 2001 | 2 097.86 | 42.59 | 295.05 | 23.90 | 32.00 | 399.12 | 467.50 | 286.00 | 31.46 |
| 2002 | 2 215.74 | 56.00 | 336.19 | 27.64 | 27.49 | 427.01 | 489.10 | 302.00 | 36.22 |
| 2003 | 2 235.68 | 69.80 | 228.24 | 10.97 | 21.77 | 430.38 | 495.01 | 326.20 | 38.95 |
| 2004 | 2 553.15 | 78.09 | 306.31 | 22.71 | 25.75 | 445.00 | 52 512.00 | 350.00 | 39.50 |

（1）对各数据进行相关分析①

意在考察各农产品产量与河南省农民收入之间的相关关系。通过 SAS 分析，得到相关系数分析表（表 7-24），括号中为 F 检验的 P 值。

表 7-24　相关分析表

| | $y$ | | $y$ | | $y$ |
|---|---|---|---|---|---|
| $X_1$ | 0.90346<br>（<0.0001） | $X_7$ | 0.45087<br>（0.0183） | $X_{13}$ | 0.9901<br>（<0.0001） |
| $X_2$ | 0.74873<br>（<0.0001） | $X_8$ | 0.96719<br>（<0.0001） | $X_{14}$ | 0.99507<br>（<0.0001） |
| $X_3$ | 0.81902<br>（<0.0001） | $X_9$ | 0.80906<br>（<0.0001） | $X_{15}$ | 0.99115<br>（<0.0001） |
| $X_4$ | 0.1472<br>（**0.4638**） | $X_{10}$ | 0.95876<br>（<0.0001） | $X_{16}$ | 0.98818<br>（<0.0001） |
| $X_5$ | −0.20205<br>（**−0.3122**） | $X_{11}$ | 0.74905<br>（<0.0001） | | |
| $X_6$ | 0.97455<br>（<0.0001） | $X_{12}$ | −0.39926<br>（−0.0391） | | |

由相关系数分析表 7-24 可以看出，只有 $X_4$ 和 $X_5$ 两个指标不能通过显著性检验，即大豆、红薯两种产品对于农民增收不具备显著的线性相关性。其他14 种农产品均具有显著的相关性。对相关系数排序，按照由大到小的顺序，各农产品排序依次是：猪牛羊肉 > 禽蛋 > 水果 > 水产品 > 蔬菜 > 油料 > 花生 > 小麦 > 玉米 > 油菜籽 > 芝麻 > 水稻 > 棉花 > 烟叶 > 大豆 > 红薯。

该排序表明，畜牧产品、经济作物比粮食作物对增加农民收入的作用更显著。

（2）因子分析

为了进一步分析出各种农产品对河南省农民收入的影响程度，用因子分析方法解决以下问题：①寻找农产品与农民收入之间的基本结构，简化观察系

---

① 岳朝龙、黄永兴、严忠 . 2003. SAS 系统与经济统计分析 . 安徽：中国科学技术大学出版社 .

统。通过因子分析法，将为数众多的变量减少为几个新的因子，再现它们之间的内在联系。②将变量或样本进行分类，根据因子得分值，在因子轴所构成的空间中进行分类处理，有利于得到不同类型农产品对于农民收入的影响效率。

利用 SAS 分析，对因子分析采用主成分分析方法，因子旋转采用方差最大旋转，旋转后分析结果及最终标准因子得分系数如表 7-25 所示。

表 7-25　标准因子得分系数

| | Factor1 | Factor2 | Factor3 | | Factor1 | Factor2 | Factor3 |
|---|---|---|---|---|---|---|---|
| 小麦 $X_1$ | 0.091 31 | −0.076 4 | 0.150 7 3 | 油菜籽 $X_9$ | 0.097 66 | −0.19 | −0.135 88 |
| 水稻 $X_2$ | 0.069 65 | 0.088 52 | 0.150 55 | 花生 $X_{10}$ | 0.094 7 | 0.042 99 | 0.028 94 |
| 玉米 $X_3$ | 0.075 27 | 0.118 48 | 0.159 39 | 芝麻 $X_{11}$ | 0.069 57 | 0.206 8 | 0.041 85 |
| 大豆 $X_4$ | −0.000 75 | 0.381 57 | 0.042 47 | 烟叶 $X_{12}$ | −0.046 38 | −0.176 08 | 0.493 31 |
| 红薯 $X_5$ | −0.041 04 | 0.478 28 | −0.115 6 | 水果 $X_{13}$ | 0.101 61 | −0.013 56 | −0.109 37 |
| 蔬菜 $X_6$ | 0.102 6 | −0.033 46 | −0.122 05 | 猪牛羊肉 $X_{14}$ | 0.058 97 | −0.139 49 | −0.189 96 |
| 棉花 $X_7$ | 0.030 71 | 0.069 91 | 0.468 14 | 禽蛋 $X_{15}$ | 0.102 94 | −0.045 61 | −0.072 88 |
| 油料 $X_8$ | 0.097 81 | 0.020 38 | 0.008 97 | 水产品 $X_{16}$ | 0.103 14 | −0.061 44 | −0.051 76 |

由表 7-25 可以得到所需的标准因子得分函数，如下：

$$Factor1 = 0.091\ 31 X_1 + 0.069\ 65 X_2 + 0.075\ 27 X_3 - 0.000\ 75 X_4 - 0.041\ 04 X_5 + 0.102\ 6 X_6 + 0.030\ 71 X_7 + 0.097\ 81 X_8 + 0.0976\ 6 X_9 + 0.094\ 7 X_{10} + 0.069\ 57 X_{11} - 0.046\ 38 X_{12} + 0.101\ 61 X_{13} + 0.058\ 97 X_{14} + 0.102\ 94 X_{15} + 0.103\ 14 X_{16}$$

$$Factor2 = -0.076\ 4 X_1 + 0.088\ 52 X_2 + 0.118\ 48 X_3 + 0.381\ 57 X_4 + 0.478\ 28 X_5 - 0.033\ 46 X_6 + 0.069\ 91 X_7 + 0.020\ 38 X_8 - 0.19 X_9 + 0.042\ 99 X_{10} + 0.206\ 8 X_{11} - 0.176\ 08 X_{12} - 0.013_5 6 X_{13} - 0.139\ 49 X_{14} - 0.045\ 61 X_{15} - 0.061\ 44 X_{16}$$

$$Factor3 = 0.150\ 73 X_1 + 0.150\ 55 X_2 + 0.159\ 39 X_3 + 0.042\ 47 X_4 - 0.115\ 6 X_5 - 0.122\ 05 X_6 + 0.468\ 14 X_7 + 0.008\ 97 X_8 - 0.135\ 88 X_9 + 0.028\ 94 X_{10} + 0.041\ 85 X_{11} + 0.493\ 31 X_{12} - 0.109\ 37 X_{13} - 0.189\ 96 X_{14} - 0.072\ 88 X_{15} - 0.051\ 76 X_{16}$$

从以上三函数可以看出，Factor1 函数中，主要以蔬菜、水果、禽蛋、水产品四类产品的系数最大，对该函数影响程度大，因此，Factor1 可作为园艺畜禽产品指标；Factor2 函数中，主要以红薯、大豆、芝麻、油菜籽、玉米的系数最大，对该函数影响程度大，因此，Factor2 可作为经济作物指标；Factor3 函数中，主要以水稻、小麦、玉米三产品系数最大，对该函数影响程度大，因此，可作为粮食作物指标。

利用三个公因子函数，计算园艺畜禽产品、经济作物、粮食作物三类综合指标值，并同农民收入增长趋势进行分析（图7-13），可以得出，目前园艺畜禽产品发展势头迅猛，同农民增收趋势相同，而经济作物的发展尚滞后，需要进一步进行结构调整。对于粮食生产，需要保障国家粮食安全，提高农民种粮积极性是必要的，不然，粮食种植与农民增收之间的矛盾将扩大化，影响农民种粮积极性，不利于保障粮食安全。因子分析如图7-13所示。

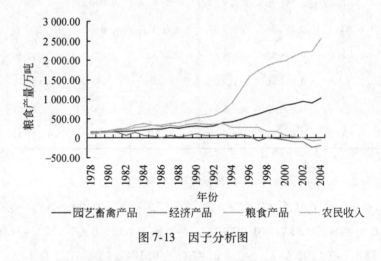

图 7-13　因子分析图

### 7.6.3.3　河南省粮食生产、流通、储备之间的矛盾

河南省的稻谷、小麦、玉米、谷子在全国水平上十分具有比较优势，生产潜力大。加之河南省优越的农业生产条件，促使河南省生产了我国近1/10的粮食，为我国粮食安全作出了巨大贡献。然而，种植粮食作物并不能有效增加农民收入，粮食作物不及园艺畜禽产品、经济作物那样，能给农民带来更多的经济效益。低经济效益制约着农民的生产积极性，而农民的"择优生产"直接导致了粮食生产潜力未能全部发挥。农民对价格的敏感性及其预期使得农民产生"惜售行为"，不利于粮食在产区与销区之间的顺利流通。

河南省粮食生产、流通、储备之间的矛盾表现如下：

1）生产的目的在于获得现货，流通的核心是价格，而储备的目标是保质保量及稳定市场。生产是系统的起源，缺少源头，系统的协调无从谈起。但河南省的农业生产未能达到最优状态，农业生产效率还可以进一步提高，这有利于发挥河南省粮食生产潜力，节约成本，增加农民收入，提高农民种粮积极性。

为了考察农业生产效率以及农民增收与粮食安全之间的矛盾，我们选择了河南省 18 市的数据，运用 DEA 方法，按照其原理，越大越好的项适宜做产出项，选择的三个指标分别是：①第一产业增加值（万元），反映农业经济水平；②农民人均纯收入（元），反映农民收入状况；③粮食产量（万吨），反映粮食安全状况。越小越好的项作为投入项，选择五个指标，分别是：①第一产业从业人员（万人），反映劳动力投入；②农用化肥（吨），化肥对农业生产、单产的增加具有极大作用；③农业机械（万千瓦）；④农作物种植面积（千公顷）；⑤粮食作物种植面积（千公顷）。对以上三投产出、五投入指标的数据，取其 2003～2005 年 3 年的数学平均值，数据来源于《2004～2006 年河南省统计年鉴》。

A. 要素配置效率分析

当 $\delta^* = 1$，$S^* = 1$ 时，则为技术有效和规模有效，要素配置效率高。从要素配置效率表（表 7-26）可以看出，此类地区有开封市、洛阳市、鹤壁市、焦作市、许昌市、南阳市、信阳市和济源市。这 8 个市占河南省常用耕地面积的 40.4%，农业人口的 40.72%，粮食总产量的 41.74%，农业总产值的 46.03%（2003 年）。而当技术效率（$\delta^*$）和规模效率（$S^*$）介于 0.8～1，属于边缘非效率集合。处于该层次的有平顶山市、安阳市、濮阳市、漯河市、三门峡市。这 5 个市占河南省常用耕地面积的 34.82%，农业人口的 32.84%，粮食总产量的 33.27%，农业总产值的 31.18%。这 5 个市在短期内通过一定的投入调整便可提高农业投入产出效率。

从规模效益上看，处于规模不变的地区有洛阳市、鹤壁市、新乡市、焦作市、许昌市、南阳市、信阳市和济源市（表 7-26），这 8 个市农民人均纯收入为2503.125元。处于规模递增的有郑州市、开封市、平顶山市、安阳市、濮阳市、漯河市、三门峡市、商丘市、周口市和驻马店市。这10个市占河南省常用耕地面积的53%，农业人口的58.64%，粮食总产量的55.19%，农业总产值的53.97%（2003年），其农民人均纯收入为2188.1元。通过适度增加规模便可提高农业生产效率。

表7-26 要素配置效率

| 地区 | $\theta^*$ | $\delta^*$ | $S^*$ | 规模效益 |
|------|------|------|------|------|
| 郑州市 | 0.791 | 1 | 0.791 | 递增 |
| 开封市 | 1 | 1 | 1 | 不变 |
| 洛阳市 | 1 | 1 | 1 | 不变 |
| 平顶山市 | 0.833 | 0.857 | 0.972 | 递增 |
| 安阳市 | 0.882 | 0.934 | 0.944 | 递增 |
| 鹤壁市 | 1 | 1 | 1 | 不变 |
| 新乡市 | 0.935 | 1 | 0.935 | 递增 |
| 焦作市 | 1 | 1 | 1 | 不变 |
| 濮阳市 | 0.906 | 0.929 | 0.975 | 递增 |
| 许昌市 | 1 | 1 | 1 | 不变 |
| 漯河市 | 0.936 | 0.938 | 0.998 | 递增 |
| 三门峡市 | 0.877 | 0.914 | 0.959 | 递增 |
| 南阳市 | 1 | 1 | 1 | 不变 |
| 商丘市 | 0.848 | 1 | 0.848 | 递增 |
| 信阳市 | 1 | 1 | 1 | 不变 |
| 周口市 | 0.871 | 1 | 0.871 | 递增 |
| 驻马店市 | 0.797 | 1 | 0.797 | 递增 |
| 济源市 | 1 | 1 | 1 | 不变 |
| 平均值 | 0.791 | 1 | 0.791 | 递增 |

B. 生产效率差异性测量

投入没有充分利用而导致低效率的减少，即产生了松弛，需要减少松弛量。例如，100 单位劳动力、100 单位农作物播种面积产出 100 单位农业总产值为有效。而 101 单位劳动力、100 单位农作物播种面积产出 100 单位农业总产，则劳动力投入存在 1 个单位的松弛量，为了提高农业资源利用效率，需要减少一个单位的劳动力松弛量。

从以下非有效单元的投入产出调整（表 7-27）可以看出，要素调整程度排序为农业机械投入、粮食播种面积、农用化肥投入、第一产业从业人员、农作物种植面积。从调整的相对量上看，以粮食作物种植面积和农作物种植面积减少为主的地区主要是漯河、三门峡、驻马店三市，其粮食产量占河南省粮食产量的 13.55%，农业总产值占河南省的 12.87%。以农业机械总动力投入、第一产业从业人员、化肥投入减少为主的地区是平顶山市、安阳市、濮阳市。而开封市投入要素过多主要集中在农业机械总动力上，三门峡市则主要集中在第一产业从业人员上。从调整地绝对量上看，七市农业投入要素调整总量中，农业机械总动力投入需减少的程度排第一位，其次是粮食作物种植面积。而农业机械总动力的减少主要集中在开封市和驻马店市，其减少量占七市减少总量的 62.86%。

表 7-27　非有效单元的投入产出调整

| 地区 | 指标 | 原始值 | 调整项目 | | 预期最佳效率投入组合 | 投入要素调整量占总投入比例/% |
| | | | 投入项径量 | 投入项差额 | | |
|---|---|---|---|---|---|---|
| 平顶山市 | 一产从业人员/万人 | 173.01 | −24.674 | −42.144 | 106.193 | 38.62 |
| | 农用化肥/吨 | 257 262.33 | −36 689.388 | −76 880.416 | 143 692.526 | 44.15 |
| | 农用机械/万千瓦·时 | 221.44 | −31.581 | 0 | 189.859 | 14.26 |
| | 农作物/千公顷 | 525.09 | −74.886 | 0 | 450.204 | 14.26 |
| | 粮食作物/千公顷 | 399.5 | −56.975 | −52.91 | 289.616 | 27.51 |
| 安阳市 | 一产从业人员/万人 | 183.3 | −12.052 | −19.741 | 151.506 | 17.35 |
| | 农用化肥/吨 | 261 018.67 | −17 162.713 | 0 | 243 855.957 | 6.58 |
| | 农用机械/万千瓦·时 | 461.41 | −30.339 | −104.259 | 326.812 | 29.17 |
| | 农作物/千公顷 | 692.94 | −45.563 | 0 | 647.377 | 6.58 |
| | 粮食作物/千公顷 | 454.23 | −29.867 | 0 | 424.363 | 6.58 |

| 地区 | 指标 | 原始值 | 调整项目 投入项径量 | 调整项目 投入项差额 | 预期最佳效率投入组合 | 投入要素调整量占总投入比例/% |
|------|------|--------|----------|----------|----------|----------|
| 濮阳市 | 一产从业人员/万人 | 130.19 | -9.301 | -4.933 | 115.956 | 10.93 |
| | 农用化肥/吨 | 220 502 | -15 752.93 | -15 713.98 | 189 035.089 | 14.27 |
| | 农用机械/万千瓦·时 | 359.94 | -25.715 | 0 | 334.225 | 7.14 |
| | 农作物/千公顷 | 467.45 | -33.395 | 0 | 434.055 | 7.14 |
| | 粮食作物/千公顷 | 348.62 | -24.906 | -19.648 | 304.066 | 12.78 |
| 漯河市 | 一产从业人员/万人 | 79.55 | -4.952 | 0 | 74.598 | 6.23 |
| | 农用化肥/吨 | 121 562.67 | -7 567.131 | -2 215.723 | 111 779.816 | 8.05 |
| | 农用机械/万千瓦·时 | 208.62 | -12.986 | 0 | 195.634 | 6.22 |
| | 农作物/千公顷 | 381.8 | -23.767 | -23.462 | 334.571 | 12.37 |
| | 粮食作物/千公顷 | 245.7 | -15.295 | 0 | 230.405 | 6.23 |
| 三门峡市 | 一产从业人员/万人 | 67.38 | -5.79 | -10.482 | 51.109 | 24.15 |
| | 农用化肥/吨 | 79 047.67 | -6 792.22 | 0 | 72 255.45 | 8.59 |
| | 农用机械/万千瓦·时 | 134.15 | -11.527 | 0 | 122.623 | 8.59 |
| | 农作物/千公顷 | 238.91 | -20.528 | -7.039 | 211.342 | 11.54 |
| | 粮食作物/千公顷 | 145.96 | -12.542 | 0 | 133.418 | 8.59 |
| 五市投入要素调整总量 | 一产从业人员/万人 | 633.43 | -56.769 | -77.3 | 499.362 | 21.17 |
| | 农用化肥/吨 | 939 393.34 | -83 964.382 | -94 810.119 | 760 618.838 | 19.03 |
| | 农用机械/万千瓦·时 | 1 385.56 | -112.148 | -104.259 | 1 169.153 | 15.62 |
| | 农作物/千公顷 | 2 306.19 | -198.139 | -30.501 | 2 077.549 | 9.91 |
| | 粮食作物/千公顷 | 1 594.01 | -139.585 | -72.558 | 1381.868 | 13.31 |

非有效单元的投入产出调整同样表明了当前存在着"压粮扩经"的趋势。从农业结构调整上看，由于传统的农业种植比较效益偏低，而国家依靠提价、财政补贴农民增收难以形成长效机制。遵循市场经济的"比较优势"原则，农业会选择收益高的非粮食作物种植，从而出现了"压粮扩经"行为。从提高农业效率的角度看，由于中部粮食主产区承担了重要的粮食安全责任，在农业投入上，过多投入物质要素以保障粮食安全。为提高资源利用效率，实现循环经济，要求合理安排农业作物种植分布。

　　综上所述，河南省粮食生产、流通与储备系统中的源头——粮食生产的效率不高，物质要素投入过度，利用率不高，粮食生产成本居高不下，导致农民收入无法提高，促使农民在农产品销售中与承担收购任务的粮食流通、储备主体博弈，以期获得更高的收入，在很大程度上增加了粮食生产、流通与储备相互衔接的难度。

　　2）传导机制不健全。粮食生产、流通与储备作为一个有机整体，各环节之间的联系应当十分紧密、信息传播迅速。生产、流通与储备通过市场联系，最为直接有效的信号是价格。农民通过农产品价格预期市场收益，为农业生产决策作指导。流通企业通过市场价格制定经营决策，同时，储备的组织及轮换也是利用价格来指导。但是，目前我国粮食市场的价格传导机制并不完善。从生产者角度出发，农民组织生产依据的是往年的市场信息及当年的市场预期，其对当年粮食价格的波动的控制力与把握能力不强。虽然"公司＋企业＋农户"的一体化生产经营组织结构模式能增强农民抵御市场风险的能力，但在这个组织结构模式中，农民还是处于相对弱势的地位，因自然灾害、人为因素导致合约未能如期执行的现象屡见不鲜。由于企业、农民等主体无法准确把握未来市场价格，从而产生了生产与流通、生产与储备、流通与储备之间现货交割时情况不理想，甚至爽约，而期货市场具有弥补这一不足的作用。

## 7.6.4　协调粮食生产、流通与储备体系，增加农民收入的思考

### 7.6.4.1　提高农业物质投入要素利用效率，合理地实现规模化种植，调整农业产业结构，提高农业生产效率

　　从资源利用上看，河南省需要调整的地区，五大投入要素中，劳动力、农用化肥、农业机械总动力投入各自需要减少的总量均超过其投入总量的15%以上，过多的要素投入将农民的收入通过投入的物质要素转移到农业之外，既增加了农民负担，也不利于农民增收。另外，过多的要素投入也不利于粮食安全。过量使用农药化肥会削弱土地的农作物生产能力，减弱农作物抗病虫能力而增加消灭病虫害的农药用量，直接威胁了食品的安全性。过多施用化肥，易

形成农业面源污染、造成水体富营养化，导致藻类滋生，继而破坏水环境，甚至使得地下水硝酸盐含量增加，同时也浪费了大量紧缺资源。过多的机械投入增加了农村能源的消费，增加了国家能源消费压力。因此，要合理施用化肥，调整化肥品种结构，改变重氮、轻磷、少钾的现象，加大复合肥普及率，逐步完善测土配方施肥，合理安排农业机械总动力的投入，优化机械耕整、播栽、收获比例，以提高农业机械的利用效率。从农业生产规模上看，郑州市、平顶山市、安阳市、新乡市、濮阳市、漯河市、三门峡市、商丘市、周口市和驻马店市需要适度增加规模以提高农业生产效率。一是建立合理的土地流转机制，积极培育土地经营权流转市场。二是完善农民社会保障体系，对自愿放弃土地的农民建立合理的补偿机制。三是促进农业产业化经营，积极培育龙头企业、农业生产大户，实现"公司＋企业＋农户"的一体化生产经营组织结构，以提高粮食生产的规模，发挥规模效益。

### 7.6.4.2　建立健全粮食期货市场，通过期货市场来协调粮食生产、流通与储备

粮食生产、流通与储备各主体，只要涉及产品交易，必然同价格息息相关。价格的不确定性，增加了各主体的交易难度，扩大了交易风险，降低了粮食生产、流通与储备的协调性。而期货市场在这方面具有较强的规避风险的能力。尽管农产品存在生产周期长、供给与需求存在时空差距等特点，容易形成农产品交易的价格风险，但是期货市场可通过套期保值，有效降低风险。再者，期货市场作为风险再分配市场，集中了许多的投机者和套期保值者，市场风险可以在大量的市场参与者之间进行再分配，减少了生产、流通与储备主体的交易风险。此外，期货市场是远期交易市场，不是现货交易，是按照人们的预期进行交易，如果期货价格能够充分反映相关信息，相关利益主体就能对未来现货价格的走势进行准确预测，则粮食生产、流通与储备主体可以根据粮食期货市场价格走势较为准确地预测现货市场的价格走势，从而作出相应的生产、经营决策，有利于粮食生产、流通与储备有机地结合在一起。

# 参 考 文 献

艾里克·拉斯缪森.2003.博弈与信息.姚洋译.北京：北京大学出版社.

岸根卓郎.1999.粮食经济——未来21世纪的政策.南京：南京大学出版社.

蔡玉峰.2000.政府和企业的博弈分析.北京：中国经济出版社.

曹宝明.1995.论我国粮食储备制度的进一步变革.农业经济问题，(6)：18-22.

曹光四，曹燕燕.2006.粮食主产区农民收入增长难的因素与对策分析.浙江学刊，(1)：
    195-199.

曹建军.1998.当前粮食保护价政策分析.中国农村经济，(8)：21-27.

曹兰英.2004.粮食安全呼唤现代粮食物流.江苏农村经济，(5) 34-35.

陈波，黄宁阳，王雅鹏.2004.关于对粮食主产区农民直接补贴问题的思考.农村经济，
    (4)：19-21.

陈波，黎东升，王雅鹏.2007.粮食经营者信用等级的模糊综合评判研究——以武汉市为
    例.农业技术经济，(3)：33-37.

陈士军，刘兴.2007.我国农业可持续发展的历史、现状和对策.管理现代化，(5)：
    49-51.

陈泰超.1998.地方政府、粮食企业、农发行在收购资金封闭运行中的作用.金融研究，
    (8)：53-57.

陈云.1984.实行粮食统购统销.陈云文选（第2卷）.北京：人民出版社.

陈昭玖，苏昌平，唐卫东.2006.江西粮食综合生产能力的演变及其影响因素分析.江西农
    业大学学报，(1)：144-149.

陈志恺.2000.中国水资源的可持续利用.中国水利，(8)：38-40.

陈志恺.2001.我国水资源状况和面临的问题.农村工作通讯，(3)：24-27.

程国强.2006.当前我国粮食供求形势与宏观调控政策建议.北京：中国发展出版社.

程亨华，肖春阳.2002.中国粮食安全及其主要指标研究.财贸经济，(12)：70-73.

程杰，武拉平.2007.我国主要粮食作物生产波动周期研究：1949～2006年.农业技术经
    济，(5)：80-87.

程黔.2006.国内粮食物流发展现状及趋势.粮油加工，(7)：19-21.

程淑兰.1997.论粮食流通体制改革的政府动力机制.经济研究，(8)：57-66.

大卫·伯特，唐纳德·多布勒，斯蒂芬·斯大林.2003.世界级供应管理.何明珂等译.北

京：电子工业出版社.

代冬芳，俞会新，李书彦.2006. 河北省农产品比较优势分析. 河北工业大学学报，（5）：51-55.

邓大才.2002. 论政府与市场在粮食经济中的分工和协调. 南方经济，（5）：47-51.

邓大才.2004a. 粮食流通体制：探求市场力量与政府力量的均衡. 经济评论，（4）：79-84.

邓大才.2004b. 国家粮食专项储备有必要引入市场机制. 中国粮食经济，（9）：25.

邓小华.2004. 粮食流通体制改革的经济效应分析——以安徽省来安县、天长市粮食补贴改革试点为例. 农业经济问题，（5）：64-66.

丁根安.2006. 对构建粮食物流供应链的思考. 中国粮油学报，（3）：483-486.

丁声俊.2005. 开辟新型的粮食流通主渠道. 求是杂志，（3）：33-34.

丁声俊.2008. 论国家粮食储备和粮食价格. 粮食科技与经济，（3）：9-11.

董富胜.1998. 粮食生产与流通协调发展才能确保粮食安全. 商业经济文荟，（3）：31-32，39.

杜文龙.2006. 我国粮食供应链整合问题探讨. 商业时代，（36）：7-9.

杜彦坤.2004. 国家储备粮管理体制的国际比较与政策选择. 调研世界，（10）：13-15，40.

段文斌，Chen J，韩亮.1999. 中国国有企业改革20年反思与前瞻. 南开管理评论，（6）：56-64.

高建军.2004. 粮食储备与粮食安全. 农产品市场周刊，（13）：25.

高铁生.2008. 发展现代物流 增进粮食安全. 中国流通经济，（6）：12-15.

高瑛，李岳云.2006. 对我国粮食产销利益失衡问题的分析. 江海学刊，（6）：209-213.

高瑛.2007. 我国粮食产销利益协调机制的构建. 现代经济探讨，（2）：41-44.

巩福生.2006. 中国粮食流通正逐步走向市场化. http：//www. 21food. cn/html/news/9/66636-p2. html ［2006-02-23］.

顾海，谭晶荣.2002. 国有粮食企业如何走出困境——兼与私营粮食企业比较分析. 农业经济问题，（2）：52-54.

郭海洋，梁山，胡建，2007. 中国粮食生产灰色关联分析. 中国市场，（1）：10-11.

郭清保.2007. 中国粮食批发市场现状及发展趋势. 世界农业，（12）：22-25.

郭思智.2001. 粮食商品市场化过程中的储备体系建设. 经济问题探索，（4）：70-72.

郭玮.2005. 粮食：不能光盯着主产区. 经济学消息报. 第2版.

郭新力.2006. 我国粮食流通体制改革新设想. 商业时代，（7）：17-18，26.

郭燕枝，郭静利，王秀东. 2007. 我国粮食综合生产能力影响因素分析. 农业经济问题，
　　（S1）：22-25.

国家发改委产业经济研究所课题组. 2006. 我国中长期粮食安全若干重大问题研究综述. 经
　　济研究参考，（73）：36-48.

国家粮食局调控司. 2004. 关于我国粮食安全问题的思考. 宏观经济研究，（9）：6-9.

何蒲明，黎东升. 2009. 基于粮食安全的粮食产量和价格波动实证研究. 农业技术经济，
　　（2）：85-92.

何蒲明，王雅鹏，黎东升. 2008. 基于粮食安全的稻谷期货上市问题实证研究. 西北农林科
　　技大学学报（社会科学版），（1）：54-58.

何蒲明，王雅鹏. 2008. 要理性和谨慎处理生物能源与粮食安全问题. 农业现代化研究，
　　（3）：302-305.

何蒲明. 2004. 农产品期货市场的现状、问题与对策. 中国粮食经济.（9）：15-17.

何蒲明. 2005a. 大力发展农产品期货市场，促进农民增收. 粮食问题研究，（1）：49-52.

何蒲明. 2005b. 发展农产品期货市场，深化粮食流通体制改革. 粮食流通技术，（3）：35-
　　38，41.

何蒲明. 2007. 基于粮食安全的主产区和主销区的利益协调机制. 安徽农业科学，35（4）：
　　1222-1224.

何予平. 2008. 世界各国粮食定价机制与变化趋势. 中国粮食经济，（9）：35-38.

贺涛. 2001. 中国市场化粮食流通体制系统研究. 北京：科学出版社.

宏观经济研究院产业所课题组. 2007. 当前的粮食形势、价格走势及政策建议. 宏观经济管
　　理，（7）：30-33.

侯安杰. 2009-03-24. 规模出效益　种粮有前途. 湖北省农业厅印《经验交流资料》：1-8.

侯立军. 1999. 当前粮食流通体制改革的难点与对策. 农业经济问题，（9）：49-52.

侯立军. 2005. 西部退耕还林地区粮食供应保障体系的构建. 农业经济问题，（12）：50-53.

胡非凡，吴松娟. 2007. 国内粮食物流研究综述. 粮食流通技术，（4）：1-5.

胡小平. 1999. 粮食价格与粮食储备的宏观调控. 经济研究，（2）：49-55.

胡岳岷，任春良. 2007. 中国粮食生产波动周期再分析. 东北师大学报（哲学社会科学版），
　　（5）：107-111.

黄季焜，Rozelle S. 1998. 迈向21世纪的中国粮食经济. 北京：中国农业出版社.

黄世洪. 1998. 组织创新两线运行. 肖云主编. 中国粮食生产与流通体制改革. 北京：经济

科学出版社.

黄卫红.2006. 我国粮食流通体制改革若干问题研究. 安徽农业科学, (8): 1696-1697.

黄延信.2001. 政府粮食政策落实情况与农民行为选择. 中国农村观察, (12): 20-33.

冀名峰.2001. 粮食流通体制改革中的政企分开问题. 农业经济问题, (5): 2-6.

冀名峰.2004a. 国有粮食企业行为研究. 北京: 中国农业大学.

冀名峰.2004b. 我国粮食市场上的同步性问题分析. 中国农村经济, (3): 59-60.

江西省统计局.2006. 江西统计年鉴. 北京: 中国统计出版社.

姜长云.2005. 关于我国粮食安全的若干思考. 农业经济问题, (2): 44-48.

姜长云.2005. 关于我国粮食安全问题的两个判断. 中国经济时报. A01 版.

姜文来, 杨瑞珍.2003. 资源资产论. 北京: 科学出版社: 225-230.

蒋乃华, 李岳云.1998. 论中国粮食生产的稳定性. 农业经济问题, (5): 2-7.

蒋乃华, 谢科进.2006. 农产品贸易自由化对我国粮食进口的影响——论我国粮食生产的稳
  定性. 国际贸易问题, (12): 18-22.

蒋乃华.1998a. 中国粮食生产与价格波动研究. 南京: 南京农业大学: 17-18、30.

蒋乃华.1998b. 价格因素对我国粮食生产影响的实证分析. 中国农村观察, (5): 14-20.

焦晶, 黄奇良.2008. 河北省农产品比较优势评价研究. 中国市场, (36): 80-82.

焦世泰, 王世金.2007. 粮食安全不同主体间的行为博弈分析. 安徽农业科学, 35 (18):
  5604-5606.

柯柄生.1998. 粮食流通体制改革与市场体系建设. 中国农村经济, (12): 25-30.

柯柄生.2000. 国际农业环境与我国农业发展. 农业经济问题, (2): 5-10.

柯炳生.2006. 我国粮食自给率与粮食贸易. 中国农垦, (12): 27-29.

科林·卡特, 钟甫宁, 蔡昉.1999. 经济改革进程中的中国农业. 北京: 中国财政经济出版
  社.

孔祥智, 王爱华, 马荣.2002. 粮食流通体制改革进程中需要解决的关键问题和思路. 中国
  粮食经济, (9): 25-26.

匡勇, 胡泽友.2004. 湖南粮食安全现状分析及对策. 湖南农业科学, (6): 7-10.

匡远配, 曾福生.2005. 试论粮食主产区和主销区之间协调机制的建立. 安徽农业科学,
  (09): 1739-1740, 1777.

冷崇总.1997. 粮食价格波动的供求分析. 价格月刊, (12): 18-21.

李保明.2003. 效用理论与纳什均衡选择—对协调与合作的探讨. 北京: 经济科学出版社.

李斌．2000．粮食批发市场建设需要解决的问题．中国粮食经济，（7）：13-14.

李长明，罗先安．2007．浅析中央储备粮轮换销售中的风险与对策．粮油仓储科技通讯．（3）：5-7.

李成贵．1999．中国农业政策：理论框架与应用分析．北京：社会科学文献出版社．

李福君．2005．我国粮食储备布局研究．北京：中国农业大学．

李国样．1999．建国以来我国粮食生产循环波动分析．中国农村观察，（5）：44-51.

李贺军．2008．从粮食商品的特殊属性看如何发挥国有粮食购销企业市场主渠道作用．中国粮食经济，（9）：11-13.

李晖．2004．粮食价格波动与政府调控农村经济．（11）：39-40.

李鹏飞．2004．"亚细亚杯"流通现代化研讨会．

李世明．2002．试论粮食的消费．社科纵横，（12）：25-26.

李晓明，尹梦丽．2008．主产区种粮大户经营情况与发展对策——基于安徽省种粮大户的分析．南京农业大学．农林经济管理高层论坛暨"农村改革与发展：面对21世纪新挑战"国际学术研讨会议文集．南京：142-150.

李益良．2003．对维护四川粮食安全的战略思考．粮食问题研究，（6）：4-6.

李勇，蓝海涛．2007．中长期中国粮食安全财政成本及风险．中国农村经济，（5）：4-12.

李章晓．2007．关于我国粮食储备问题的相关讨论及对策研究．法制与社会，（11）：631.

厉为民，黎淑英．1988．世界粮食安全概论．北京：中国人民大学出版社．

梁世夫，王雅鹏．2008．我国粮食安全政策的变迁与路径选择．农业现代化研究，（1）：1-5.

梁世夫，赵玉阁．2008．国外农业政策择定模式及对我国的启示．农业经济问题，（7）：104-108.

廖红丰．2005．关于我国粮食物流现代化的思考．现代经济探讨，（6）：45-48.

林建宁．2005．构建粮食产业链：促农民增收，保粮食安全．中国行政管理，（5）：13-16.

林燕，于冷．2006．中国粮食产量波动分析．吉林农业大学学报，（3）：346-350.

林毅夫．1994．制度、技术与中国农业发展．上海：上海三联书店，上海人民出版社．

刘昌明．2001．节水优先 需水控制 开源节流统一观．水利发展研究，（1）：3-5.

刘传光．2005．粮食流通之浅见．粮食问题研究，（2）：19-21.

刘东昌．2003．粮食生产流通问题与改革出路，农业经济，（10）：6-7.

刘桂才．2000．我国近年粮食下跃成因及趋势分析．农业经济问题，（3）：53.

刘红梅，王克强，石芳.2007.中国粮食虚拟土地资源进口的实证分析.中国农村经济，
　　(11)：26-33.

刘景辉，李立军，王志敏.2004.中国粮食安全指标的探讨.中国农业科技导报，(4)：
　　10-16.

刘立仁.2005."配额"生产 定额补贴——探索粮食发展的长效机制.世界农业，(2)：
　　15-17.

刘良实.2004.做好粮食宏观调控保证国家粮食安全.宏观经济研究，(3)：16-18，37.

刘容.2006.反思改革——2004年中国粮食流通体制改革.商场现代化，(478)：8-9.

刘世恩.2007.国有粮食企业期货套期保值与银行信贷风险防范研究.调研世界，(1)：

刘田喜，吕江文，王华新，等.2008.湖北农村改革30年.武汉：湖北教育出版社：51-58.

刘维丽.2005.我国粮食安全问题的理论分析与对策探讨.粮食问题研究，(1)：23-24.

刘小春，吕从钢，翁贞林，等.2006.建立粮食主产区与主销区利益协调机制初探.江西农
　　业大学学报（社会科学版），(4)：82-84.

刘小春，吕从钢，翁贞林，等.2006.建立粮食主产区与主销区利益协调机制的初探.江西
　　农业大学学报（社会科学版），(4)：82-84.

刘晓梅.2004.关于我国粮食安全评价指标体系的探讨.财贸经济，(9)：57-61.

刘颖.2002.关于我国专项粮食储备规模的定量研究.华中农业大学学报（社会科学版），
　　(3)：26-28.

刘颖.2005.国外粮油加工业发展的经验与借鉴.世界农业，(2)：12-14.

刘颖.2006.市场化形势下我国粮食流通体制改革研究.武汉：华中农业大学.

刘颖.2008.国外粮食流通体制比较与启示.世界农业，(1)：34-36.

刘玉杰，杨艳昭，封志明.2007.中国粮食生产的区域格局变化及其可能影响.资源科学，
　　(02)：8-14.

刘运梓.1999.从发达国家粮食购销体制看我国的粮改.宏观经济研究，(5)41-47.

刘振伟.2004.我国粮食安全的几个问题.农业经济问题，(12)：8-13.

龙方，曾福生.2007.论粮食产区与销区关系的协调.农业现代化研究，(9)：520-524.

卢波.2006.中央储备粮管理机制研究.新疆农业大学博士论文.

卢锋.1999.粮食问题上"泛政治化"认识误区.http：www.cenet.org.cn/article.asp? arti-
　　cleid=2891［1999-12-30］.

鲁靖.2003.中国粮食市场运行与政府宏观调控政策耦合研究.武汉：华中农业大学.

鲁礼新 . 2007. 1978 年以来我国农业补贴政策的阶段性变动及效果评价 . 改革与战略,
　　(11): 64-67.

罗守全 . 2005a. 按市场经济原则建立粮食产销区供销协作机制 . 宏观经济研究,　(6):
　　41-43.

罗守全 . 2005b. 中国粮食流通政策问题研究 . 北京: 首都经济贸易大学 .

罗孝玲 . 2005. 基于粮食价格的我国粮食安全问题研究 . 长沙: 中南大学 .

马凤才, 赵连阁 . 2007. 粮食流通政策与我国粮食流通通道的发展变化分析 . 农业经济,
　　(4): 68-69.

马红波, 褚庆全 . 2007. 我国粮食生产波动及其影响因素分析 . 安徽农业科学,　(27):
　　8735-8737.

马九杰, 崔卫杰, 朱信凯 . 2005. 农业自然灾害风险对粮食综合生产能力的影响分析 . 农业
　　经济问题, (4): 14-17.

马九杰, 张传宗 . 2002. 粮食储备规模模拟优化与政策分析 . 管理世界, (9): 95-96.

马九杰, 张象枢, 顾海兵 . 2001. 粮食安全衡量及预警指标体系研究 . 管理世界,　(1):
　　154-162.

马利民 . 2005. 新形势下国有粮食购销企业主渠道作用浅析 . 粮食问题研究, (6): 20-21.

马文杰, 冯中朝 . 2008. 中国粮食生产影响因素分析——基于面板数据的实证研究 . 陕西农
　　业科学, (1): 163-166.

马晓河, 方松海 . 2006. 中国水资源状况与农业生产 . 中国农村经济, (10): 4-19.

马晓河 . 1997. 我国中长期粮食供求状况误解分析及对策思路 . 中国农村经济,　(3):
　　11-18.

马永欢, 牛文元, 汪云林, 等 . 2008. 我国粮食生产的空间差异与安全战略 . 中国软科学,
　　(9): 1-9.

马有祥 . 2001. 对我国粮食问题的再认识 . 中国农村经济, (11): 64-66.

马有祥 . 2004. 树立科学发展观 构筑我国粮食安全长效机制 . 中国农村经济,　(10):
　　15-19.

马玉忠, 崔晓林 . 2008. 揭密"粮贩子" . 中国经济周刊, (28): 16.

马援, 姚蔚 . 2006. 粮食产销平衡地区国有粮食企业购销经营状况及其发展趋势分析——以
　　重庆市长寿区国有粮食购销企业为例 . 中国农村经济, (6): 58-64.

苗齐, 钟甫宁 . 2006. 我国粮食储备规模的变动及其对供应和价格的影响 . 农业经济问题,

（11）：9-14.

聂凤英.1999.我国粮食价格波动因素分析.调研世界，（3）：22-24.

聂振邦.2005.继续积极稳妥地推进粮食流通体制改革.宏观经济研究，（6）：12-15.

聂振邦.2008.在纪念改革开放30周年暨粮食流通体制改革和现代粮食流通产业发展座谈
会上的讲话.http：//www.heblsj.gov.cn/contents/133/1539.html［2008-12-30］.

农业部课题组.2005.建设社会主义新农村若干问题研究.北京：中国农业出版社：
144-238.

农业部软科学委员会办公室.2001.粮食安全问题.中国农业出版社.

欧庚生.2005.推行国家职业标准规范粮食市场管理.中国粮食经济，（7）：49-50.

潘洪刚，王礼力.2008.基于"蛛网理论"的农产品市场风险成因与对策研究.安徽农业科
学，（36）：1234-1235.

潘月红.2004.浅析新时期我国粮食消费与粮食安全.中国食物与营养，（12）：38-40.

庞英，张绍江，王伟，等.2007.转型期中国粮食生产资源配置结构优化策略研究——基于
非参数方法双产出模型的经验分析.财经研究，（9）：79-87.

仇方道，张娜，佟连军.2007.徐州市粮食生产影响因素的定量研究.安徽农业科学，
（28）.

瞿虎渠.2004.坚持依靠政策，科技与投入，确保我国粮食安全.农业经济问题，（1）：
24-26.

乔林选.2004.我国粮食流通形式的新变化.黑龙江粮食，（6）：6-8.

秦中春.2003.中国粮食流通体制：宜管？宜导？宜放？.中国农村经济，（3）：18-23.

沙志芳.2005.提高粮食综合生产能力 确保粮食市场安全稳定.宏观经济研究，（2）：
24-25.

尚斌义.1999.政府干预粮食市场行为的模型分析—以我国粮食流通体制改革为例.南开经
济研究，（6）：7-12.

邵立民.2007.我国粮食安全与粮食流通体系研究.中国农业资源与区划，（4）：1-4.

沈宇丹，王薇薇，刘思勇.2009.协调湖北省粮食安全与农民增收的对策研究//王雅鹏.湖
北"三农"问题解构.北京：中国农业出版社：206-223.

施锡拴，孙鹤.1998.粮食收购市场博弈分析与粮食流通体制改革.中国农村观察，（6）：
19-23.

施勇杰.2007.新形势下我国粮食最低收购价政策探析.农业经济问题，（6）.

石庆华，潘晓华，杜天真，等．2006．江西农业发展战略研究．北京：中国农业出版社．

石淑芹，陈佑启，姚艳敏，等．2008．东北地区耕地变化对粮食生产能力的影响评价．地理学报，63（6）：574-586．

史建民．2004．变零和博弈为双赢博弈．十堰职业技术学院学报，17（3）：40-43．

史培军，杨明川，陈世敏．1999．中国粮食自给率水平与安全性研究．北京师范大学学报（社会科学版），（6）：74-80．

宋华盛，张旭昆．2000．用多层市场模型分析当前粮食购销体制．中国农村经济，（2）：62-67．

宋维佳．2006．我国粮食储备体系重组的基本分析．财经问题研究，（3）：10-15．

宋伟，陈百明，陈曦炜．2007．东南沿海经济发达区域农户粮食生产函数研究——以江苏省常熟市为例．资源科学，（6）：206-211．

宋文仲，齐兴启．2001．改革放开以来粮食工作史料汇编．北京：中国商业出版社．

宋则，袁永康．1998．粮食流通体制改革政策评析．经济学家，（2）：45-51．

孙立平．2006．博弈断裂社会的利益冲突与和谐．北京：社会科学文献出版社．

唐风．2008．粮食新战争．北京：中国商业出版社．

田野．2004．关于粮食安全问题的几个认识误区．中国农村经济，（3）：64-68．

同盛昕，关显昌，钱国顺．2009-02-19．稳粮增收新看点．农民日报，（7）．

万广华，张藕香．2007．中国农户粮食储备行为的决定因素：价格很重要吗？中国农村经济，（5）：13-23．

王德文，黄季焜．2001a．中国粮食定购政策的政治经济学分析．中国农村观察，（9）：30-42．

王德文，黄季焜．2001b．中国粮食流通体制改革：双轨过渡与双轨终结．改革，（4）：99-106．

王德文．2001a．双轨制度对中国粮食市场稳定性的影响．管理世界，（3）：127-134．

王德文．2001b．新一轮粮改的政策效应和实现条件．中国农村观察，（11）：1-10．

王芳，程桦．2005．国家粮食储备制度存在的问题与对策．粮食科技与经济，（6）：21-22．

王桂芝，赵靖，朱干江，等．2007．基于最小一乘准则的粮食生产模型研究．安徽农业科学，（1）：12-13．

王国丰．2008．粮食应急运输调度问题研究．河南工业大学学报（社会科学版），（1）：9-12．

王姣, 肖海峰 . 2006. 中国粮食直接补贴政策效果评价 . 中国农村经济, (12): 4-12.

王锦 . 2008. 今年粮食总产有望创新高 . http: //www. cs. com. cn/xwzx/05/200809/t20080922 _ 1591664. htm [2008-09-22] .

王明华 . 2007. 对当前我国粮食安全形势的基本判断 . 调研世界, (6): 3-5.

王凭 . 2003. 改革与创新是粮食企业的活力之源 . 理论探索, (S1): 102-104.

王群 . 2003. 城市化进程中土地资源持续利用问题 . 中国土地科学, (2): 47-51.

王淑娟, 王彦佳 . 2001. 中国现行粮食政策分析 . 中国农村观察, (1): 33-40.

王双正 . 2008. 1978 年以来我国粮食流通体制改革的主要历程、成效、特点及启示 . http: // www. zgxcfx. com/Article_ Show. asp? ArticleID = 14232 [2008-12-17] .

王薇薇, 王雅鹏 . 2008a. 湖北省农业生产结构与食品消费结构的关系探讨 . 统计与决策, (8): 88-89.

王薇薇, 王雅鹏 . 2008b. 主产区种粮成本分析与粮食安全长效机制的建立——基于湖北省 荆州市 2006 年农户调查数据 . 农村经济, (10): 35-38.

王文举 . 1995. 论储备粮量的界定及其流转 . 农业经济问题, (2): 27-29.

王遐见, 郭晓东 . 2006. 加快推进粮食物流的现代化 . 经济体制改革, (3): 150-153.

王遐见 . 2004. 论粮食流通的现代化取向 . 经济体制改革, (3): 44-47.

王雅鹏, 邓玲 . 2008. 生物质液态燃料开发利用对粮食安全的影响分析 . 农业技术经济, (4): 4-10.

王雅鹏 . 2001. 警惕粮食问题再起风波 . 中国农村经济, (3): 11-15.

王雅鹏 . 2005. 对我国粮食安全路径选择的思考——基于农民增收的分析 . 中国农村经济 (3): 4-11.

王雅鹏 . 2005. 粮食安全保护与可持续发展 . 北京: 中国农业出版社 .

王雅鹏 . 2006. 粮食安全保护与可持续发展 . 北京: 中国农业出版社 .

王雅鹏 . 2008. 国际能源和粮食价格上涨对中国大陆粮食安全的影响分析及应对思考 . 海峡 两岸粮食、能源及碳权交易政策整合高层论坛 . 2008-12-21.

王雅鹏 . 2008. 我国粮食安全的潜在性危机分析 . 农业现代化研究, (5): 537-541.

王玉斌, 蒋俊朋 . 2007. 我国粮食产量波动及地区差异比较 . 农业技术经济, (6): 23-28.

王跃梅 . 2004. 粮食价格波动与粮食安全 . 价格理论与实践, (11): 38-39.

王则柯, 李杰 . 2004. 博弈论教程 . 北京: 中国人民出版社 .

魏权龄 . 1988. 评价相对有效性的 DEA 方法: 运筹学的新领域 . 北京: 中国人民大学出版社 .

文小才. 2007. 我国农业产品的结构性矛盾与调整对策. 农业现代化研究，（5）：262-266.

翁贞林，熊小刚，王雅鹏. 2008. 江西粮食生产流通与消费协调机制研究. 农业现代化研究，（1）：49-52.

翁贞林. 2009. 粮食主产区农户稻作经营行为与政策扶持机制研究——基于江西省农户调研，武汉：华中农业大学博士学位论文.

吴传钧. 2001. 中国农业与农村经济可持续发展问题. 北京：中国环境科学出版社.

吴晓斌，胡振虎，夏厚俊. 2007. 发展现代农产品物流产业的若干思考. 财经政法资讯，（1）：31-34 转 30.

吴新博. 2002. 水资源与我国农业的发展. 生产力研究，（4）：73-74.

吴志华，施国庆，郭晓东. 2003. 以合理成本保障粮食安全. 中国农村经济，（3）：10-17.

吴志华，施国庆，胡荣华. 2002. 中国粮食安全储备及其规模研究. 中国农村观察，（1）：15-21.

吴志华. 2002. 中国粮食安全研究——以合理成本保障粮食安全. 南京：河海大学.

武翔宇. 2007. 农户粮食储备行为研究. 农业技术经济，（5）：74-79.

夏铭君，姜文来. 2007. 基于流域粮食安全的农业水资源安全阈值研究. 农业现代化研究，（3）：210-213.

肖云. 1998. 中国粮食生产与流通体制改革. 北京：经济科学出版社.

谢杰. 2007. 中国粮食生产影响因素研究. 经济问题探索，（9）：36-40.

熊本国. 2005a. 关于购销市场化改革后粮食若干问题的思考. 农业经济问题，（10）：55-58.

熊本国. 2005b. 中国国有粮食企业产权制度改革研究. 财贸经济，（6）：88-91.

熊本国. 2005. 关于购销市场化改革后粮食若干问题的思考. 农业经济问题，（10）：57-60，82.

徐长堤. 2009. 关于湖北粮食生产的思考与建议. 三农研究，（1）：27-29.

徐逢贤，唐晨光，程国强. 1999. 中国农业扶持与保护. 北京：首都经济贸易大学出版社：257.

徐力行. 2004. 中国官方粮食储备合理规模的确定依据. 现代经济探讨，（7）：

徐振宇. 2001. 从博弈的角度看新一轮粮改. 中国农村观察，（2）：47-53.

许春燕. 2007. 利用农产品期货市场完善粮食流通体系. 中国流通经济，（6）：10-12.

颜加勇. 2006. 国家储备粮保障体系建设研究. 南京：南京农业大学.

叶兴庆,张海文.2001.当前粮食产销形势及进一步完善产销政策的建议.中国农村观察,
　　(10):12-16.

叶兴庆.2004.新一轮粮改的突破及其局限性.中国农村经济,(10):11-14,19.

叶兴庆.2005.对我国农业政策调整的几点思考.农业经济问题,(1):21-24.

尹成杰.2005.关于提高粮食综合生产能力的思考.农业经济问题,(1):5-10.

尹成杰.2008.中国粮食生产连续四增五丰 来之不易也来得及时.http://business.sohu.
　　com/20080728/n258421943.shtml [2008-07-29].

张闯,夏春玉.2005.农产品流通渠道:权力结构与组织体系的构建.农业经济问题,(7):
　　28-30.

张红宇.2005.建立我国粮食生产稳定增长机制研究.新视野,(4):17-19.

张雷,陈锡文.2009.解析2009年农村形势——促就业、保粮食、稳收入.农民日报,
　　2009-3-7(1).

张雷宝.2002.粮食流通体制改革与中国期货市场发展.中国农村经济,(9):43-52.

张少兵,王雅鹏.2008.现代农业发展对环境的影响与我国的对策.农业现代化研究,(2):
　　204-207.

张守玉.2007.如何利用期货市场为储备粮轮换服务.中国粮食经济,(5):33-35.

张宪法,高旺盛.2007.我国粮食生产能力探析与政策思考.农业现代化研究,(2):
　　140-143.

张旭昆,郑少贞.2000.多层市场模型:用交易费用解释商人和商业的作用.浙江大学学报
　　(人文社会科学版),(6):123-130.

张旭昆.1998.交易费用:交易方式多样化的一个解释.浙江社会科学,(1):18-23.

赵发生.1988.当代中国粮食工作.北京:中国社会科学出版社.

赵福成.2010.构建吉林省粮食现代物流体系研究.西安:长安大学.

赵靖,王桂芝,江莹,等.2007.中国粮食生产模型及弹性分析.安徽农业科学,(4):
　　982-983.

赵晓峰.2008.粮食直补政策的实践反思与展望.调研世界,(7):17-19.

郑文全,王杨.1997.粮食批发市场的主体行为分析.中国流通经济,(6):18-19.

中国粮食区域流通课题组.2001.中国粮食区域流通政策评价.中国农村观察,(12):
　　11-20.

周福生.2007.粮食储备对粮食安全的影响与管理改进研究.长洲:中南大学.

周庆刚 . 2004. 浅谈中央储备粮全过程质量管理 . 粮油仓储科技通讯, (4): 5.

周仕鹏, 周泳兴 . 2007. 完善粮食收购市场准入制度的法制思考 . 中国粮食经济, (9): 25.

周晓红 . 2006. 试论粮食产销区协调机制的建立 . 湖南农业大学学报 (社会科学版),
    (03): 12-14.

朱东红, 慕艳芬 . 2007. 国外粮食物流发展概述及启示 . 世界农业, (3): 7-9.

朱红根, 翁贞林, 刘克春 . 2006. 中部地区粮食波动成因与政策建议 . 农业现代化研究,
    (5): 165-169.

朱晶, 钟甫宁 . 2004. 市场整合、储备规模与粮食安全 . 南京农业大学学报 (社会科学版),
    (3): 19-23.

朱晶 . 2000. 贸易、波动、可获性与粮食安全 . 南京: 南京农业大学 .

朱希刚 . 2004. 中国粮食供需平衡分析 . 农业经济问题, (12): 12-19.

朱险峰, 魏莉 . 2006. 2005 年粮食价格分析及 2006 年走势预测 . 粮食科技与经济, (1):
    30-32.

朱泽 . 1998. 中国粮食安全问题: 实证研究与政策选择 . 武汉: 湖北科学技术出版社: 105.

朱泽 . 2004. 建立和完善我国粮食安全体系 . 红旗文稿, (20): 9-12.

邹彩芬, 罗忠玲, 王雅鹏 . 2006. 农户存粮的经济效益及市场影响分析 . 统计与决策,
    (05): 73-75.

邹新月, 肖国安 . 2002. 中国粮食市场博弈分析 . 经济学动态, (5): 19-23.

Amelia B. 2004. Food Security Agricultural efficiency and regional integration. Discussion Paper Se-
    ries, No. 38.

Dail G C, Ehrlich P R. An exploratory model of the impact of rapid climate change on the world food
    situation. Proceedings: Biological Sciences, 241 (1302): 232-244.

FAO. 1983. World Population Prospects. New York: United Nations.

FAO. 2000. World Population Prospects. New York: United Nations.

Fred G. 2002. China's Food and Agriculture: Issues for the 21st Century. www. ers. usda. gov/pub-
    lications/AIB775. 2012-5-1.

Hiromi Y. 2000. Marketization of the Chinese economy and reform of the grain distribution sys-
    tem. The developing Economies, March: 11-50.

Lester B. 1996. Agriculture in the twenty-first century: agronomic and economic perspec-
    tives. Agr. Med. 126: 113-148.

Lohmar B. 2002. Market Reforms and Policy Initiatives: Rapid Growth and Food Security in China. Food Security Assessment, GFA-13, Economic Research Service, the United States Department of Agriculture, Washington DC: 22-30.

Qiao Y, Leif S. 2005. China's WTO entry and the reform of grain circulation system. Agrifood Research Reports 68: 270-285.

Yossi S. 2007. The Resilient Enterprise: Overcoming Vulnerability for Competitive. Massachusetts: MIT Press.